LES PORTEFEUILLES

DU

PRÉSIDENT BOUHIER

EXTRAITS

ET FRAGMENTS DE CORRESPONDANCES LITTÉRAIRES

(1715-1746)

PAR

EMMANUEL DE BROGLIE

———— ✶ ————

PARIS

LIBRAIRIE HACHETTE ET Cie

79, BOULEVARD SAINT-GERMAIN, 79

——

1896

LES PORTEFEUILLES

DU

PRÉSIDENT BOUHIER

DU MÊME AUTEUR

Le Fils de Louis XIV, Louis dauphin de France (1729-1765). 1 vol. in-18.

Fénelon à Cambrai (1699-1715). 1 vol. in-8.

Mabillon et la société de l'abbaye de Saint-Germain-des-Prés (1664-1707). 2 vol. in-8.

Bernard de Montfaucon et les Bernardins (1715-1750). 2 vol. in-8.

Coulommiers. — Imp. PAUL BRODARD. — 762-05.

AVANT-PROPOS

———

Les découvertes inattendues qui sont parfois la récompense des études historiques, même les plus modestes, ont un charme tout particulier. On ne s'écarte pas, tant soit peu, des chemins battus, des routes explorées, on ne dépasse pas la connaissance superficielle des grands faits et des illustres personnages qui en sont comme la pompeuse décoration, sans voir prendre aux caractères, aux idées, aux mœurs d'autrefois, une vivacité, une animation tout à fait surprenantes. On est en présence de vrais hommes vivants et agissants, au lieu d'immobiles statues, et l'on se croit un moment le contemporain de tous ces morts que l'on voit aller, venir, parler devant ses yeux avec une sorte d'intensité presque fiévreuse, comme s'ils avaient conscience de ce regain passager d'existence et n'en voulaient rien perdre.

L'attrait de ces courses dans ces froides régions de l'autrefois, enveloppées de ce brouillard qui leur donne comme un charme mélancolique, est si vif qu'une fois qu'on y a cédé, on y revient toujours.

C'est cette surprise, mêlée d'un indéfinissable plaisir, que j'ai éprouvée en abordant de plus près l'étude de la correspondance d'une des plus curieuses figures de l'ancienne société, de celui qu'on appelait le grand président, l'illustre président Bouhier. Son nom m'était souvent tombé sous les yeux lorsque j'ai essayé, il y a quelques années, de tirer des correspondances des Bénédictins une peinture du monde savant et érudit qui se groupait autour de l'abbaye de Saint-Germain-des-Prés ; j'avais pu remarquer le crédit et l'autorité dont il y jouissait, mais j'étais loin de m'attendre à l'étendue, à la diversité, à l'intérêt des correspondances entretenues par le président Bouhier, et à la situation toute particulière, que, loin de Paris et habitant toujours une ville de province, il avait su se faire aussi bien dans le monde des lettres que dans celui de l'érudition.

Aujourd'hui « ce grand homme », comme on l'appelait à Dijon, est si complètement oublié que les savants seuls n'ignorent pas son nom. On a donc peine à comprendre la place qu'il occupait au début du xviii⁰ siècle. Tous les littérateurs connus à cette époque défilent à leur tour dans les volumineux recueils contenant sa correspon-

dance. Ces recueils,. presque tous conservés maintenant à
la Bibliothèque nationale, ressemblent à des épaves reje-
tées par la mer après la tempête. La société littéraire de
1715 à 1750 revit là tout entière par un côté peu connu,
familier, presque journalier, qui parfois ne manque pas de
piquant. Au lieu de rester sur le devant de la scène, nous
pouvons ainsi passer derrière le théâtre et entrer dans les
coulisses. Nous y recueillons l'écho des brillantes conversations d'un temps qui est resté, à tort ou à raison, l'âge
classique, l'époque héroïque de la conversation.

Ce qui augmente encore la valeur de ces collections,
remarquables par leur ensemble et leur étendue, c'est le
peu de documents semblables qui restent sur cette époque.
Les mémoires et les recueils de lettres, si abondants pour
le xviiᵉ siècle et pour la fin du xviiiᵉ, sont assez peu nombreux pour la période intermédiaire ; les lettres, les correspondances suivies qui reproduisent les fluctuations si
variables des opinions, des idées et les nouvelles du jour
sont, celles de Voltaire exceptées, plus rares encore. C'est
à ce point de vue surtout que les volumes de lettres
adressées au président Bouhier nous ont paru particulièrement intéressants et mériter une étude spéciale en
eux-mêmes, et non plus seulement d'être consultés [1],

1. Les correspondances du P. Bouhier ont été, en effet, souvent mises
à profit par les écrivains, qui se sont occupés du xviiiᵉ siècle anecdotique. Il faut citer, parmi un grand nombre d'autres ouvrages, les
portraits intimes de MM. de Goncourt, les travaux de M. Desnoires-

comme ils l'ont été jusqu'ici, par occasion, pour y trouver
des renseignements particuliers et à titre de pure source.

Nous allons donc essayer, non pas de faire une analyse
complète de cette correspondance, mais d'en tirer ce qui
peut offrir un intérêt général, peindre les temps et les
personnes, donner comme une des faces de la physionomie morale de cette époque de transition si confuse et
si complexe.

On y pourra aussi prendre une fois de plus sur le
vif cette sorte de royauté absolue exercée par les lettres
pendant tout le cours du xviiiᵉ siècle. Jamais, en effet, à
aucune époque ni dans aucune société, la littérature pure
n'a tenu une si grande place : elle est la première des
préoccupations et le plus grand des intérêts. Partout,
dans la correspondance si variée qui nous occupe, se
retrouve cette marque caractéristique du temps, et c'est ce
qui donnera peut-être quelque intérêt à notre étude.

Le centre naturel de ce travail sera le docte et aimable
magistrat qui reçoit ces innombrables missives et qui y
répond, Jean Bouhier, le grand président, la gloire du
Parlement de Bourgogne. Cette figure originale, qui eût
dû tenter la plume d'un Sainte-Beuve, est digne de sortir
un peu de l'ombre, bien que la vie toute simple, toute

terres sur Voltaire, de M. de Lescure sur Mathieu Marais, et ceux de
MM. Larroumet et Lanson sur Marivaux et La Chaussée, qui tous ont
puisé plus ou moins largement dans les recueils de Bouhier.

unie du magistrat héréditaire, de l'érudit possesseur d'une
des plus belles bibliothèques de France, et de l'homme
d'esprit, membre de l'Académie française, offre peu d'événements saillants. C'est une de ces existences à la fois
régulières et fécondes, qui avaient sans secousse tout leur
développement graduel et normal, telles que l'on n'en
voit plus aujourd'hui. Sans que nous tentions seulement
de faire une biographie complète ou un de ces portraits
de détail comme on les aime parfois de nos jours, mais
que la simplicité et le peu d'importance sociale de sa vie
ne sauraient mériter, la physionomie de Bouhier se dessi-
nera à elle seule dans l'étude que nous allons entreprendre. Elle ressortira peut-être d'autant mieux que nous
chercherons moins à la peindre directement.

Autour de Bouhier se grouperont bien des figures
diverses, les unes connues, les autres plus oubliées, mais
qui forment un ensemble vivant et animé : d'Olivet, l'historien de l'Académie; Valincourt, l'ami de Racine; Brossette, avec sa dévotion à Boileau; Gédoyn, l'ami de la
jeunesse de Voltaire; Bougerel, le savant oratorien; Le
Blanc, ce littérateur de troisième ordre, qui fit une tragédie applaudie et fut le premier admirateur de Buffon;
Piron, l'auteur de la *Métromanie*; Mathieu Marais, le
chroniqueur de la Régence et des premières années de
Louis XV; le chevalier Perrin, l'éditeur original des
lettres de Mme de Sévigné; puis des savants, des éru-

dits, des jésuites, des bénédictins, des étrangers, des car-
dinaux romains, aussi bien que des savants hollandais,
protestants ou sceptiques. Nous ferons pour eux comme
pour le président Bouhier, nous leur laisserons le plus
possible la parole, sachant bien que si quelque chose
peut donner l'idée, l'impression d'un temps, c'est le con-
tact direct avec ceux qui y vivaient. On verra là toute la
société littéraire de l'époque intermédiaire qui sépare le
XVIIᵉ siècle du XVIIIᵉ proprement dit. Il y est parlé de Voltaire comme d'un jeune homme qui promet, et des lettres
de Mme de Sévigné comme d'une nouveauté piquante
qu'on lit avec une curiosité avide.

Peut-être le lecteur trouvera-t-il quelque attrait à faire
avec nous une excursion dans ces gros volumes, en
apparence si pesants, et à se promener un moment au
milieu de toutes ces ombres, sans doute un peu flétries,
mais dont la pâleur même, que le temps leur a donnée,
a quelque chose de séduisant.

Je ne m'exagère cependant pas la portée des découvertes qui peuvent être faites dans les papiers du président. Il n'y faut rien chercher qui change le jugement
courant sur les hommes et sur les choses, pas de ces
faits importants qui modifient les idées et rectifient les
appréciations, mais beaucoup d'observations de détail,
de remarques fines, de portraits vivement dessinés. On
pourra enfin se croire quelques instants au milieu des

gens d'esprit qui avaient entendu les derniers échos de la voix de Bossuet, les derniers chants de Racine, et assistaient en spectateurs un peu narquois au lever du nouvel astre dévorant qui allait régner près d'un siècle, de celui qu'on appelait encore le jeune Arouet.

Certes, ce temps ne ressemble au nôtre que par l'anarchie morale, la confusion, le désordre des idées et des principes qui avaient remplacé la règle de l'époque précédente; il n'a ni la grandeur morale, ni la vigueur intellectuelle de la forte génération qu'il a remplacée. On ne peut y trouver ni des exemples ni des modèles. Mais plus d'un enseignement, plus d'une utile leçon ressortent de son étude : quand ce ne serait qu'une plus juste appréciation de l'âge qui venait de finir, ou une plus complète intelligence de la nécessité pour la beauté, même littéraire, de ces solides et inébranlables fondements sans lesquels on ne bâtit rien de durable ni de vraiment grand.

LES PORTEFEUILLES

DU

PRÉSIDENT BOUHIER

CHAPITRE I

LE PRÉSIDENT BOUHIER. « *SAPIENTI SAT EST* ».

« *A Monsieur, Monsieur le Président Bouhier. Sapienti sat est. C'en est assez pour le sage.* » Telle est la dédicace, d'une brièveté éloquente, qu'on peut lire en tète de la belle édition in-quarto des Essais de Montaigne, publiée à Paris en 1725 par une société de libraires, sous la direction du critique Coste, alors célèbre dans le monde des lettres. Je ne sais si je me trompe, mais il me semble que nommer seulement le président Bouhier, ce n'en est assez aujourd'hui pour personne, pour aucun même de ceux qui liraient ces lignes, si sages qu'ils puissent être. Ce nom qui, sans commentaire, en disait assez, il y a plus d'un siècle et demi, aux lettrés et aux beaux esprits de l'époque, n'est plus conservé aujourd'hui que dans le souvenir des érudits, des bibliographes où des bibliophiles. Il y a donc lieu, à ce qu'il semble, avant d'aborder direc-

1

tement l'étude de la correspondance générale de Bouhier,
de le présenter lui-même dans les formes aux lecteurs. Ce
sera, du reste, leur faire faire connaissance avec une des
plus curieuses figures de l'ancienne société, avec un de
ces personnages dont l'originalité propre pouvait, grâce
à un ordre de choses entièrement disparu et qui n'a point
d'équivalent de nos jours, se développer librement dans
tous les sens, sans être gênée par aucune contrainte. C'est
même peut-être ce qui donne tant d'attrait à l'étude des
physionomies du temps passé. Aucune ne ressemble à
l'autre : chacune a ses traits distincts, que l'empreinte
générale de l'époque n'a point détruits. L'immobilité du
cadre où elles se meuvent leur donne comme plus de
relief et les fait ressortir plus vigoureusement.

Jean Bouhier naquit à Dijon le 2 mars 1673. Son
père, Bénigne Bouhier, était président à mortier au
Parlement de Bourgogne, et sa mère, noble dame Claire
de la Thoison [1], descendait également d'une très bonne
famille de noblesse parlementaire. Les Bouhier étaient
depuis près de deux siècles à la tête du Parlement
bourguignon : les charges importantes qu'ils y avaient
remplies, qu'ils y remplissaient encore, ne se comptaient
plus. Les différentes branches de la famille qui, suivant
l'usage du temps, portaient des noms de terre afin de se
distinguer, Bouhier de Savigny, Bouhier de Versailleux,
Bouhier de Chevigny, Bouhier de Lanthenay, avaient
su se maintenir au premier rang parmi la noblesse de la
province. Il y avait plus encore : par les bons et loyaux
services qu'ils avaient rendus au Roi et à l'État, dans
toutes les branches de l'administration provinciale, ils

---

1. *Bibliothèque des auteurs de Bourgogne*, Papillon, Dijon, 1745, p. 78.

avaient fort honoré leur nom et l'avaient fait connaître à la cour comme à Paris. Lorsqu'à la fin du
XVII⁰ siècle, la ville de Dijon réussit, non sans peine, à
avoir un évêque, les deux premiers titulaires du nouveau siège épiscopal furent successivement deux Bouhier,
qui remplirent dignement leur office et laissèrent une
mémoire vénérée. A ces traditions d'honneur, à ces dis-
tinctions, la famille des Bouhier en joignait une autre
d'un ordre tout différent : celle d'un goût héréditaire
pour les lettres, les lettrés et les livres. « Ayant toute ma
vie eu du goût pour la littérature », dit le président
Bouhier lui-même dans une note sur sa bibliothèque, dont
nous reparlerons un peu plus loin, « je trouve quelque
plaisir à penser que, depuis plus de deux siècles, il n'y a
eu aucun de mes ancêtres qui n'ait aimé les sciences et
les livres. L'inventaire de ceux qu'avait ramassés Jean
Bouhier, mon sixième aïeul, est encore entre mes mains.
Il justifie que ce magistrat qui, par son mérite, parvint
à être honoré gratuitement par le roi Louis XII de l'une
des douze charges de conseillers qui composaient alors,
avec deux présidents, le parlement de Dijon, n'avait
rien épargné pour emplir son cabinet des meilleurs
livres de son temps. » La bibliothèque des Bouhier, dont
il faudra parler tout à l'heure plus en détail, était même
devenue célèbre dans tout le monde savant, et on venait
la visiter de fort loin.

Naturellement bien doué, et ainsi placé dans un milieu
d'où la gravité parlementaire ne bannissait ni l'aménité
des mœurs ni la culture des lettres, même profanes, le
jeune Jean Bouhier se développa rapidement, sans
aucune contrainte.

Sa mère, qui devait mourir après lui, presque cente-

naire, était une personne distinguée qui sut développer
toutes les heureuses qualités que la nature avait départies
à un fils qu'elle adorait et qu'elle éleva elle-même avec un
soin jaloux. A l'hôtel de la rue Saint-Fiacre, situé dans le
quartier aristocratique de Dijon, se réunissait, du reste,
tout ce que la ville contenait de gens de lettres ou de
beaux esprits, société un peu provinciale peut-être, assez
étroite de jugement et de goût, mais où cependant l'esprit,
même la préoccupation de l'esprit, les nouvelles littéraires, les livres nouveaux et les petits vers obligés ne
faisaient pas défaut[1].

Jean Bouhier fit son instruction littéraire au collège des
Jésuites de la ville. Il y brilla fort et fit honneur au Père
Bourdoise, qui passait pour un excellent professeur. A
dix-sept ans accomplis, on l'envoya à Paris achever son
éducation et se faire aux belles manières. Il resta dans la
grande ville deux années entières, et y apprit tout ce
qu'un homme bien élevé devait alors savoir. De là, il
passa quelque temps à Orléans, afin d'y faire des études
de droit à l'Université, qui gardait encore quelque reste
de son antique splendeur, et revint ensuite à Dijon où
son père, Bénigne Bouhier, lui avait acheté, en 1692, une
charge de Conseiller au Parlement. Le nouveau conseiller
fut reçu l'année suivante, à l'âge de vingt ans. C'est ainsi
qu'autrefois la voie était toute tracée pour ceux qui
avaient reçu en naissant les sourires de la fortune et que,
sans avoir à faire eux-mêmes leur situation, ils n'avaient
qu'à se montrer dignes de privilèges qui avaient au moins
parmi tous leurs inconvénients, l'avantage de mettre de

1. On peut lire, sur la société lettrée de Dijon, la spirituelle étude de
M. Jacquet, intitulée *la Vie littéraire en Province au XVIII° siècle*, Paris,
Garnier, 1886.

bonne heure en lumière les jeunes talents et d'utiliser
toutes leurs forces pour le bien des affaires. Chez les
âmes droites et les cœurs généreux, cette facilité devait,
en effet, exciter leur ardeur pour se montrer dignes d'une
faveur qui leur permettait d'attirer l'attention de bonne
heure et de se faire connaître avant d'avoir des cheveux
blancs. Être conseiller au Parlement de Bourgogne à
vingt ans, c'était en effet fort commode, mais ce n'était
pas être quelqu'un, une charge vénale ne pouvant conférer
que la fonction, mais ne conférant nullement l'estime ni
la réputation. Il fallait ne pas rester au-dessous de la place
que les hasards de la fortune vous donnaient, désarmer
les envieux, sous peine d'être légitimement accusé d'être
comme l'âne de la fable et de porter seulement des
reliques. Comme on l'a dit spirituellement : « La vénalité
des charges changeait la nature de l'ambition ; elle portait,
non pas à désirer de parvenir, mais à justifier de son
mérite à remplir une place qu'on ne devait qu'aux mérites
et aux travaux des autres ». C'est ce que tous ne com-
prenaient pas et ce que Jean Bouhier comprit à merveille. Aussi la tâche qu'il s'imposa dès l'abord, et avant
toute autre, fut celle de se montrer digne de sa charge,
digne aussi de sa longue lignée d'ancêtres dans la magistrature. Sans renoncer à aucun de ses autres goûts,
comme nous le dirons plus loin, sans se priver des divertissements de son âge, car Bouhier ne fut jamais un saint,
ni même, dit-on, toujours un sage, il se promit, dès le
premier jour où il eut pris séance au Parlement de Dijon,
de devenir un magistrat qui fît honneur à son nom ; et
il tint parole. Il apprit à fond le droit si compliqué de

---

1. Essai sur le P. Bouhier, par le P. de Marnas, 1855, p. 25.

l'époque et les coutumes particulières de la province de
Bourgogne. Il poursuivit ces études, en apparence si
arides, avec tant de zèle, de persévérance et une si
remarquable intelligence, qu'il devient vite un des premiers jurisconsultes de son temps. Peu à peu même, sa
réputation comme magistrat devint si grande que son
jugement et ses décisions étaient invoqués comme de
fortes autorités. Ses profonds travaux juridiques, dont
La Coutume de la duché de Bourgogne est demeurée le
plus célèbre, contribuèrent même, dit-on, beaucoup au
retrait, fait en 1729, du fameux édit de Saint-Maur, rendu
en 1557 par Charles IX, qui s'opposait à ce que les mères
recueillissent la succession immobilière de leurs enfants.
Cet édit, qui avait soulevé à son apparition d'unanimes
réclamations, et dont l'application n'avait jamais été
générale, était battu en brèche dans l'ouvrage de Bouhier
avec une logique, une érudition et une verve que les
habiles admirèrent beaucoup. D'Alembert[1] put l'appeler,
dans son *Éloge* : « l'un des plus savants jurisconsultes du
royaume », et on l'a souvent comparé, même égalé à
l'illustre Pothier.

Le président Bouhier avait même conçu et rédigé un
plan de législation uniforme pour toute la France. Un
pareil projet venant d'un magistrat bourguignon, fort
attaché aux *us et coutumes* de sa province, témoigne d'une
grande largeur de vues et d'une étendue d'esprit rare à
cette époque. Le manuscrit où Bouhier avait consigné
ses idées sur l'unification des lois en France subsista
jusqu'en 1792 et a malheureusement disparu dans la
tourmente révolutionnaire[2].

1. D'Alembert, *Histoire des membres de l'Académie française*, 1787, p. 287.
2. La Cuisine, *Histoire du Parlement de Bourgogne*, t. III, p. 177.

Pendant trente-cinq ans, d'abord comme conseiller, puis comme président à mortier (1704), il remplit avec honneur, même avec éclat, ses fonctions de magistrat; et, lorsque rendu incapable de les continuer par une goutte précoce qui ne lui laissait presque pas de relâche, il se retira en 1727, le Roi lui accorda, comme témoignage de la satisfaction que lui avaient causée ses bons services, ce qu'on appelait alors des *lettres de vétérance*, c'est-à-dire le droit de venir siéger au Parlement dans les grandes circonstances et d'y opiner.

Ce n'est pas que, dans cette longue carrière, le président Bouhier se fût montré courtisan du pouvoir; en bon et fidèle membre du Parlement de Bourgogne, renommé pour son indépendance et même parfois pour son indocilité envers le pouvoir central, il avait toujours gardé, vis-à-vis de la cour, une attitude aussi réservée qu'indépendante. Il avait même, afin que rien ne manquât à l'éclat de sa carrière, eu les honneurs d'un exil, fort court, il est vrai, lors d'un de ces mille incidents parlementaires qui se renouvelaient à chaque instant, durant cette lutte sourde, mais continue, que les cours souveraines menèrent avec autant de ténacité que d'imprévoyance, pendant toute la période du règne de Louis XV, contre le pouvoir royal.

En 1722, le Parlement de Dijon avait refusé l'enregistrement d'édits fiscaux imposés par la cour. Docile aux ordres qu'il avait reçus, le premier président de Berbizey autorisa la publication des édits sans qu'il y eût eu arrêt du Parlement de Bourgogne pour les enregistrer, comme c'était la coutume immémoriale. De là, grande colère des magistrats. Le premier président refuse de convoquer les Chambres. Bouhier, qui n'était que président à

mortier, mais qui avait toute l'indépendance de l'ancienne
magistrature et qui n'entendait pas qu'on portât la
moindre atteinte aux droits et aux privilèges de son
ordre, passe outre à la résistance du premier président,
prend sur lui d'assembler les Chambres, qui défendent de
percevoir les nouvelles taxes et votent des remontrances.
Sur quoi, il fut exilé à quelques lieues de Dijon, tandis
que deux autres conseillers furent suspendus de leur
charge. Puis, peu après, l'exil fut levé, les deux conseillers furent réintégrés dans leurs fonctions après avoir
été réprimandés, et les taxes furent perçues. Cet incident,
comme il y en avait chaque jour de semblable dans
toutes les cours souveraines de France, fit honneur à
Bouhier dans son corps, et quelques années après il fut
chargé d'aller à Versailles défendre les intérêts et les us
et coutumes du Parlement de Bourgogne, mission dont
il s'acquitta avec une adresse et un tact qui lui permirent
de satisfaire tout le monde, ses collègues et le ministre,
ce qui n'était pas un médiocre succès.

A voir cette vie de magistrat si occupé de ses devoirs,
on eût pu croire que l'accomplissement des obligations
professionnelles absorbait tout le temps du président
Bouhier, et qu'il ne lui en restait guère pour autre chose.
Cependant, chez lui, comme chez bien des hommes de
l'ancienne société, on retrouve cette singulière puissance
de travail, cette activité persévérante et réglée qui
permettait de mener de front les occupations les plus
diverses, les travaux les plus opposés, et dont chacun
aurait semblé devoir absorber toutes les facultés et tous
les moments de la vie d'un homme. On dirait vraiment
qu'autrefois les jours avaient plus de vingt-quatre heures.
La parfaite régularité dans l'emploi du temps, la cons-

tance dans les occupations étaient le secret de semblables prodiges, et personne ne savait mieux se servir de cette merveilleuse recette que Bouhier. Ses contemporains en étaient dans l'admiration. « Jamais homme », lisons-nous dans un écrit du temps, rédigé par un de ses compatriotes, son confrère au Parlement de Dijon, « n'avait moins perdu de temps. Il m'a souvent dit que pendant sa jeunesse, quand il rentrait du Palais, il faisait un tour à sa bibliothèque, qui était immense, n'y restât-il qu'un quart d'heure avant le dîner. Lorsqu'il s'habillait, et je l'ai vu, il avait sur des pupitres des livres que des chevilles tenaient ouverts : il y jetait les yeux en attachant ses boutons. Il me répétait souvent une maxime qui est de la plus grande vérité (je ne l'ai pas bien observée), c'est qu'on peut donner à ses plaisirs tout le temps qu'ils demandent, pourvu qu'on emploie utilement le temps qu'ils nous laissent. On ne pourrait pas le croire si on ne l'avait pas vu, tout ce que le président Bouhier a écrit de sa main [1]. »

Cette ardeur au travail, qui dura toute sa vie et fut habilement dirigée, car il ne suffit pas de travailler, il faut savoir travailler, fit de Bouhier, non seulement un magistrat célèbre, remplissant ses fonctions avec zèle, mais aussi un érudit de premier ordre, capable de lutter avec les savants de profession, un latiniste distingué qui traduisait et commentait les Tusculanes de Cicéron, un critique dont l'autorité fut bientôt aussi grande à l'étranger qu'en France, un lettré au goût fin et délicat, un poète même qui faisait des petits vers comme tout littérateur qui se respectait alors était tenu d'en faire. Nous

1. *Le Parlement de Bourgogne*, par M. de la Cuisine, Dijon, 2, III, 180. Extrait du testament moral de Jean-Louis Maleteste, autographe à Dijon.

n'essaierons pas, du reste, de dresser ici la liste, même incomplète, des nombreux travaux de Bouhier dans tous les genres, jurisprudence, érudition, littérature ancienne et moderne. Cette liste serait trop longue et grand nombre de ces œuvres par les sujets, soit de science pure, soit de droit le plus épineux dont ils traitent, sont trop spéciaux pour pouvoir trouver place dans cette rapide esquisse de la vie du président, qui n'a nullement la prétention d'être une biographie complète.

- Le président Bouhier était en même temps un homme du monde accompli et un grand causeur. Dès sa jeunesse, en effet, Bouhier avait montré trois goûts très décidés qui forment justement, par leur réunion, l'originalité propre de son caractère : le goût de l'érudition, des lettres et de la conversation. Il faut entrer ici en quelques détails, afin de montrer par les faits que ces traits du portrait du « grand président de Dijon » n'ont rien d'exagéré.

L'érudition la plus sévère, l'épigraphie, la numismatique, les manuscrits anciens ou gothiques furent, dès l'abord et constamment, le sujet de ses études poursuivies avec une persévérante ténacité. Et il ne se bornait pas à les étudier en amateur, comme on dirait aujourd'hui. Il approfondissait avec soin chaque branche de l'érudition de son temps, peu développée, dira-t-on, mais déjà assez avancée pour demander à qui voulait s'en rendre maître beaucoup de peines et un rude labeur. Aidé des manuscrits de sa bibliothèque, et à force de travail, Bouhier ne tarda pas à devenir une autorité dans ce genre de connaissances. Il lutte d'érudition avec le savant Bernard de Montfaucon sur la question si controversée du christianisme des thérapeutes, et bien des bons juges lui donnent l'avantage. Il publie des conjectures sur des

médailles antiques, compose des dissertations savantes
sur les auteurs grecs et latins, il les annote, et ses notes
sont admirées même des critiques allemands, dont l'un
des plus illustres, Fabricius, les loue publiquement. Ces
travaux sur l'antiquité classique ne l'empêchent pas de
réunir tous les manuscrits du moyen âge qu'il peut
trouver. Ce fut, en effet, grâce à ses soins, que parut la
première édition un peu complète du fameux journal de
l'*Estoile*, dont il possédait une partie du manuscrit original. En ce genre, tout le charmait, les vieux chartriers
des couvents aussi bien que les inscriptions antiques, les
fabliaux du moyen âge tout comme Homère ou Virgile.
Car cet infatigable érudit était en même temps un lettré
d'un goût fin, aussi bon juge en littérature qu'en érudition. Grand admirateur de Montaigne, il prit une part
active à une édition plus complète du célèbre écrivain, qui
parut en 1729, et écrivit une introduction sur *la Vie et les
œuvres de Montaigne*, qui fut placée en tête de l'ouvrage.
Lorsqu'il écrivait pour le public, le président Bouhier
garda toujours cependant quelque chose d'un peu pesamment doctoral qui sentait le magistrat sur son siège,
habitué à prononcer des arrêts. On prétendait que sa
femme lui disait en plaisantant : « Contentez-vous de
penser et laissez-moi écrire ». Dans un de ces Noëls satiriques que l'on goûtait tant autrefois, surtout à Dijon,
qui se vantait d'être la patrie de La Monnoye, le célèbre
auteur des *Noëls bourguignons*, on trouve le couplet suivant, où le ton solennel et le goût de Bouhier pour les
dissertations sont ainsi tournés en ridicule :

> Le président Bouhier lui dit :
> Seigneur, faites-moi la faveur
> Que, de vos faits, gestes et dits,
> Je sois le seul commentateur [1].

Mais cette espèce de solennité, qu'expliquent très bien ses travaux et ses études comme jurisconsulte, et dont il avait peine à se défaire, ne l'empêchait nullement d'avoir l'esprit le plus orné et le jugement le plus délicat. Les extraits de ses lettres, que le cours de ce travail nous amènera à citer, montreront même de plus que, dans l'intimité et le laisser-aller des relations familières, il savait, en véritable homme du xviii° siècle qu'il était, manier la plume avec le naturel parfait et la simplicité élégante qu'on prisait alors par-dessus tout.

Élevé à bonne école par un père très épris aussi de littérature, il avait achevé de se former pendant le séjour qu'il fit très jeune à Paris, où il vit et approcha de près les survivants du grand siècle. Il connut ainsi personnellement Racine, Boileau, Pélisson : il put entendre Bourdaloue prêcher les sermons qui avaient enchanté Mme de Sévigné, et il eut la rare bonne fortune de pouvoir causer avec Bossuet, son compatriote. C'était là, pour un jeune homme à l'esprit ouvert et dans toute la première ferveur du goût pour les lettres, une faveur inappréciable. Bouhier sut s'en montrer digne; il écouta parler les grands esprits et mit à profit ce qu'il entendait. A cette école, l'une des meilleures qui fut jamais, il avait appris à sentir vivement et finement la vraie beauté littéraire aussi bien chez les anciens que chez les modernes. La lutte entre les partisans des anciens et les partisans

1. *Le Parlement à l'Estable*, pièce inédite publiée par M. Chabeuf, Dijon, 1886.

des modernes, qui recommençait toujours, donnait à ce moment aux esprits cultivés une vive animation, et les discussions passionnées qu'elle soulevait affinaient le goût, tout en le desséchant un peu. Bouhier, qui assista au combat en spectateur curieux sans jamais prendre parti, y puisa une sûreté dans le jugement et une vivacité dans la jouissance de la beauté littéraire, qui s'alliaient étrangement en lui à la passion de l'érudition et à l'étude consciencieuse du droit le plus aride.

De ce goût si vif pour les lettres subsiste une preuve significative qui justifiera peut-être ce que nous venons de dire. Lorsque parurent les premiers extraits de la correspondance de Mme de Sévigné, cette publication hâtive et fort mal faite qui, comme toutes les nouveautés, rencontra plus d'un censeur, même chez les gens de lettres, fut pour Bouhier une véritable révélation. A la première lecture, il devina le rang que ces pages allaient prendre dans notre langue et rangea de prime abord, sans aucune hésitation, leur auteur parmi les classiques français. Il devint dès le premier jour le plus ardent admirateur de la divine marquise, son champion, et, pour parler le langage du temps, il fut le premier à emboucher la trompette de la renommée pour cette nouvelle Muse du Parnasse français. Il encouragea l'éditeur à poursuivre son œuvre et n'eut cesse que celui-ci ne lui eût promis de continuer l'entreprise. Pour un érudit aimant les vieux grimoires, n'était-ce pas témoigner d'une délicatesse dans le jugement et d'une souplesse d'esprit rares?

Mais comme il faut toujours que la faiblesse humaine se retrouve et qu'on ait des imperfections, voire même des ridicules, le grave président sacrifiait à la mode de

son temps, aux grâces, comme on disait alors : il faisait
des vers et même de petits vers légers. Il faut ajouter,
pour les lui moins reprocher, qu'ils étaient fort mauvais
et que, de nos jours, ils n'eussent guère contribué à sa
réputation. Mais alors il fallait être poète au moins une
fois en sa vie et l'on n'était pas homme d'esprit si l'on ne
rimait. Bouhier, qui avait beaucoup d'esprit, et tenait
beaucoup à le montrer, rimait donc beaucoup. Il traduisit
même en vers un fragment du poème de Pétrone, celui
sur la guerre civile, qui n'avait rien d'immoral; mais la
traduction ne rehaussa guère l'original. Lorsque cette traduction, qu'il faisait circuler manuscrite parmi d'intimes
amis, lui eut été dérobée et publiée sans son aveu, il ne
se montra pas trop irrité et se laissa faire des compliments. Il jugeait du reste les fruits de sa verve poétique
dignes d'être conservés, si nous en croyons le soin avec
lequel il les rassemblait. Dans les gros recueils de ses
papiers, à côté de dissertations savantes et de consultations juridiques, on voit en effet, copiées avec soin, une
foule de petites poésies, des quatrains, des épigrammes
qui, certes, font un singulier effet au milieu de toute
cette science et ne permettent pas d'oublier que le savant
président était aussi un homme de salon, épris de la
conversation, non seulement de la conversation des
érudits ou des gens de lettres, mais de celle des belles
dames, des grands seigneurs, de toute la société de la
fin du règne de Louis XIV et de la Régence.

Dès sa jeunesse, en effet, Bouhier avait beaucoup
aimé le monde. Dijon [1] était encore alors une ville fort

<hr>

1. Dans le livre si intéressant et si plein de faits consacré au président
de Brosses (Paris, 1842) par M. Foisset, on peut trouver une peinture
aussi vivante que spirituelle de cette société mondaine qui se réunissait

animée qui avait conservé des prétentions de capitale d'un grand duché. Les États provinciaux, qui s'y tenaient régulièrement, et étaient toujours présidés par un prince de la maison de Condé, y entretenaient d'anciennes habitudes de luxe et d'élégance. Dans le quartier aristo-cratique de la place Saint-Jean, les vieux hôtels bâtis entre cour et jardin étaient encore habités par une noblesse riche qui aimait fort le plaisir[1]. Autour de la ville, il y avait nombre de belles résidences que leurs propriétaires se plaisaient à embellir et à montrer. On voyait enfin dans Dijon, plus peut-être qu'en aucune ville de province, « nombre de beaux équipages [2] qui couraient tout le jour dans la ville » et lui donnaient beaucoup d'animation.

Les Bouhier étaient au premier rang de cette société de province et y tenaient le haut du pavé. Leur hôtel de la rue Saint-Fiacre, situé au centre du quartier aristo-cratique de la ville, subsiste encore aujourd'hui et porte le numéro 49 de la rue Vauban [3]. Il avait été bâti dans le début du XVIIe siècle et était l'un des plus grands de Dijon. Avec sa vaste cour orientée à l'ouest et séparée de la rue par un mur formant terrasse, où s'ouvrait une

à Dijon au siècle dernier. La correspondance échangée entre Voltaire et le P. de Brosses, publiée pour la première fois dans cet ouvrage, lui donne un intérêt tout particulier.

1. Le beau travail intitulé : *Dijon, monuments et souvenirs*, que M. Cha-beuf vient de publier, contient un chapitre sur les hôtels historiques de la ville, plein de détails curieux qui intéresseront vivement les ama-teurs de l'architecture privée dans l'ancienne France.

2. P. de Brosses, *Lettres sur l'Italie*, III.

3. Mazarin logea à l'hôtel Bouhier, avec ses trois nièces, du 5 novembre au 19 du même mois, en 1658, pendant le séjour que la cour fit à Dijon à cette époque. Le jeune roi venait tous les jours y rendre visite au car-dinal, puis il allait jouer à la paume au « tripot voisin de la Salamandre et le soir donnait les violons aux demoiselles, soit à l'hôtel Bouhier, soit au Logis du Roi, l'ancien palais ducal ». Nous devons ces curieux détails, ainsi que ceux qui regardent la maison des Bouhier, à l'obligeance de M. Chabeuf, vice-président de la Société d'histoire de la Bourgogne.

porte cochère monumentale, ses trois corps de logis disposés en carré, et n'ayant qu'un seul étage très élevé sur un haut rez-de-chaussée, ses lucarnes en pierre venant faire saillie dans le toit de tuiles émaillées, retenues par des épis de plomb ouvragé, le vieux logis patrimonial des Bouhier avait un caractère de grandeur un peu triste, un certain air de solennité qui convenait bien à une ancienne et puissante famille parlementaire. L'intérieur de la maison était vaste. Les appartements, ornés avec cette simplicité noble du siècle passé, avaient ces grandes proportions que nous ne connaissons plus aujourd'hui. C'est dans ce cadre, d'une gravité peut-être assez sévère, que se passa l'enfance, la jeunesse, puis la maturité et enfin la vieillesse du président Bouhier. En ce temps-là, on naissait et on mourait à la même place et la vie n'en paraissait pas plus courte. La maison pater-nelle était loin cependant d'être fermée ou austère, au contraire, elle s'ouvrait à toute la noblesse de robe et d'épée, et les gens de lettres, dont la ville ne manquait pas, y étaient également admis sur un pied de grande égalité. Jean Bouhier n'eut donc qu'à se laisser faire pour devenir vite un homme du monde, et qu'à suivre son penchant pour la société, les salons et la conversation. On dit même qu'il avait été fort galant dans sa jeu-nesse, fort empressé auprès des belles dames spirituelles et se plaisant beaucoup dans leur commerce. Un pam-phlet, dirigé contre les membres de l'Académie, l'appelle « un magistrat de province, galant commentateur de Cicéron » [1]. Mais s'il fût resté à Dijon, sans jamais en sortir, il fût, malgré tout, demeuré provincial, car Paris

1. Barbier, III, Mlle de Seine.

dominait déjà tellement que là seulement on pouvait acquérir cette aisance, ce vernis de politesse et de bon goût qui achevait l'honnête homme d'autrefois. Les longs séjours que Bouhier fit à plusieurs reprises dans la capitale, achevèrent d'en faire un vrai Parisien pour le tour d'esprit, les manières et aussi pour la finesse et la sûreté du goût.

Ces voyages furent nombreux, et s'ils ne firent pas de Bouhier, à proprement parler, un membre de la société de Paris, ils le firent connaître dans tous les mondes, déjà si divers, qui s'y réunissaient, et lui créèrent partout des relations. Lorsqu'il y vint pour la première fois, à peine âgé de dix-sept ans, y passer deux années entières, comme nous l'avons dit plus haut, presque tous les hommes qui avaient illustré le xvii° siècle étaient encore debout : il put les voir, et contempler la cour de Louis XIV dans tout l'éclat d'une glorieuse maturité. Grâce à son nom et aux recommandations de son père qui avait de puissants amis à la cour, et, malgré sa jeunesse, bien accueilli dans toutes les maisons parlementaires de Paris et chez les grands seigneurs de Bourgogne, Bouhier commença dès lors à observer de très près le grand monde, à se façonner à cet art si délicat de la conversation, qui est un produit de la civilisation la plus raffinée et qui verse si facilement dans l'affectation et le faux goût. Dès lors, aussi, il chercha à se faire des relations dans la société lettrée.

A chaque nouveau séjour, soit pendant les dernières années du règne de Louis XIV, soit pendant les années si animées, si tumultueuses de la Régence, Bouhier augmenta ses relations, les étendit, et il finit par être aussi connu à Paris qu'à Dijon. Chez les Beauffremont, l'une des plus puissantes familles de Bourgogne et de Champagne, chez la vieille maréchale de la Motte, gouvernante des enfants de France, chez Mme de Brienne, fille du président Brulart qui était à la tête du Parlement de Dijon, il avait appris à connaître dans sa jeunesse tout ce qui restait de la vieille cour, et avait pu causer avec le chevalier Hamilton, l'homme le plus spirituel qu'eût vu Versailles pendant les cinquante dernières années du XVIIe siècle. Plus tard, le président alla à Sceaux, et la duchesse du Maine l'admit dans ses réunions où le bel esprit et l'extravagance se mêlaient si étrangement à un goût vrai et fin pour la grande beauté littéraire. Il assista à ces lectures où Malézieu traduisait à livre ouvert Eschyle et Sophocle, et faisait verser des larmes à la frivole et spirituelle duchesse du Maine. Là, le président connut Mme Dacier, aussi bien que la Motte ou Perraud, et l'aimable Mme de Staal. Chaque fois qu'il venait à Paris, il était également l'hôte assidu de la marquise de Lambert. Ce fut dans ce salon, le dernier héritier de la tradition de l'hôtel de Rambouillet, qu'on lui présenta Voltaire, jeune, encore mal affermi dans la voie de la renommée, et désireux de s'assurer tous les appuis. En relation avec toutes les grandes familles parlementaires, les Molé, les d'Aligre, les Le Pelletier, il l'était aussi avec la haute bourgeoisie de Paris, et, grâce à sa qualité de provincial, il pouvait aller d'une société dans l'autre, passer de chez M. de Lamoignon chez M. Lambert, prévôt des marchands, ou chez M. Turgot, dont la femme avait une réputation de beauté.

C'est ainsi qu'après chaque voyage, il revenait à Dijon ayant à Paris quelque ami de plus, qui ne tardait pas à devenir son correspondant, et qui empêchait qu'on ne

l'oubliât dans la grande ville où tout s'efface si vite. Car,
si par fierté patriotique, et aussi peut-être par un calcul
instinctif, le président Bouhier fut toujours fidèle à sa
bonne vieille cité bourguignonne, et ne consentit jamais
à quitter le lieu où sa famille avait jeté de si profondes
racines, ce n'était ni par modestie ni par détachement de
l'estime du monde ou de la réputation. Au contraire, il
savait fort bien soigner l'une et l'autre, et il n'était nullement indifférent aux compliments. Les correspondances
régulières qu'il avait avec les gens de lettres de Paris ne
le laissaient pas oublier et entretenaient son crédit. Ne se
montrant que rarement sur la scène, il ne devenait pas
importun et ne laissait pas voir ses côtés faibles. Son
absence lui servait encore à ne pas prendre parti dans
les querelles littéraires, alors si fréquentes. Il n'était ni
pour les anciens ni pour les modernes, et n'entrait dans
aucune cabale. Il savait rester bien avec tout le monde :
aussi, lorsqu'il venait à Paris, était-il fêté, choyé comme
certes il ne l'eût pas été s'il y eût toujours vécu. Cet
innocent manège, cette sorte de coquetterie dont le grave
magistrat jouait très habilement, les gens d'esprit le
remarquaient bien en souriant et en plaisantaient même
parfois. Il est défini spirituellement, mais avec une
aigreur assez amusante, dans l'*Éloge de Bouhier*, par
d'Alembert. Le morceau est curieux, comme un exemple
de cet art d'insinuation que le savant mathématicien
savait manier avec une adresse et une légèreté de main
qu'on ne s'attendrait pas à rencontrer chez le « froid
chancelier du Parnasse ». Bouhier employait ces mêmes
moyens avec les savants étrangers. Il tenait à honneur
d'être en correspondance avec les plus connus, et, grâce
à sa réputation d'érudit, la chose ne lui était pas difficile.

Ici la plume lui servait seule, et il trouvait le temps de
tenir tête à une correspondance qui allait d'un bout de
l'Europe à l'autre.

« Les hommages, dit d'Alembert, que M. le président
Bouhier recevait de tous les savants de l'Europe, étaient
non seulement la juste récompense de son mérite, mais
le fruit de la correspondance régulière qu'il entretenait
avec un grand nombre d'entre eux. Rien n'est plus propre
à nourrir, si l'on peut parler ainsi, la réputation d'un
homme de lettres, et quelquefois même à la fonder, au
moins pour un temps, qu'un grand commerce épistolaire ;
c'est un moyen de célébrité que Leibnitz lui-même ne
négligeait pas ; le littérateur qui lui écrivait était sûr
d'être honoré d'une réponse. D'autres grands hommes,
moins avides d'encens, ou plus délicats sur les louanges,
ont dédaigné d'employer comme lui ce petit artifice pour
hâter le vol de la Renommée : leur gloire n'y a cependant rien perdu, car si le nom d'un écrivain peut se soutenir quelques années à force de lettres, ce n'est que par
de bons ouvrages qu'il acquiert une confiance assurée. La
postérité juge les auteurs, qu'on nous permette cette
expression, sur ce qu'ils ont écrit au public et non sur ce
qu'ils ont écrit à leurs amis. Mais le jugement que cette
postérité sévère portera de M. le président Bouhier con-
firmera les éloges que l'amitié lui a donnés de son vivant,
ses productions savantes lui assurent pour toujours
l'estime de l'Europe littéraire ; et il sera célèbre, ainsi
que Leibnitz, quand il n'aurait jamais écrit à personne [1]. »

La riche bibliothèque, que le président avait reçue de

1. D'Alembert, *Histoire des membres de l'Académie française*, 1787.

son père comme une des parties les plus précieuses de son
héritage, et qu'il enrichissait tous les jours, l'aidait du
reste singulièrement dans son entreprise d'être à Dijon,
en pleine province, aussi connu des gens de lettres que
s'il eût été à Paris et y eût tenu maison ouverte. La bonne
grâce parfaite avec laquelle il ouvrait sa chère bibliothèque et la laissait voir à tous les étrangers qui s'en
montraient curieux, faisait de Dijon une des étapes ordinaires des voyageurs de distinction qui tenaient à saluer
l'illustre président et à voir sa collection célèbre dans
toute l'Europe. Avec une libéralité qui n'était sans doute
pas tout à fait exempte de calcul, le président prêtait livres
et manuscrits, les laissait consulter à tous ceux qui lui
semblaient capables d'en tirer parti. Et cette munificence,
cette confiance dans la bonne foi d'autrui ne contribuaient
pas peu à sa popularité. S'il y avait peut-être un peu
d'ostentation et de vanité dans cette générosité, c'était
l'orgueil inverse de celui de bien des amateurs qui
cachent avec une jalousie d'avare les raretés qu'ils possèdent, et les enfouissent dans une sorte de stérile obscurité, se contentant d'en jouir uniquement pour eux-
mêmes. Si Bouhier, fier de sa bibliothèque, aimait à la
montrer, à la faire admirer, cette libéralité était une
tradition dans sa famille. En 1674, Mabillon, partant pour
son voyage en Allemagne, fut reçu avec la plus parfaite
bonne grâce par Bénigne Bouhier, père de notre président, et décrivit la fameuse bibliothèque dans le journal
littéraire de son voyage. Quarante et un ans après, en 1715,
Dom Martène et Dom Durand faisant, eux aussi, une
course d'érudition, s'arrêtèrent à Dijon pour y visiter les
églises, les chartriers et les collections privées. Le président leur ouvrit à son tour tous ses trésors, et ils l'en

remercièrent en ces termes dans le récit qu'ils publièrent deux ans après [1] :

« La bibliothèque de M. Boyer (*sic*) est considérable par le nombre des livres, tant imprimés que manuscrits, qui sont tous bien choisis et parfaitement conditionnés. Parmi les manuscrits, nous trouvâmes plusieurs cartulaires d'églises cathédrales et d'abbayes qui nous furent d'un grand secours. M. le président nous permit non seulement de les voir, mais aussi de les emporter et d'en faire tous les extraits que nous voulûmes. On ne peut rien ajouter à toutes les honnêtetés que nous fit ce savant et intègre magistrat. »

« Outre les cartulaires, nous vîmes encore parmi les manuscrits plusieurs ouvrages des Pères, beaucoup de mémoires pour servir à l'Histoire de Bourgogne, un Psautier écrit en notes de Tyron, un Virgile de près de huit cents ans chargé de notes, un Térence, un Plaute, un Lucain, un Perse, un Alcoran en arabe, un livre en caractères chinois, un ancien Ménologe des Grecs et plusieurs autres bons livres. »

De son côté, le cardinal Quirini, dans son curieux récit des trois années qu'il passa en France, de 1711 à 1714, récit qui serait plus connu s'il n'était écrit en un latin fleuri assez obscur, ne tarit pas sur la bibliothèque de Bouhier et sur son amabilité à la montrer. Ses manuscrits surtout frappèrent d'admiration le jeune voyageur, et, dans son enthousiasme, il appelle la collection de pièces relatives à l'histoire de la province, un *trésor*, le *trésor de la Bourgogne*. Un superbe manuscrit du Roman de la Rose, des manuscrits latins contenant des œuvres encore

---

1. *Voyage littéraire de deux religieux bénédictins de la congrégation de St-Maur*, Paris, 1717.

peu connues ou inédites d'auteurs anciens achevaient de
donner à la bibliothèque héréditaire des Bouhier une
importance toute particulière et justifiaient l'espèce de
culte dont chaque génération l'entourait. Chacun des
possesseurs successifs mettait sa gloire à la transmettre
accrue et enrichie à ses héritiers. Il faut lire les lettres
que Jean Bouhier, grand-père de notre président, écrivait
à son fils Bénigne venu à Paris en 1653 pour achever
son éducation, et les termes presque émus avec lesquels
il le charge de chercher livres et manuscrits pour
augmenter la collection [1]. Tout en donnant à son fils de
bons conseils, en lui commandant de se bien conduire, de
ne pas trop dépenser, le vieux magistrat n'a qu'une idée
en tête, celle de profiter du séjour de son fils pour enrichir
sa bibliothèque. Il lui indique la manière de marchander
les manuscrits, les ruses à employer pour ne pas se laisser
duper et pour duper, au contraire, les concurrents, le tout
dans une langue naïve qui a encore quelque chose de la
langue de Montaigne. « Vous devez », écrit par exemple le
vieux Jean Bouhier à son fils, « pendant votre séjour à
Paris, vous appliquer, autant que vos études le pourront
permettre, à la recherche de divers manuscrits, soit
anciens, soit nouveaux. Ceux qui se pourront acheter à
prix raisonnable, on le fera, et les autres qui le vau-
draient, nous les ferons copier. Mon étude a plus de
réputation qu'elle ne devrait avoir. C'est pourquoi il faut
tâcher de l'augmenter de quelques pièces qui ne soient
pas ordinaires, afin de l'entretenir dans l'opinion que
l'on en a conçue, de laquelle quelque jour vous en aurez

---

1. On peut lire dans le *Cabinet des manuscrits*, par M. Léopold Delisle,
p. 166, tout un chapitre consacré au *Cabinet de la Famille Bouhier*, aussi
intéressant que spirituellement écrit.

tout l'honneur, qui ne vous servira pas peu dans les rencontres [1]. »

Docile à ces conseils, Bénigne Bouhier avait fort enrichi la collection, et avait élevé son fils dans le culte de cette bibliothèque qui faisait la gloire et l'originalité de la famille. Celui-ci s'était montré de très bonne heure digne de posséder ces trésors et avait fait de la chère bibliothèque la grande, l'unique passion de sa vie. Lorsque, très jeune encore, il fut venu à bout de la ranger dans un bel ordre et d'en rédiger un catalogue raisonné, il écrivit — pour la mettre en tête du recueil — une sorte de note historique sur le cabinet de livres des Bouhier où l'orgueil du possesseur s'exprime avec une naïveté non dépourvue d'agrément. Nous en avons cité plus haut le début. Le lecteur nous permettra peut-être de reproduire le morceau. Il a déjà été publié, mais il nous a paru curieux et mériter d'être placé ici : d'abord parce qu'il peint à merveille le président Bouhier lui-même et son amour pour les lettres, puis parce qu'il montre bien comment l'orgueil héréditaire de ces vieilles familles parlementaires tournait au profit de la haute culture intellectuelle. Pour les Bouhier, la *bibliothèque* était la gloire de leur maison. Le catalogue de tous ces trésors littéraires écrit en entier de la main de notre Jean Bouhier existe encore aujourd'hui et forme trois gros volumes in-folio. Le registre qui contient la liste des livres imprimés n'a pas moins de mille feuillets. En tête Bouhier avait placé la notice suivante qui servait comme de préface au catalogue : si le lecteur veut bien la lire jusqu'au bout, il pourra se figurer avoir été promené par le possesseur lui-même au milieu de cette

1. Bibl. nat., f. fr. 22 236, fᵒ 129.

belle collection dont il était fier et dont il aimait à raconter l'histoire.

Après avoir achevé un ouvrage aussi long, et aussi ennuyeux que celui du catalogue de tous mes livres, imprimés et manuscrits, il me paraît à propos de dire un mot des raisons qui m'y ont engagé, et de la méthode que j'y ai suivie et même de l'histoire de ma Bibliothèque [1]....

Bénigne Bouhier fils de Jean Bouhier hérita de son attachement pour les Lettres, et fut comme lui conseiller au Parlement dans un siècle où ces sortes d'emplois étaient encore la récompense du savoir et de la vertu.

Philibert Colin, Doyen du même Parlement, en ses Poësies manuscrites, dont M. le Gouz, Président à Mortier en cette cour, conserve l'original, fait un bel Éloge de ce Bénigne son contemporain, et dit entr'autres choses qu'il était, *Consilio summi dignus adesse Jovis.* Il était ami du docte Cujas, comme il paraît par une lettre, que ce fameux Jurisconsulte lui écrivit en 1560, pour lui rendre compte des études de Jean Bouhier son fils aîné, lequel venait d'apprendre la Jurisprudence sous un si grand Maître. Cette Lettre, dont l'original est entre mes mains, fait seule l'Éloge du père, et du fils. Ce dernier succéda à la charge de son père, et s'y distingua par son habileté. J'ai beaucoup de livres, dont les marges chargées de ses savantes remarques, justifient que l'objet de ses lectures ne fut point un vain et stérile amusement, comme il l'est de la plupart des hommes.

Son fils unique, Étienne Bouhier, répondit parfaitement aux soins que son père avait pris de son éducation. Après avoir fait à Dijon ses premières études, et commencé à Valence celles du Droit, il désira d'aller s'y perfectionner en l'Université de Padoüe, qui était alors très célèbre.

---

1. Ici se place le passage suivant, que nous avons déjà reproduit plus haut, p. 3. « Ayant toute ma vie eu du goût pour la littérature, je trouve quelque plaisir à penser que, depuis plus de deux siècles, il n'y a eu aucun de mes ancêtres, qui n'ait aimé les Sciences et les Livres.

« L'inventaire de ceux qu'avait ramassez Jean Bouhier, mon sixième ayeul, est encore entre mes mains. Il justifie que ce Magistrat, qui par son mérite parvint à être honoré gratuitement par le Roi Louis XII de l'une des douze charges de Conseillers, qui composaient alors avec les deux Présidents le Parlement de Dijon, n'avait rien épargné pour remplir son cabinet des meilleurs livres de son temps. »

Il parcourut ensuite toute l'Italie, et y fit un assez long
séjour. Outre les langues savantes, qu'il possédait déjà très
bien, il y acquit une connaissance parfaite de l'Italienne, et un
goût exquis pour l'architecture. On en peut juger par le grand
Hopital de Dijon lequel fut bâti en 1630 sur ses dessins, que j'ai
vu tracés de sa propre main. Il rapporta aussi d'Italie un grand
nombre d'excellents livres qui servirent de fondement à la
Bibliothèque qu'il forma dans la suite. Par le catalogue, que
j'en ai conservé, l'on voit qu'elle était très nombreuse, et très
bien choisie. Je crois même qu'il y avait alors peu de particuliers, qui en eussent de semblables. L'usage qu'il en faisait, et
ses autres talents, lui donnèrent une grande réputation dans le
Parlement, où il fut d'abord Conseiller aux requêtes du Palais,
et ensuite à la Cour. Lorsqu'il fut reçu en cette dernière charge
le 1er mars 1611, M. le Premier Président fit de lui un grand
éloge, et voulut même qu'il fut inséré sur les registres de la
Compagnie. Distinction d'autant plus grande, qu'il ne s'en
trouve aucun autre exemple. L'on peut voir aussi les louanges
que lui a données Pierre Palliot, en son Histoire du Parlement
de Dijon.

Sa Bibliothèque, qui n'aurait pas dû être démembrée après
sa mort, fut malheureusement dispersée entre ses enfants dont
le nombre était assez grand. Jean Bouhier, son fils aîné et
mon grand-père, qui fut comme lui conseiller au Parlement,
tâcha de réparer cette perte par de nouvelles acquisitions; et
sa passion extrème pour les livres lui fit faire des dépenses
immenses pour recouvrir les meilleurs qui eussent paru jusqu'alors en toutes sortes de sciences.

Il commença par acheter en 1642 ceux qui restaient de la
bibliothèque du savant Ponthus de Thiard, et de Cyrus son
neveu tous deux successivement Evèques de Châlon.

Ensuite il entretint des commerces en divers endroits de
l'Europe pour en tirer tous les bons livres, anciens et modernes. Non content des imprimés, il rechercha partout les plus
excellents manuscrits et en ramassa une grande quantité. Ceux
qu'il ne put avoir en original, il les fit copier à grands frais,
et en transcrivit lui-même de sa main plus de cinquante gros
volumes, sans que ni l'ennui d'un tel travail, ni les infirmités
pussent ralentir sur ce point son ardeur infatigable.

Il entreprit aussi de composer un cabinet d'antiquités de
toutes espèces médailles romaines, grecques, hébraïques,

monnaies anciennes, et modernes, or, argent, grand, moyen et petit-bronze, pierres gravées, statues antiques, et jusqu'à des jettons il voulut tout avoir, et n'épargna rien pour en amasser des suites complètes. Sa curiosité ne se borna pas encore là : et il remplit son cabinet d'une infinité de raretés, soit des Indes, soit des autres pays.

Quoiqu'il fit presque son unique occupation de l'étude, il n'a laissé néanmoins, qu'un seul ouvrage de sa façon. C'est une Histoire du divorce fameux du roi Philippe-Auguste, et de la reine Isemburge de Danemark son épouse, que je conserve écrite de sa main, avec un recueil de toutes les pièces, sur lesquelles elle a été composée. Mais il ne paraît pas qu'il ait jamais eu le dessein de la rendre publique. Les grandes incommodités que la goutte lui causa sur la fin de sa vie, et qui l'obligèrent à en passer les dix ou douze dernières années dans un fauteuil, l'empêchèrent sans doute de former aucun projet pour le faire connaître à la postérité autant qu'il le méritait. Heureusement beaucoup d'autres personnes en ont pris le soin, par les éloges qu'ils en ont laissés.

Après sa mort arrivée au mois de décembre 1671, sa bibliothèque passa entre les mains de Bénigne Bouhier, Président à Mortier au même Parlement, son fils aîné, et mon père, avec charge de substitution au profit de l'aîné de ses fils. Il ne me convient point de m'étendre sur les louanges d'une personne si proche. La vénération, où son nom est encore dans sa Compagnie, me dispense d'ailleurs de ce soin. Je dirai seulement, qu'encore qu'il donnât sa principale application à son métier, il ne laissa pas de cultiver toute sa vie les Belles Lettres, autant que ses grandes occupations le lui permirent.

A la vérité la situation de ses affaires, et d'autres dépenses où il se trouva engagé, modérèrent l'envie, qu'il aurait eu d'augmenter sa Bibliothèque à proportion de son Père. Il l'enrichit néanmoins de beaucoup de nouveautés, et n'y mit rien que d'excellent.

A peine eûs-je atteint l'âge de quinze ans, que charmé d'entrevoir en moi quelque inclination pour les Livres, il tâcha de l'augmenter en me donnant le soin d'une bibliothèque, qui devait un jour me revenir, en vertu de la substitution dont je viens de parler. Il ne se trompa point dans l'espérance, qu'il avait conçue que je voudrais du moins savoir le prix des Trésors, qu'il m'avait confiés. Bientôt il y eut peu de livres dans son cabinet, qui ne me passassent par les mains, et peu d'auteurs que je ne connusse.

Un voyage, que je fis peu après à Paris, et le commerce que j'y liai avec les savants du premier ordre, m'enflammèrent de plus en plus du désir de me perfectionner dans les Lettres. J'achetai beaucoup de bons livres, qui nous manquaient ; et quand je vins prendre possession d'une charge de Conseiller au Parlement, dont mon père m'avait fait pourvoir, j'apportai de quoi augmenter considérablement sa bibliothèque.

Nous n'en avions alors qu'un ancien catalogue, dressé par mon grand père. Il y avait suivi la méthode de Jean des Cordes, savant chanoine de Limoges, dont la bibliothèque passait de son temps pour une dés meilleures, et des mieux disposées.

Comme mon père avait formé le dessein d'en faire un autre, il avait négligé d'ajouter à l'ancien ses nouvelles acquisitions. Mais ce dessein, plusieurs fois commencé, avait toujours été interrompu par des occupations plus importantes. Voyant enfin que ce travail était devenu indispensable par la grande quantité de livres nouveaux, que nous avions achetés, et que nous achetions tous les jours, il jugea à propos de m'en charger. Je fus d'abord effrayé de la longueur, et des difficultés d'une pareille entreprise. Mais enfin l'impossibilité de trouver à Dijon quelqu'un, à qui on en pût confier le soin, et le désir de plaire à mon père me firent passer pardessus toutes les considérations, qui auraient pu me rebuter.

Je commençai donc, en suivant le plan de l'ancien Catalogue comme mon père le souhaitait. Mais je ne tardai pas à reconnaitre l'imperfection d'une méthode, qui oblige d'aller chercher les différentes Éditions d'un même ouvrage en différents endroits suivant la taille des livres. D'ailleurs ayant lû le plan de l'arrangement de la bibliothèque du Collège des Jésuites de Paris, que le P. Garnier fit imprimer en 1678, et le catalogue de M. le Président de Thou, dressé par le savant Ismaël Bouillaud, et imprimé en 1679, je reconnus l'utilité évidente de leurs systèmes, et je me déterminai enfin à abandonner celui que j'avais suivi jusqu'alors.

Ce petit morceau n'est-il pas intéressant, presque touchant par l'espèce de culte qui s'y révèle pour ces livres, orgueil d'une série de générations qui se les sont transmis avec un soin jaloux?

« Trente-cinq mille volumes imprimés offrant dans tous les genres les ouvrages les meilleurs, les plus beaux, les plus rares, tous bien reliés, portant tous sur les plats de leur couverture en veau fauve le bœuf d'or qui rappelle le nom du maître; deux mille manuscrits choisis et dont plusieurs étaient du plus grand prix »[1], telle était cette chère bibliothèque, objet de l'amour du président Bouhier dès ses jeunes années. Il la connaissait dans ses moindres détails, chaque volume, chaque manuscrit lui était familier. Un grand nombre était annoté de sa main. Le lieu qui renfermait toutes ces belles choses était une grande galerie située au premier étage de l'hôtel occupé par le président. Cette galerie, formant un long parallélogramme qui occupait toute la profondeur d'un des pavillons de la maison, était ornée avec goût et décorée de statues, de tableaux de prix, de curiosités, de médailles, de cartes qui la transformaient en une sorte de musée. Tout autour couraient des échelles mobiles destinées à rendre facile l'accès des livres. C'était là, dans ce sanctuaire réservé aux muses, pour parler le langage du temps, que se réunissait à intervalles fixes la petite société littéraire de Dijon, l'académie du Président, comme on disait, qu'on faisait des lectures, soit de graves dissertations d'érudition, soit de petits vers ou de noëls satiriques dont la patrie des La Monnoye et des Piron avait gardé la tradition. Cette réunion comprenait tout ce que la ville renfermait de gens lettrés et distingués

1. Catalogue général des manuscrits des Bibliothèques publiques des départements. *Documents inédits.* Imprimerie impériale, 1855. T. II, Avertissement, par Harmand, p. 3.

par leur esprit. La capitale de la Bourgogne, fidèle à sa renommée, n'en manquait pas, alors que Paris n'avait pas tout absorbé et ne drainait pas constamment tous les hommes remarquables comme de nos jours.

Dans la bibliothèque du président se rencontraient, sur le pied de la plus cordiale égalité, et les gros bonnets du Parlement et de modestes érudits : le premier président de Berbizey, les présidents de Ruffey, Lantin de Damerey, Fiot de Neuilley, Le Gouz, de la Marche, M. de Quintin, procureur général au Parlement, les jeunes conseillers de Brosses et de Saint-Seine, M. Legouz de Gerland, ancien grand bailli du Dijonnais, à la fois, érudit, littérateur, botaniste et ami des arts. Puis c'étaient le Père Oudin, le professeur de rhétorique de Buffon, le plus aimable des Jésuites, Fevret de Fontettes, un des plus savants bibliographes du siècle dernier, Maleteste, un moraliste à l'esprit acéré qui avait écrit des Considérations sur les mœurs pleines de remarques fines et qui publia plus tard un « Esprit de l'Esprit des Lois » dont on parla ; c'était en même temps qu'un fougueux défenseur des droits du Parlement, un amateur de musique passionné et l'un des plus ardents admirateurs de Rameau. On y voyait aussi Papillon, l'érudit bourguignon, Michault, qui, contrôleur ordinaire des guerres, aimait beaucoup mieux faire des ouvrages de littérature en tout genre que de relever des comptes ; l'avocat dijonnais Cocquard, qui se reposait de ses dossiers en faisant des vers, Joly et Léauté, chanoines de la cathédrale, et d'autres encore...

Mais dans cette belle bibliothèque, au milieu de ces livres rares, de ces précieux manuscrits, chacun déposait à la porte, prérogatives, titres ou préjugés : on n'était plus ni janséniste ni ultramontain, ni magistrat, ni simple

littérateur, on se contentait d'avoir de l'esprit, d'aimer
les lettres et de jouir ensemble de tous les trésors de
l'hôte du lieu. Il les ouvrait sans réserve, et prêtait son
érudition personnelle aussi bien que ses livres. La conversation allait son chemin, sans crainte d'être arrêtée,
bride abattue, comme eût dit Mme de Sévigné, la verve
bourguignonne s'y déployait tout à son aise, sans peut-être
toujours assez se débarrasser de cette âcreté et de ce haut
goût dont elle était coutumière. C'était là, dans ces réunions intimes, que Bouhier racontait les mille anecdotes
qu'il avait su retenir, et dont, pour ne pas risquer de les
oublier, il avait écrit de sa main un recueil de plus de
cinq cents feuillets avec une table des noms [1]. C'était là
surtout qu'il se plaisait à communiquer les nouvelles de
Paris qui lui arrivaient chaque jour, et lui donnaient une
importance qui se renouvelait sans cesse. C'était aussi
dans sa bibliothèque que le président aimait à conduire
les visiteurs étrangers qu'attirait sa réputation et à leur
en montrer lui-même les merveilles : nulle part il n'était
plus heureux, nulle part il n'avait plus d'esprit, plus de
verve. Sa figure même semblait faite pour ce milieu à
la fois grave et orné. Bouhier avait en effet, si nous en
croyons ses portraits, les traits nobles, un peu lourds et
très fortement accusés. Deux yeux petits, mais très vifs
et pleins de malicieuse bonhomie, relevaient cette physionomie très particulière qu'un sourire très spirituel, souvent moqueur, achevait de caractériser : fidèle aux modes
de sa jeunesse, le président conservait la grande perruque
qui, si fort en honneur durant le règne de Louis XIV,
va toujours diminuant pendant tout le xviiie siècle.

1. C'est de ce recueil qu'a été extrait le petit volume publié il y a
quelques années sous le titre de « Mémoires du Président Bouhier ».

Mais, pour être un amateur passionné de livres, de littérature, d'érudition, le président n'en restait pas moins, et toujours, un homme du monde, un magistrat fier de son rang et de sa longue lignée d'ancêtres. Marié deux fois, la première avec Jeanne Bourée, veuve d'un président au Parlement de Paris, Jean Bouchu, la seconde avec une de ses cousines, Mlle Bouhier de Lanthenay, le président n'eut point de fils, ce qui fut pour lui un vif et constant chagrin. Il éleva avec le plus grand soin les deux filles, qu'il put seules conserver de plusieurs enfants morts en bas âge, et les établit[1] auprès de lui en les mariant dans des familles parlementaires de Dijon.

Ainsi entouré, Bouhier n'avait pas eu de peine à tenir un grand état dans sa bonne ville de Dijon. Le vieil hôtel de sa famille s'ouvrait largement à la belle société, et la bibliothèque ne faisait nullement tort aux pièces plus mondaines où les grandes dames, soit de la province, soit de la cour, qui suivaient leurs maris, venaient briller dans un salon où l'on aurait pu se croire à Paris. C'est ainsi que successivement la duchesse de Saint-Aignan, dont le mari gouverna la Bourgogne à la place du duc de Bourbon ; la marquise de Tavannes, femme du commandant militaire, et Mme de Saint-Contest, femme de l'intendant de Bourgogne, celui qui fut plus tard ministre d'État, vinrent, pendant leur séjour à Dijon, apporter aux réunions du président toutes les grâces et les belles manières de la capitale.

Alors comme aujourd'hui, la Bourgogne était, de plus,

---

1. Jeanne Bouhier, l'aînée des filles du président épousa en 1737 Louis Chartraire, marquis de Bourbonne, président à mortier au Parlement de Dijon. La seconde, Claudine Bouhier, plus jeune, fut mariée en 1740 à Philibert-André Fleütélot de Marliens, conseiller au Parlement de Dijon, dont il mourut doyen en 1778.

fréquemment sillonnée par le passage des armées qui se rendaient sur les frontières de l'est, et chaque nouvelle campagne amenait à Dijon un brillant état-major, fort aise de trouver là une halte et de faire étape dans les salons de l'aimable président.

Le président était également un grand amateur de musique : il suivait assidûment les concerts qu'on avait organisés par souscription dans une salle spéciale, et les salons de la rue Saint-Fiacre entendaient parfois les accords des voix et de l'orchestre succéder aux graves discussions sur les matières de droit et d'érudition.

Ajoutons enfin, pour finir, que la libéralité et la charité des Bouhier étaient proverbiales à Dijon et que Jean Bouhier, celui qui nous occupe, fut en 1712 le fondateur dans cette ville de ce qu'on appelait alors l'aumône générale, c'est-à-dire de bureaux de secours permanents. Aussi lorsque, le 16 juin 1727, l'Académie française, en le nommant à l'unanimité à la place que M. de Malézieu venait de laisser vacante, consacra pour ainsi dire officiellement sa réputation et le mit hors de pair, nul ne songea à s'en étonner. La distinction était cependant d'autant plus flatteuse que, sauf les évêques, la docte compagnie avait pour règle absolue, et jusque-là toujours observée, de n'appeler dans son sein que des Parisiens résidant à Paris. Les académiciens étaient tenus à la résidence par leur règlement tout comme les évêques par les canons. Or, Bouhier était président à mortier au parlement de Dijon et bien résolu à ne pas quitter sa patrie, même pour une place à l'Académie. Comme, accablé de fréquents accès de goutte, surtout dans les mains, qui le poursuivaient depuis sa jeunesse (il avait eu le premier à l'âge de dix-neuf ans), il venait d'annoncer son dessein de quitter ses

3

fonctions actives en cette même année 1727, afin de rentrer dans la retraite, l'Académie saisit l'occasion. On
feignit de croire que, libre désormais, le président se
fixerait à Paris; il se tut, fut élu sans une boule noire,
et tacitement dispensé de la résidence à Paris, première
dérogation à un usage jusque-là rigoureusement observé.
La cour agréa le choix de la compagnie, et le 30 juin 1727
l'illustre président fut reçu en séance publique dans cette
célèbre Académie française qui tenait, alors qu'elle était un
des seuls corps élus qui existassent en France, une place
si considérable et jouait un rôle que, malgré son éclat de
nos jours, elle n'a plus retrouvé qu'à de rares intervalles.

La séance fut fort brillante. Le président Hénault
recevait Bouhier, et l'assistance était aussi nombreuse
que choisie, car ces sortes de tournois littéraires commençaient à devenir très à la mode. Les deux discours
sont aussi fleuris et aussi superficiels que l'usage le voulait alors. Ces banalités, ces compliments creux et vides,
exprimés dans cette langue encore si gracieuse du début
du XVIIIe siècle, ne sont pas cependant dépourvus de
charme. Ils ont comme un parfum de bonne compagnie,
d'élégance discrète auxquels nous ne sommes plus habitués et dont il semble que la tradition soit perdue. Quand
on entend Bouhier finir par les mots qui vont suivre, ne
croirait-on pas entendre comme l'écho de tout ce passé
qui avait poussé si loin l'art de donner au langage une
grâce polie, une décence aimable? « Pour moi », disait-il
en finissant, « sur qui désormais va rejaillir une portion
de votre gloire, moins j'aurai droit de la partager, plus je
sentirai vivement le prix de la grâce dont vous avez bien
voulu m'honorer. Une grâce si peu attendue, si peu
méritée me paraîtra toujours nouvelle ».

Hénault n'est pas en reste de jolies phrases et son discours est plein de ces coquetteries de langage qui plaisaient tant autrefois. Peut-être même, car sous les fleurs de rhétorique on commençait déjà parfois à envelopper la satire, les assistants virent-ils une pointe d'ironie dans les compliments dont il comblait la modestie du président Bouhier, vertu qui, si elle était réelle chez lui comme tous ses contemporains l'affirment, dut singulièrement souffrir de se voir ainsi publiquement trahie. Après l'avoir comme accablé de louanges bien tournées, Hénault continuait : « Je n'en dirai pas davantage, de crainte d'offenser une vertu qui nous rend encore votre acquisition plus précieuse. Cette vertu qui couronne toutes les autres, sans laquelle les connaissances, même les plus utiles, sont à peine souffertes et qui fait que nous passons à ceux qui la possèdent de valoir mieux que nous, la modestie, monsieur, pardonnez-moi de la nommer, c'est ce que nous avons été d'autant plus touchés de trouver en vous qu'elle n'accompagne pas toujours les autres perfections. »

Il y a cependant dans le discours du Président Hénault un court passage assez remarquable. Après avoir loué les travaux juridiques du récipiendaire, il l'exhorte à entreprendre une Histoire de France « relativement aux coutumes et aux ordonnances du royaume ». C'était, à un moment où l'histoire était encore si uniquement littéraire, témoigner d'une intelligence de l'étude du passé et d'un besoin nouveau qui est digne de remarque et fait honneur à l'auteur de l'Abrégé chronologique de l'histoire de France. Voici ce fragment. Il est curieux à remarquer, seulement comme l'un de ces germes destinés à produire une révolution dans la manière de comprendre et d'écrire l'histoire, qui devaient sommeiller longtemps avant d'éclater avec tant de force à notre époque et de porter de si beaux fruits.

« ... C'est ce qui nous a valu les savantes dissertations où vous avez fait voir l'analyse et la précision avec laquelle vous êtes capable de traiter les questions les plus abstraites de notre jurisprudence..., où vous faites toujours marcher l'histoire à côté des lois, modèle si utile, projet tant de fois proposé. Puissiez-vous, monsieur, le suivre dans toute son étendue, et mettant à profit le loisir que vos travaux vous ont si justement acquis, nous donner une Histoire de France relativement aux coutumes et aux ordonnances du royaume et couronner ainsi les différents genres d'érudition qui vous ont fait entrer en lice avec les plus fameux critiques du siècle dernier! »

Tel était en 1727, arrivé au comble de sa renommée, le fameux président Bouhier, la gloire du Parlement de Bourgogne et l'orgueil de Dijon. Aussi connu, aussi goûté à Paris que dans sa province, homme du monde et homme de lettres, érudit qui aimait les petits vers et en faisait lui-même, grave magistrat qui avait le propos assez libre dans l'intimité, et comme beaucoup de ses contemporains aimait parfois trop le gros sel.

Quant à ses opinions, à ses idées, aux tendances de son esprit, ses correspondances les feront connaître mieux que tout ce que l'on en pourrait dire. Il parlera lui-même et se montrera comme un de ces esprits libres, ouverts, éclairés, tout à fait de leur temps pour la curiosité des idées et un certain goût de changement encore timide et comme inconscient, mais trop près du xviie siècle où il était né, pour n'en avoir pas gardé la fermeté dans les principes, le respect des choses respectables et un fond

solide de convictions chrétiennes héréditaires, que l'irréligion naissante étonne d'abord et finit par inquiéter :
« un homme de premier ordre dans le droit et dans les
lettres, dit Sainte-Beuve en parlant incidemment de lui,
qui prolongeait les grandes études du xvi° siècle jusque
dans le xviii°,.... un oracle d'un autre âge qui regardait
le passé » [1].

On en sait assez maintenant sur le compte du président Bouhier, pour comprendre la dédicace des libraires
de Lyon; peut-être même le lecteur trouve-t-il qu'il en
sait trop et que je l'ai mis trop longuement au fait. Il est
temps de pénétrer dans les vastes correspondances que
j'ai voulu explorer : le terme n'est pas trop fort, car elles
sont contenues dans un nombre respectable d'in-folio
qui s'élève à près de vingt volumes. Commençons d'abord
par deux séries de lettres qui sortent de la plume de
deux hommes si parfaitement différents en tout, qu'ils
forment le plus parfait contraste : l'un, Valincourt, le
courtisan homme de lettres; l'autre, d'Olivet, le grammairien dont l'humeur revêche est restée proverbiale.

1. Sainte-Beuve, *Causeries du lundi*, VII, p. 68, 99 : le Président de
Brosses.

CHAPITRE II

UN HOMME DE COUR ET UN GRAMMAIRIEN.
VALINCOURT ET D'OLIVET.

Rassemblez à la fois Mithridate et Sylla,
Joignez-y Tamerlan, Genséric, Attila :
Tous ces fiers conquérants, rois, princes, capitaines,
Sont moins grands à mes yeux que ce bourgeois d'Athènes
Qui sut, pour tout exploit, doux, modéré, frugal,
Toujours vers la vertu aller d'un pas égal.
(Boileau, Satire XI.)

Ce bourgeois d'Athènes que Boileau, dans sa mauvaise humeur de poète, oppose à tous les conquérants du
Nord et du Midi, n'est autre que l'aimable Valincourt à
qui il avait dédié sa XI° satire, sur l'Honneur. En effet, il
y a peu de figures plus agréables, dans le passé littéraire
de la France, que celle d'Henri du Trousset de Valincourt, le protégé de Bossuet, l'ami, le confident de Racine
et de Boileau. Écrivain distingué, estimé des maîtres du
xvii° siècle, mais sans talent éclatant, n'ayant laissé derrière lui aucune œuvre de premier ordre qui ait pu
vaincre le temps, Valincourt, déjà au second plan de son
vivant, et y restant volontairement, a disparu dans la
gloire plus éclatante de ses illustres amis. Et cependant
nul n'était plus aimé, nul n'exerçait plus d'influence pen-

dant les trente premières années du xviiie siècle, que
l'historiographe du roi, le gouverneur du duc du Maine,
le solitaire de Saint-Cloud, l'aimable Valincourt, l'*honnête
homme* par excellence.

Les biographes veulent que Valincourt ait été un
exemple de ces mauvais écoliers devenus des écrivains
distingués que les enfants paresseux aiment tant à rappeler. Ce qui ferait naître quelque doute sur la sympathie
qu'il leur inspire, c'est la manière dont on raconte sa
conversion aux études littéraires. Ce fut, en effet, suivant
eux, une lecture de Térence faite un jour inopinément
par le jeune homme dans la solitude et l'ennui d'un
jour passé à la campagne qui le convertit et en fit
brusquement un homme studieux, bien plus, un littérateur de profession. Pour être capable de sentir aussi fortement les beautés de Térence, il faut avoir le sens littéraire développé, et ce n'est guère que l'étude et le
travail qui peuvent donner au goût assez de finesse pour
jouir vivement du plaisir causé par la lecture d'un ancien.
Quoi qu'il en soit, et qu'il ait été ou non un de ces
méchants écoliers faisant mentir la règle à la grande joie
du grand nombre des paresseux qui ne feront que la
confirmer, Valincourt débuta de bonne heure dans la
carrière des lettres, et son premier début attira même
l'attention sur lui. Il publia, sans se nommer, une critique
de *la Princesse de Clèves*, le roman de Mme de la Fayette.
Cette critique, remplie de remarques fines et d'observations ingénieuses, mérita d'exciter la colère des admirateurs de Mme de la Fayette, et valut au jeune auteur
une réplique fort vive; mais aussi elle attira l'attention
sur lui. Son second ouvrage fut une « Vie de François de
Lorraine, duc de Guise »; « morceau d'histoire, dit Fonte-

nelle[1], qui remplit tout ce qu'on demande à un bon historien : des recherches faites avec beaucoup de soin, une
narration bien suivie et animée, un style noble et simple,
nulle partialité pour son héros ».

Mis ainsi un peu en évidence, Valincourt en profita
pour se lier avec la plupart des gens distingués de l'époque,
et surtout avec ce qui restait des grands écrivains du
siècle. Il devint l'ami intime de Racine et de Boileau.
Bossuet le prit en affection et en fit comme son protégé. Il
se lia avec La Bruyère, connut Fleury encore simple abbé,
fut admis dans la société des Pontchartrain et des Daguesseau. Quoique en relations suivies avec le Père de Latour
et bien vu dans le monde janséniste, pour lequel il avait
de l'attrait, Valincourt, en habile homme qu'il était, sut
néanmoins plaire à Mme de Montespan dans le déclin de
sa faveur, et lui resta fidèle après sa chute, tout en cultivant les bonnes grâces de Mme de Maintenon jusqu'à être
admis dans « ses particuliers », comme dit Saint-Simon.
Ce fut, dit-on, Mme de Montespan qui, sur la recommandation de Bossuet, le fit attacher en 1684, comme gentilhomme de la chambre, au comte de Toulouse, qu'il ne
quitta plus. Il fut pendant près d'un demi-siècle le conseiller, l'aide, l'intime ami de son royal élève, et pas un
nuage ne troubla ces longues et délicates relations. Le
prince l'attachait, pour ainsi dire, plus intimement à sa
personne à chaque nouvelle charge dont la faveur pater-
nelle le revêtait. En 1688, lorsque le comte de Toulouse
fut nommé grand amiral, il choisit Valincourt comme
son secrétaire des commandements, puis il le fit secrétaire général de la marine. Lorsque ce prince devint

1. Fontenelle, *Éloges académiques*, II, p. 252.

successivement gouverneur de Guyenne, puis de Bretagne, et président du bureau des prises, ce fut encore
Valincourt qui lui servit de secrétaire des commandements. Cette faveur ne subit pas d'éclipse, et jusqu'à la
fin de sa vie, il demeura l'ami, le confident le plus intime
du comte de Toulouse. Il est vrai qu'il sut lui donner des
preuves irrécusables de son dévouement. Lorsque le
prince fit le siège de Malaga, qui lui acquit beaucoup de
réputation, Valincourt ne le quitta pas un moment et, se
souvenant que pour être devenu homme de lettres il n'en
était pas moins né gentilhomme, il accompagna son maître
à la tranchée et fut blessé à ses côtés. Cette intimité si rare
entre un élève et son gouverneur fit l'étonnement de la
cour, aussi bien de celle de Louis XIV que de celle du
Régent, où sa faveur ne fut pas moins grande. Il resta ainsi
sur ce théâtre si mouvant « sans essuyer, dit Fontenelle,
un orage de cour, sans en craindre, et cela pendant quarante-cinq ans. Cependant il n'était pas flatteur.... Il est
vrai qu'il avait un art de dire la vérité, mais enfin il osait
la dire, et l'adresse ne servait qu'à rendre le courage utile.
Peu à peu la nécessité d'employer cette adresse diminue
et les droits de l'homme de bien se fortifient toujours [1]. »

Valincourt fut pour le comte de Toulouse un utile conseiller, surtout lors de la conspiration de Cellamare, à
laquelle, sans abandonner son frère et sa belle-sœur, le
duc et la duchesse du Maine, le prince sut rester complètement étranger. Valincourt connaissait à fond le caractère léger et l'étourderie de la duchesse du Maine ; il était
l'un des hôtes de Sceaux, et, sans beaucoup se mêler aux
divertissements sans cesse renouvelés de la petite cour,

---

1. Fontenelle, *Éloges académiques*, II, p. 254.

il y avait sa place marquée. Ce fut là qu'il connut la spirituelle Mlle Delaunay, qui parle de lui avec reconnaissance
dans ses charmants Mémoires. Valincourt prit en pitié
cette aimable personne abandonnée et perdue au milieu
d'une domesticité au commerce de laquelle ni sa naissance ni son éducation ne l'avaient préparée[1]. Il la vit
souffrant cruellement d'une situation subalterne, celle de
femme de chambre de la duchesse du Maine, et cherchant
à force d'esprit, peut-être aussi d'habile manège, à reconquérir son rang. Touché de tant de malheur et charmé de
tant d'esprit, car on eût pu dire de Mlle Delaunay ce que
Bossuet disait de Fénelon, qu'elle avait de l'esprit à faire
peur, il se fit son conseiller et l'aida à sortir de plus d'un
mauvais pas.

Mais ses fonctions d'homme de cour et ses séjours à
Sceaux ne l'empêchaient nullement de travailler, d'écrire,
même de faire des vers. Ses fables étaient jolies, et on
alla jusqu'à attribuer à La Fontaine quelques-unes de
celles qu'il faisait courir sans les avouer. Pour des fables,
c'est, je crois, le plus grand éloge qu'on en puisse faire.

En 1699, il remplaça Racine à l'Académie, et son discours fut remarqué, parce qu'il contenait un morceau
historique développé sur la Ligue d'Augsbourg traité avec
une largeur de vues qui n'était pas dans le goût du
moment. Cette même année 1699, Boileau demanda au
roi de choisir Valincourt comme historiographe à la place
de Racine; il en avait besoin pour l'aider à remplir cette
charge qui allait incomber à lui seul. « M. de Valincourt »,
dit Dangeau, « qui est attaché à M. le comte de Toulouse,

---

1. « Je voyais aussi », dit-elle dans ses *Mémoires*, « presque tous les
jours M. de Valincourt qui, sans prendre le ton galant, me témoignait
un véritable attachement. » (Staal, p. 35, édition Petitot.)

a été choisi pour aider à M. Despréaux, qui, par la mort
de Racine, se trouvait seul chargé de l'histoire du Roi.
Despréaux l'écrira seul, mais M. de Valincourt l'aidera,
et c'est Despréaux qui a prié le Roi de le lui donner pour
l'aider. » Valincourt devint donc avec Boileau historiographe du roi, mais les deux collaborateurs n'avancèrent
pas beaucoup la besogne, et, à la mort de Boileau, il n'y
avait presque rien de fait. A l'Académie française, où il
remplaça aussi Racine en 1699, Valincourt se montrait
plus actif : il ne manquait guère une séance lorsque ses
occupations ne le tenaient pas éloigné de Paris, et il con-
tribua à une nouvelle édition du Dictionnaire, dont il
rédigea lui-même la préface.

Associé à l'Académie des inscriptions, membre de
l'Académie des sciences, M. de Valincourt était donc un
personnage aussi bien à la cour qu'à la ville. Dans sa
petite maison de Saint-Cloud, qu'il tenait de la munificence du duc d'Orléans, il réunissait souvent ses amis;
son accueil était si ouvert, sa bonne grâce était si parfaite, que ces réunions étaient fort recherchées. Les
ombrages de Saint-Cloud virent ainsi bien des promenades animées où la conversation entre les plus grands
esprits du temps ne languissait pas un instant. Ces
réceptions étaient célèbres; on briguait l'honneur d'y être
admis, et on ne l'était pas facilement. Au milieu de
toutes ces faveurs de la fortune, Valincourt resta ce qu'il
avait été dès le début, doux, aimable, égal, jouissant de
la vie sans y tenir, enfin l'honnête homme du xviie siècle.
Il l'était, en effet, a-t-on dit très justement [1], « et il le
paraissait; il en avait le fond et la forme, les sentiments

---

[1]. Oscar de Vallée, *le Duc d'Orléans et le Chancelier Daguesseau*, Paris.
1860, p. 256.

et les manières, sans prétention, sans rudesse, sans
misanthropie ». Quoiqu'il n'ait été le premier en aucun
genre, et n'ait laissé aucune œuvre de premier ordre,
Valincourt, à force de justesse dans le goût, de sûreté dans
le commerce, de bon sens, de droiture, de délicatesse
dans le jugement, d'art d'écrire justement et finement, sut,
pendant près d'un demi-siècle, avoir une place à part, que
nul ne contestait, et exercer comme une magistrature
littéraire, dont il usait si discrètement et avec tant de
mesure, qu'on la subissait presque sans s'en apercevoir.
Saint-Simon, qui le connut beaucoup, l'estima sincèrement
et lui voua des sentiments affectueux qui ne se démen-
tirent pas. Il avoue lui devoir nombre de renseignements,
d'anecdotes de cour, que Valincourt contait avec esprit et
non sans malice. Aussi pour une fois la plume amère du
grand écrivain a-t-elle dû s'adoucir, et le portrait qu'il
nous a laissé de son ami, pour être aussi vivant et aussi
animé que tous ceux qu'il traçait avec tant de verve, est-il
empreint d'une bienveillance peu ordinaire chez lui, et
qui est un charme de plus [1]. « C'était un homme d'infiniment d'esprit et qui savait extraordinairement, d'ailleurs,
un répertoire d'anecdotes de cour, où il avait passé sa vie
dans l'intrinsèque, parmi la compagnie la plus illustre et
la plus choisie, solidement vertueux et modeste, toujours
dans sa place, et jamais gâté par les confiances les plus
importantes et les plus flatteuses, d'ailleurs très difficile
à se montrer, hors avec ses amis particuliers et peu à
peu, très longtemps, devenu grand homme de bien.
C'était un homme doux, gai, salé sans vouloir l'être et
qui répandait naturellement les grâces dans la conversa-

---

1. Saint-Simon, Boislisle, VI, 180.

lion; très sûr et extrêmement aimable. » Voltaire, dans
son catalogue des écrivains du siècle de Louis XIV, où il
a accumulé sans grand ordre des noms qui appartiennent
les uns au xviie et les autres au xviiie siècle, se montre
plus sévère. Le jugement, d'une brièveté superficielle,
qu'il consacre à Valincourt est curieux à citer pour la
phrase singulièrement amère qui le termine. Cette âpreté
fait un peu sourire dans la bouche de celui qui exerça
une si grande influence sur tous les esprits pendant près
d'un siècle, que ses traverses mêmes ne rendirent que plus
puissant, et qui sut, à force d'esprit, tenir en échec toutes
les puissances de son temps. Certes, ce n'est pas lui qui
avait le droit de se plaindre de la fortune et du mépris de
ses contemporains : voici le passage, dont la fin seule est
à remarquer. En plaçant le nom de Valincourt parmi les
écrivains du siècle de Louis XIV, Voltaire ajoute :

« Une épître [1] que Despréaux lui a adressée fait sa plus
grande réputation. On a de lui quelques petits ouvrages :
il était bon littérateur. Il fit une assez grande fortune,
qu'il n'eût pas faite, s'il n'eût été qu'homme de lettres.
Les lettres seules, dénuées de cette sagacité laborieuse
qui rend un homme utile, ne procurent presque jamais
qu'une vie malheureuse et méprisée. »

Le président Bouhier avait connu Valincourt lors de
ses séjours prolongés à Paris pendant sa jeunesse, et l'on
comprend que, curieux comme il l'était des choses de
l'esprit, goûtant même le bel esprit et très friand des
anecdotes du passé, il ait cultivé avec soin les bonnes
grâces d'un homme aussi spirituel et aussi bien instruit.
Valincourt, qui, de son côté, ne négligeait aucune occa-

---

1. *Siècle de Louis XIV*, I, 260. Paris, Baudoin, 1825.

sion, l'admit vite au nombre des amis choisis, et chaque
fois que Bouhier venait à Paris, il n'avait garde d'oublier
le solitaire de Saint-Cloud. Reçu à bras ouverts avec
cette cordialité qui était un des charmes de Valincourt,
Bouhier se promenait avec lui sous les ombrages du parc
et la conversation ne chômait guère entre deux hommes
si bien faits pour s'entendre. Passé et présent, hommes
de la vieille cour et personnages de la nouvelle, Louis XIV
et Mme de Maintenon, puis le Régent et ses roués, de
quoi ne parlait-on pas dans les longues causeries où le
provincial dijonnais se retrempait dans l'air de cour et
apprenait d'un des plus aimables courtisans, en prenant
le mot dans son meilleur sens, l'art si délicat de ces
nuances, de ces sous-entendus, de ces réparties fines,
vives, spirituellement caustiques dont nul plus que lui
n'avait le secret. Car Valincourt avait et garda jusqu'à la
fin, sous les dehors de la douceur et de la bonhomie, un
vif penchant pour la raillerie et une grande promptitude
à saisir les ridicules. Bien qu'il se surveillât beaucoup sur
ce point et que, par prudence d'abord, puis par dévotion,
il ne se laissât pas aller à un goût « si dangereux »[1], la
nature reprenait parfois ses droits, surtout dans l'intimité.

Un jour vint, trop tard malheureusement pour nous,
où les deux amis, ne trouvant pas sans doute que ce fût
assez de se voir à de rares intervalles, se mirent en correspondance régulière. Bouhier, qui, on n'a pas de peine à
le croire, attachait le plus grand prix aux lettres de Valincourt, les a conservées avec soin et rangées par ordre
chronologique comme des papiers de grand intérêt, ainsi
qu'il l'a fait, du reste, pour presque toutes les parties

intéressantes de sa volumineuse correspondance. Il a
même annoté les épîtres de son ami. Elles sont en assez
grand nombre, mais ne datent que de 1725 et vont jusqu'à
la mort de Valincourt (1730). D'une belle écriture du
xviiᵉ siècle, calme, posée, sans ratures, ces lettres sont
agréables par le tour, la pureté du style et leur vivacité
contenue. Elles font bien deviner le charme du commerce
de celui qui les écrivait avec toute l'élégante simplicité
de l'ancienne école. Car Valincourt est, à cette date, un
homme d'autrefois, un ancien qui a gardé toutes les traditions du siècle qui vient de finir et n'a rien des temps
nouveaux. C'est bien l'élève de Bossuet, l'ami de La
Bruyère et de Racine, qui tient la plume : cette langue
souple, forte, qu'il manie avec tant d'aisance et de simplicité, est celle qu'on parlait, il y a un demi-siècle, chez
Mme de la Fayette et dont il a appris tous les secrets dans
la fréquentation des meilleurs maîtres.

Les idées aussi sont celles d'un âge qui est déjà loin et
d'un moment où, la gloire militaire aidant, l'absolue soumission au Roi faisait partie du credo de tout bon Français, comme de tout bon littérateur qui espérait bien
obtenir quelques faveurs. Aucun souffle des idées d'indépendance qui, après avoir fermenté pendant la fin du
règne de Louis XIV, éclatèrent sous la Régence, pour
s'éteindre très vite devant l'adroite politique du duc
d'Orléans, assez habile pour les étouffer en ayant l'air
d'y céder, ne semble avoir traversé le cerveau de Valincourt. Ainsi, dans une de ses premières lettres à propos
des difficultés sans cesse renaissantes entre la cour et les
parlements, il écrit à Bouhier, qui avait gardé, en sa qualité de parlementaire et de Dijonnais, le sang très vif et
une grande indépendance vis-à-vis de la cour :

Saint-Cloud, 19 août 1725.

Il [1] est arrivé Monsieur, la même chose au Parlement de Bretagne qu'à celui de Dijon, les lettres de jussion et les remontrances se sont croisées en chemin, et sont arrivées en même temps à leur adressse. Le Parlement a pris, à mon avis, le parti le plus sage, qui est d'enregistrer les lettres et l'Edit en même temps que le Roi serait supplié d'avoir égard aux remontrances. Nous sommes dans un royaume et non pas ἐν πλάτωνός πολιτεία. Or, qui dit roi et sujets, dit d'un côté le droit de commander, et de l'autre l'obligation et même la nécessité d'obéir, après avoir remontré. *Faites votre devoir et laissez faire aux dieux.* C'est le seul bon parti à prendre en tout temps, et surtout dans les temps fâcheux.

Cette soumission passive, mais volontaire et raisonnée qui ne ressemble en rien à l'asservissement sous un despote, et qui est comme la marque distinctive des esprits au XVIIe siècle, se retrouve encore vivement exprimée dans un jugement sur les Mémoires de Lenet, l'agent du prince de Condé pendant la Fronde, qu'on venait d'imprimer.

.... Je [2] vous rend mille grâces de vos éclaircissements sur M. Lenet. Il parait, par ses Mémoires, qu'il était homme d'esprit et de tête, mais mauvais citoyen, car quoique les gens attachés aux Princes eussent affaire à un grand fripon qui était le cardinal Mazarin, ils ne valaient pas mieux que lui dans les voies qu'ils prenaient pour le traverser. Jamais des sujets soulevés contre leur souverain ne peuvent avoir raison, et, d'ailleurs, il fait beau voir un procureur général, homme du Roi par sa naissance, et plus encore par sa charge, devenir le boutefeu d'une sédition.

Cette obéissance absolue qu'en véritable homme du XVIIe siècle, Valincourt entend qu'on observe toujours

1. Bibl. nat., Corr. litt. du président Bouhier, XII, f. fr. 24 420, f. 307.
2. *Ibid.*, f. 445.

envers le pouvoir légitime, n'est chez lui nullement de la
bassesse ou de la servilité, et il savait fort bien revendiquer son indépendance lorsqu'il croyait être en droit
de le faire. Il faut l'entendre se plaindre de l'impérieuse
insistance du duc d'Orléans pour l'obliger à voter pour
un candidat à l'Académie française qu'il ne croit pas
mériter son suffrage :

.... Le [1] voiturier n'aura qu'à venir descendre droit à Saint-
Cloud, où Mgr le duc d'Orl. et S. A. R. ont eu la bonté de me
donner une retraite. Elle me coûte ma liberté académique,
car on exige ma voix pour Mirabaud, et je ne puis la refuser du
lieu d'où je vous écris, quoique je l'estime un double fat, et
par la manière dont il a traduit le Tasse, et plus encore par le
très impertinent jugement qu'il a fait de Despréaux. Cela me
fait souvenir de deux vers d'un poète grec, traduit par Amyot
comme Mirabaud a traduit le Tasse :

> Qui en maison de Prince entre, devient
> Serf, de libre qu'il était quand il vint.

Que dites-vous de la césure du second vers?...

Valincourt est bien, on le voit, un survivant de la
vieille cour, fidèle aux idées de sa jeunesse. Aussi, malgré
sa constante bonne humeur, ne cache-t-il pas les regrets
pour un passé déjà fort lointain. L'ancien courtisan du
grand Roi qui avait vu la cour de Versailles si brillante,
si lettrée, jusque dans sa décadence, qui y avait entendu
Racine lire *Athalie* et vu la charmante duchesse de Bourgogne jouer Josabeth en princesse, mais avec un port de
déesse sur les nuées, ne pouvait pas manquer de s'apercevoir du changement du temps. Aussi sortant un jour
de sa réserve d'homme de cour et de la retenue que lui

1. Bibl. nat., Corr. litt. du président Bouhier, XII, f. fr. 24 420, f. 417.

imposaient les charges dont il était revêtu, Valincourt
avoue-t-il au président Bouhier que les séjours à la
nouvelle cour, qui n'était plus que frivole, lui sont
devenus pesants.

> Que [1] vous êtes heureux de penser que vous allez jouir du
> printemps à votre campagne pendant que je vais le passer tris-
> tement à Versailles à entendre parler de chiens et de chasse,
> car il n'y a plus un seul homme qui connaisse Horace et
> Cicéron, si ce n'est M. le maréchal de Tallard !

A un autre endroit Valincourt parle du mouvement
d'irréligion si vif déjà sous la Régence et qui ira grandissant pendant tout le siècle. La réponse qu'il jette en
passant aux incrédules de son temps n'est pas sans force,
et toujours bonne à répéter.

> .... Pour [2] les déistes, et même les athées, dont le nombre
> augmente tous les jours à Paris et à la cour, je n'ai trouvé
> qu'un seul moyen de leur fermer la bouche et le voici : pour
> demeurer tranquilles dans le parti que vous avez pris, il vous
> faut une démonstration plus que géométrique que certaine-
> ment vous n'avez pas. Mais pour me déterminer à suivre, même
> suivant les règles de la raison humaine, ce que la religion chré-
> tienne me prescrit, il suffit que j'aie des motifs de crédibilité,
> et certainement j'en ai d'aussi considérables que ceux qui me
> font croire que César et Cicéron ont existé.
> Donc, etc. Mais cela renferme la matière d'un long discours.

Les passages les plus intéressants des lettres de Valincourt sont ceux qui contiennent des jugements littéraires
ou des appréciations sur les écrivains qu'il avait connus.
Ainsi le curieux portrait de La Bruyère, qui fait com-

1. Bibl. nat., Corr. litt. du président Bouhier, XII, f. fr. 24 420, f. 436.
2. *Ibid.*, f. 448.

prendre l'irritation contenue et l'âpreté, presque révolutionnaire, du grand moraliste contre les princes qu'il
sert, contre ces enfants des dieux devant qui tout plie :

Pour[1] La Bruyère, qui a été fort de mes amis, il ne devait guère
qu'à lui-même ce qu'il a écrit, et M. le Prince, Henri-Jules, dont
j'ai eu l'honneur d'être le favori, était bien plus capable de
marquer aux écrivains le ridicule de leurs écrits que de leur
fournir des idées ou des bons mots.

La Bruyère pensait profondément et plaisamment, deux choses
qui se trouvent rarement ensemble. Il avait non seulement l'air
de Vulteius, mais celui de Vespasien *facie intentus*, et toutes les
fois qu'on le voyait, on était tenté de lui dire *utere lactucis*....
C'était un bon homme dans le fond, mais que la crainte de
paraître pédant avait jeté dans un autre ridicule opposé, mais
qu'on ne saurait définir, en sorte que pendant tout le temps
qu'il a passé dans la maison de M. le Duc, où il est mort, on s'y
est toujours moqué de lui....

Voici, au contraire, une appréciation du génie de
Corneille et de Racine où le dévot à la mémoire de
Racine se dévoile sans détour.

La[2] *Vie de Corneille* ne m'a nullement plu; il y a trop d'esprit
et trop peu de sens, surtout dans la comparaison de ce poète
avec son rival. Il y a plus de véritable sublime dans *Britannicus*,
dans *Mithridate* et dans *Athalie* que dans toutes les déclama-
tions de Corneille. Ce n'est pas assez que Jupiter *ambas iratus
buccas inflet*.

J'espère que le loisir que vous vous êtes procuré avec tant de
sagesse vous fera souvenir d'un passage de Cicéron que j'ai
oublié, et où il dit qu'ayant été utile à sa patrie pendant qu'il
remplissait les plus grandes dignités, il veut encore lui être
utile, étant homme privé.

On voit quel culte Valincourt garda jusqu'à la fin pour
Racine, qu'il avait aimé d'une affection profonde et

1. Bibl. nat., Corr. litt. du président Bouhier, f. fr. 24 420, f. 399.
2. *Ibid.*, f. 429.

admiré comme celui qui était à ses yeux le plus grand
poète français.

Ce fut cependant à propos de Racine qu'il eut à subir
une de ces tracasseries littéraires plus fréquentes peut-
être encore autrefois que de nos jours, et ceci par une
franchise imprudente qu'on qualifia, à tort ou à raison,
d'ingratitude. Lorsque l'abbé d'Olivet, dont nous allons
parler tout à l'heure, entreprit de rééditer, en la continuant, l'Histoire de l'Académie française par Pellisson,
il s'adressa à Valincourt, pour avoir des détails sur
Racine. Celui-ci refusa d'abord, mais d'Olivet était tenace ;
il revint si souvent à la charge, qu'il finit par obtenir
une lettre où Valincourt mit confusément et sans ordre
divers souvenirs sur son ami. L'abbé, dont le tact et la
mesure n'étaient pas les qualités distinctives, n'eut pas
plutôt la pièce qu'il la publia en entier dans son ouvrage,
sans la corriger.

Ces notes blessèrent extrèmement les enfants de Racine,
qui trouvèrent que, venant d'un ami intime de leur père,
elles n'étaient ni assez respectueuses ni assez complètes.
Louis Racine, dans ses Mémoires, s'en plaint vivement,
et reproche surtout à Valincourt d'avoir dit que Racine
et Boileau, après quelques essais, avaient reconnu eux-
mêmes que leur génie était tout à fait opposé à la tâche
d'écrire l'histoire du Roi, alors que personne mieux que
lui n'aurait dû savoir quel soin ils y avaient apporté, puisqu'il les avait remplacés dans cette tâche et avait entre
ses mains le manuscrit de leur travail. Louis Racine s'in-
dignait également de ce que Valincourt avait rapporté que
Racine était excessivement sensible à la douleur physique
et que, dans sa dernière maladie, il avait demandé une
fois s'il ne serait pas permis de faire cesser de si cruelles

douleurs par quelque remède qui terminerait sa maladie
et sa vie. Ce propos de malade, qui n'a aucune conséquence et qui n'empêche pas Valincourt de témoigner
hautement de la résignation chrétienne de son ami, aurait
certes pu, s'il a été réellement tenu, rester dans l'oubli,
mais il serait injuste d'accuser Valincourt pour l'avoir
répété d'ingratitude et de trahison. Il était, et resta jusqu'à la fin, parfaitement sincère, disant même avec une
certaine âpreté la vérité ou ce qu'il croyait tel, et c'était
là justement ce qui faisait le charme de son commerce et
sa sûreté. C'était cette même sincérité, si rare, on pourrait presque dire si originale chez un courtisan, qui lui
avait valu l'amitié de Boileau et celle de Racine; il n'avait
pas trahi leur souvenir en cette occasion en parlant franchement de son meilleur ami. C'était, du reste, donner
une véritable valeur à ses éloges, et les rendre dignes de
foi, que d'y joindre quelques critiques, et, à y regarder de
près, ces critiques sont bien légères. Les notes de Valincourt sur Racine demeurent peut-être une plus sûre
défense pour sa gloire que les Mémoires de son fils, qui,
malgré tout leur charme, ne sont ni ne devaient être autre
chose qu'un panégyrique.

Valincourt ne semble pas, du reste, s'être le moins
du monde douté de l'effet que produiraient les remarques
qu'il avait envoyées à l'abbé d'Olivet. Il en parle sans le
moindre embarras à Bouhier dans une lettre fort spirituellement tournée que nous allons placer ici, parce qu'elle
intéressera peut-être les amis de Racine et les curieux
d'histoire littéraire. Elle contient du reste des idées, alors
fort nouvelles, et originales, sur l'importance des petits
faits pour caractériser les grands hommes. Ces idées, qui
ont si bien fait leur chemin depuis que l'Histoire est en

train de devenir un simple répertoire de petites anecdotes, voire même de commérages, étaient alors une
véritable découverte, et Valincourt ne cache pas qu'elles
furent assez mal reçues par ses confrères :

L'Histoire[1] de l'Académie réussit fort à Paris, et elle réussira
encore mieux dans les provinces et dans les pays étrangers où
elle est déjà imprimée. Ce que j'avais fourni sur l'article de
M. Racine a été dicté à Fontainebleau *stans pede in uno*, et étant
fort tourmenté de mon rhumatisme. Je n'eus pas même le temps
de le relire avant que de l'envoyer à la poste, et je ne comptais
pas que cela serait imprimé ainsi, tout cru, et sans avoir été
retouché. J'avais fourni sur les autres académiciens plusieurs
petites choses à notre ami, que notre docte Compagnie a jugé
à propos de lui ordonner de supprimer, comme par exemple
ce bon mot de La Fontaine qui dit qu'il prendrait le plus long
pour aller à l'Académie. Il y a si longtemps que nos confrères
ont lu Plutarque qu'ils ont oublié ce qu'il dit, en parlant
d'Alexandre, qu'une petite action domestique, un mot échappé
au hasard font mieux connaître les grands hommes que des
batailles gagnées ou des villes prises. Je croyais que cela était
encore plus vrai quand il s'agit d'académiciens qui n'ont ni
gagné de batailles ni pris de villes, et je crains fort que vous
ne soyez encore dans la même erreur.

A côté de cet enthousiaste jugement sur Racine, dont
Valincourt avait été l'ami, qui a été le point de départ de
cette longue parenthèse, il faut placer ici une appréciation
de Malherbe très originale, surtout si l'on songe qu'elle
sort de la plume d'un disciple de Boileau, nourri dans
le culte du classique et de ces règles inflexibles dont
Malherbe s'était fait l'apôtre. Il y a toujours eu un sourd
courant de romantisme en France, et l'on est tout étonné
de voir poindre des idées très différentes de celles qui

---

1. Bibl. nat., Corr. litt. du président Bouhier, XII, f. fr. 24 420, f. 470.

régnaient alors en souveraines absolues, et ceci même chez les littérateurs en apparence les plus soumis et les moins révolutionnaires.

Pour [1] Malherbe, je l'ai toujours regardé par rapport à la poésie comme je regarde un excellent facteur d'orgues par rapport à la musique : grande justesse dans l'oreille, adresse infinie à accorder ses tuyaux pour en tirer une harmonie merveilleuse, et rien au delà. Il est impossible de lire la plupart de ses pièces sérieuses sans éclater de rire à la vue des bizarres imaginations dont elles sont pleines.... On dit que Malherbe avait toujours sur sa table un Ronsard dont il avait effacé la moitié de sa main. Si j'avais le loisir d'avoir toujours le livre de Malherbe sur ma table, j'en effacerais les trois quarts. *Sed de his hactenus.*

Citons encore un jugement sur Milton qui venait d'être traduit en français. Malgré l'infériorité qu'a toujours la meilleure des traductions, surtout pour un ouvrage de poésie, le poème de Milton fit un grand effet, et on en parla beaucoup.

.... Je [2] suis ravi que vous ayez été content de la traduction de Milton, car elle m'a paru admirable, et l'original est un livre que les Anglais même ont beaucoup de peine à entendre. Le traducteur est mon cousin germain, et il est vrai qu'il a un frère conseiller au parlement qui s'est avisé de traduire le Dante. Je n'avais aucune connaissance de leurs talents, qu'ils m'avaient tenus cachés, et j'ai été étonné de voir ce débordement de bel esprit dans ma famille, où je croyais être seul; encore trouvais-je que c'était trop.

Pour Milton, c'est un poète certainement comparable à Homère et à Virgile; mais il a mal choisi son sujet : l'Arioste, que je crois aussi grand poète que lui, était fou et poète, mais il a choisi un sujet convenable à son génie. Voltaire est fou et n'est pas poète, mais il fait des vers, et il nous a fait un roman

---

1. Bibl. nat., Corr. litt. du président Bouhier, XII, f. fr. 24 420, f. 455.
2. *Ibid.*, f. 459.

de Henri IV qu'on louera toujours sans le lire. Chapelain
n'était ni fou ni poète, et il a fait un ouvrage qui n'a été ni
lu ni loué. Milton a jeté dans la Bible un enthousiasme plus
que poétique, qui ne convient point à la simplicité de ce livre
sacré, et le père je ne sais qui, de la société de Jésus, y a jeté
un burlesque ridicule qui y convient encore moins. Il y a bien
peu d'hommes sensés.

C'est encore un jugement original pour le temps que
celui porté par Valincourt sur l'historien anecdotique
Brantôme. On n'en était pas encore, nous venons de le voir
à propos de l'Histoire de l'Académie de d'Olivet, au moment
où les détails, la recherche des petits faits, de la couleur
locale, devaient tout primer et faire oublier l'ensemble et
les idées générales dans les compositions historiques. Les
considérations générales, appuyées des faits principaux,
constituaient alors l'histoire, et on eût cru déroger à la
noblesse du genre que de descendre aux menus faits.

22 décembre 1729.

Je [1] suis ravi que vous m'ayez fait souvenir de Brantôme ; c'est
l'écrivain le plus bizarre et le plus singulier que j'aie jamais
vu ; mais il serait à souhaiter pour notre Histoire que chaque
siècle eût produit un homme comme lui. A la vérité, il est
rempli de grossièretés et de *salauderies* (pour me servir de son
mot), dans ses discours les plus sérieux, mais il nous a conservé une infinité de bons mots, et même de faits très curieux
et très importants qu'on ne trouve pas ailleurs. *Cum flueret
amnis lutulentus erat quod vellere velles.* Il ne faut pourtant pas
prendre trop à la lettre tout ce qu'il dit, même dans les choses
dont il a été témoin....
    Le nombre de fous et de folles qui ont paru dans votre ville
depuis quinze jours est une espèce de phénomène très extraordinaire et qui mérite une très sérieuse attention. Je vous supplie très instamment de m'en mander la suite et toutes les cir-

---

1. Bibl. nat., Corr. litt. du président Bouhier, XII, f. fr. 24 420, f. 473.

constances, et ce qu'en disent les médecins les plus sensés.
Vous savez que tous les habitants de la ville d'Abdère devinrent fous en une nuit, mais ce fut pour avoir écouté avec trop
d'attention une tragédie d'Euripide. Or, grâce à Apollon et aux
Muses, nous n'avons point de tragédie en notre siècle capable
de produire de si funestes effets. On a vu l'*OEdipe* de Voltaire
sans ressentir aucune impression de la folie de l'auteur.

Lors de la fameuse dispute de Mme Dacier et d'Hou-
dart de la Motte, qui avait osé toucher à la gloire d'Homère, dispute qui fit revivre la querelle des anciens et
des modernes, Valincourt, ami des deux partis, fit preuve
de la même souplesse d'esprit. Bien qu'il fût un trop
fidèle disciple de Boileau et de Racine pour n'être pas
ancien au fond de l'âme, il sut rester en amitié à la fois
avec la fougueuse Mme Dacier, qui accablait son adversaire d'injures tout homériques, et le doux La Motte, qui
savait maintenir son terrain sans jamais sortir des
bornes de la plus parfaite courtoisie. Valincourt s'interposa entre les deux champions, et sut si bien amadouer
la terrible Mme Dacier, qu'il l'amena à accepter un souper
avec son contradicteur. Homère soupa avec son ennemi
chez le spirituel pacificateur. Ce fut un des grands succès
de l'art de Valincourt à ménager les amours-propres.
« M. de Valincourt », dit encore Mme de Staal dans ses
Mémoires[1], « m'avait fait faire connaissance avec M. et
Mme Dacier : il m'avait admise à un repas qu'il donna
pour réunir les anciens avec les modernes. La Motte, à
la tête de ceux-ci, vivement attaqué par Mme Dacier, avait
répondu poliment, mais avec force. Leur combat, qui faisait depuis longtemps l'amusement du public, cessa par
l'entremise de M. de Valincourt, leur ami commun ; après

1. Mme de Staal, *Mémoires*, 485, Petitot.

avoir négocié la paix entre eux, il en rendit l'acte solennel dans cette assemblée, où les chefs des deux partis furent convoqués. J'y représentais la neutralité. On but à la santé d'Homère et tout se passa bien. »

On s'amusa beaucoup de l'incident dans la société littéraire du temps et la situation de l'aimable académicien en devint plus considérable. Car s'il exerçait ainsi une sorte d'influence calmante qui appartenait, du reste, à son âge et à son passé, ce n'était nullement qu'il fût un de ces hommes doucereux qui vont répandant partout un miel fade et insipide. Valincourt était, au contraire, malgré sa profession d'homme du monde, un chrétien convaincu, austère même, accusé de jansénisme, en véritable ami de Racine, et jusqu'à la fin il resta fidèle à ses convictions religieuses. Cette fermeté dans les idées rend d'autant plus remarquables cette bienveillance et cette aménité dans le caractère qui ne s'alliaient pas toujours, alors surtout, au rigorisme des principes. On voit cependant la trace de cette austérité dans les lettres au président Bouhier. De temps à autre, au milieu de petites nouvelles agréablement narrées, une note plus grave vient révéler l'ami et le disciple de Port-Royal.

La [1] casse et la rhubarbe sont de vilains remèdes, je l'avoue, à les regarder d'un certain sens, mais dans le fond ils ne sont pas différents des aliments dont nous nous servons pour nous empêcher de mourir de faim, et du feu que nous employons pour ne pas mourir de froid. Qui peut savoir pourquoi la nature n'a pas joint aux uns le sentiment de plaisir qu'elle a voulu attacher aux autres? Qui sait encore pourquoi elle a voulu que notre vie ne fût autre chose qu'un combat contre la mort? Mais demandons-nous à nous mêmes pourquoi cette vie étant si

1. Bibl. nat., Corr. litt. du président Bouhier, XII, f. fr. 24 420, f. 411.

courte, nous nous embarrassons d'autant de vastes projets que
si elle ne devait jamais finir, et pourquoi, étant si pénible et si
misérable, nous y sommes si attachés et nous avons tant de
peur de la perdre. *Sed de his fortasse alias.*

Un autre jour, à propos d'Aristote et de sa théorie sur
l'influence des spectacles, Valincourt nous apprend qu'il
partageait les idées des habitants de Port-Royal sur le
théâtre, et qu'il avait même écrit un traité pour en
démontrer le danger. En parlant encore de l'emploi fré-
quent de la casse ou de la rhubarbe, qu'en vrai disciple
des médecins de Molière, il recommandait sans cesse à
son ami, comme un préservatif contre la goutte, il ajoutait plaisamment :

Cette [1] méthode est infiniment meilleure que celle qu'a
inventée Aristote pour nous purger de nos passions en les excitant en nous par le moyen de la tragédie. Cette imagination
m'a toujours paru si ridicule, que je ne puis m'empêcher de
croire que le passage d'Aristote qu'on nous cite à ce sujet [ne]
soit altéré, et même entièrement corrompu. Je l'ai relu ces
jours-ci avec attention, avec les notes de Dacier, qui sont
encore plus impertinentes que le texte, car, après nous avoir
dit, selon sa coutume gasconne, que tous les autres commentateurs n'ont fait qu'obscurcir ce passage, et qu'il est le premier qui l'ait entendu, il fait voir clairement qu'il n'a pas
même compris de quoi il s'agit. Je vous serais très obligé si
vous vouliez bien, à vos moments de loisir, y faire quelque
réflexion, et me mander ce que vous en pensez, et pour vous y
engager davantage, je vous dirai qu'ayant senti le besoin que
j'avais d'une violente distraction après le malheur qui m'est
arrivé, j'ai entrepris de mettre sur le papier ce qu'il y a longtemps que j'ai dans l'esprit contre les spectacles. J'ai commencé
un dialogue qui doit être suivi de deux ou trois autres où j'in-
troduis M. de Pomponne et le comte de Fiesque, qui étaient mes
amis particuliers et qui pensaient fort différemment sur cette
matière.

1. Bibl. nat., Corr. litt. du président Bouhier, XII, f. fr. 24 420, f. 408.

Quelques jours après, ayant reçu une réponse de Bouhier, Valincourt ajoute :

.... Vous[1] rendez le passage d'Aristote plus raisonnable qu'il ne l'est dans tous ses commentateurs, parce que vous l'avez mieux entendu qu'eux.... De savoir maintenant si c'est un dessein raisonnable ou non que de vouloir purger les passions en les excitant, c'est ce que j'ai entrepris d'examiner dans l'ouvrage dont je vous envoie le commencement.

Le malheur dont Valincourt parle avec tant de calme, et dont il cherche à se distraire en dissertant sur les spectacles, avait cependant mis la fermeté de son âme à une terrible épreuve et bouleversé son existence. Au mois de février 1726, la petite maison de Saint-Cloud qu'il tenait de la munificence du duc d'Orléans avait été entièrement détruite par un incendie. La perte de la maison n'eût rien été en elle-même, mais Valincourt y avait réuni une bibliothèque choisie de livres rares et précieux, triés sur le volet, réunis l'un après l'autre et soignés avec amour. A cette collection étaient joints de nombreux papiers non moins précieux. Tout fut consumé, le feu dévora tout sous les yeux mêmes du malheureux possesseur. On sauva à peine quelques papiers d'affaires, mais rien des livres et des manuscrits particuliers, parmi lesquels se trouvait l'Histoire du règne de Louis XIV, écrite de la main de Racine. On raconte que Valincourt ayant offert cent écus si on sauvait l'inestimable manuscrit, un ouvrier tenta l'aventure et ne lui rapporta qu'un paquet de vieilles gazettes.

On juge du chagrin de Valincourt à la vue d'une pareille catastrophe, mais dans cette épreuve terrible pour

1. Bibl. nat., Corr. litt. du président Bouhier, XII, f. fr. 24 420, f. 409.

un bibliophile et un érudit, il sut montrer un grand sang-
froid et une tranquillité d'âme dont un collectionneur seul
peut apprécier le mérite. « Je n'aurais pas tiré profit de
mes livres », dit-il simplement, « si je n'avais pas appris à
m'en passer. » « Valincourt nous fait voir contre fortune
bon cœur », dit de son côté d'Olivet dans une lettre à
Bouhier. Mais cette fermeté n'avait rien d'affecté. Quelques jours après, en effet, d'Olivet ajoute : « Il ne fait pas
le philosophe. Il m'avoue franchement qu'il est déconcerté,
et franchement on le serait pour moins [2]. » Lorsque Valincourt raconta lui-même son malheur au président, il le fit
dans des termes qui émurent vivement Bouhier, mieux
fait que personne pour apprécier toute l'étendue du
désastre qui frappait son ami. Il demande ainsi de ses
nouvelles à Mathieu Marais, un autre de ses correspondants réguliers.

.... Je [2] suis touché au delà de toute expression du malheur horrible arrivé à M. de Valincourt. L'idée seule en fait frémir. Il
m'en a écrit d'une manière qui fend le cœur. Je vous rends
grâces de la part que vous avez la bonté de prendre à l'affliction que j'en ressens. Elle est telle qu'un aussi bon cœur que le
vôtre peut l'imaginer. Je n'ai pu encore savoir les circonstances
de ce funeste accident, et je n'ose les demander à la partie
souffrante. Si vous les savez, je vous prie de m'en faire part. Je
n'ai rien perdu à cet incendie. Mais je crois que notre ami
devait avoir une infinité de choses curieuses dont la perte est
irréparable. Je tremble pour sa santé dans cette triste situation,
d'autant plus qu'il est dans un âge déjà assez avancé.

A quelques jours de là, Bouhier ajoute encore avec un
frisson mal déguisé :

1. Bibl. nat., f. fr. 25 542, f. 137.
2. Bibl. nat., Lettre du président Bouhier à M. Marais, f. fr. 25 541, f. 86.

Le [1] pauvre M. de Valincourt me mande que son malheur vient de la négligence d'un valet, auquel il avait ordonné, en se couchant, d'éteindre le feu qui avait brûlé toute la journée dans son cabinet. Autant nous en pend à tous, tant que nous sommes. Cet événement m'a fait souvenir du beau trait de Pline sur l'incendie de Lyon : *Inter magnam urbem et nullam, una nox inter fuit.*

Peu après cette catastrophe, Valincourt, qui était intimement lié avec les d'Aguesseau, s'en fut avec sa sœur Mme d'Héricourt passer quelque temps à Fresnes chez le chancelier, alors en disgrâce, qui y vivait avec sa femme dans une retraite aimable, mais fort austère. Mme d'Aguesseau s'attendait à trouver un homme abattu et tout désemparé par son malheur; aussi lorsqu'elle vit le calme et le sang-froid de Valincourt, ne put-elle s'empêcher d'écrire à son fils les lignes suivantes où, à côté de la forte piété du xviie siècle, perce déjà la déclamation du temps nouveau :

Ils [2] sont bien édifiants, il n'y paraît pas du tout; ils en raisonnent avec autant de sang-froid que si c'était un malheur arrivé à leurs amis.

La belle humeur de M. de Valincourt n'en est point changée, et cela sans qu'il y paraisse nul effort. Il a perdu cependant des trésors précieux et irréparables, et l'on dit qu'à n'estimer qu'en argent ce qui s'y trouvait, il y en avait pour plus de cent mille livres. Que c'est une belle chose que la religion ! elle seule fait les vrais héros, et sert de contentement vrai et solide en cette vie; sans elle, quelle ressource M. de Valincourt aurait-il? Il périrait de douleur.

Quelques semaines plus tard arriva la fameuse disgrâce du duc de Bourbon, qui passa alors pour un de ces coups

1. Bibl. nat., Lettres du président Bouhier, f. fr. 25 541. A M. Marais, f. 88.
2. *Le Duc d'Orléans et le Chancelier Daguesseau,* par Oscar de Vallée, Paris, 1860, p. 465.

de fortune qui font réfléchir. Cette fois, le philosophe de Saint-Cloud était plus à son aise pour raisonner sur la fragilité des grandeurs de ce monde.

.... Nous [1] avons vu de près la grande révolution dont vous avez appris la nouvelle. Il faut six mois pour juger des suites, mais c'est dès à présent une excellente leçon pour tout homme qui a de bons yeux *et ludibria rerum humanarum propius intuenti*, pour voir combien une fortune médiocre et même obscure est préférable aux places les plus élevées et aux emplois les plus éclatants.

On les possède avec inquiétude pour les perdre avec désespoir.

On ne sent plus le plaisir de les avoir eus, qui était, en effet, bien frivole, et l'on est rongé le reste de sa vie du regret, encore plus frivole, d'en être privé, *sed de his alias.*

Malgré son austérité janséniste, austérité qui n'enlevait rien à la grâce naturelle de son esprit, Valincourt resta jusqu'à la fin un spirituel conteur, et l'on n'a pas de peine à croire que Saint-Simon lui dut beaucoup quand on le voit narrer avec tant d'agrément. Ainsi cette anecdote sur la tendance que nous avons tous de tout rapporter à nous-même n'est-elle pas très finement observée?

.... Je [2] me souviens que la première fois qu'on me mena à la comédie, c'était à *Britannicus*, je m'imaginais que tous les carrosses qui passaient celui où j'étais allaient prendre ma loge, et je souhaitais que leurs chevaux prissent le mors aux dents. Je me souviens aussi d'un jeune enfant de Paris que ses parents voulaient mettre dans les troupes, et qu'on avait amené au siège de Mons pour voir tirer des coups de mousquet. On le mena, en effet, à l'attaque d'une demi-lune qui fut assez chaude. Il s'imagina que tous les ennemis qu'il voyait sur les remparts l'avaient pris en aversion, et se mit à pleurer en disant : « Ils ne tirent qu'à moi ».

1. Bibl. nat., Corr. litt. du président Bouhier, XII, f. fr. 24 420, f. 413.
2. *Ibid.*, f. fr. 24 412, f. 421.

Citons encore cette répartie, celle-là du président de Harlay, célèbre pour ses bons mots. Saint-Simon l'a omise dans le portrait admirable de vie et de mouvement, mais trop visiblement poussé au noir, qu'il nous a laissé de Harlay : un trait malicieux de Fontenelle contre un de ses confrères académiques nous a paru trop caractéristique de son auteur pour être supprimé.

.... Un [1] riche gredin, fils de quelque homme d'affaires, ayant traité d'une charge de conseiller au Parlement, alla voir le premier président de Harlay avec une robe qu'il n'avait jamais portée, et qu'il portait de très mauvaise grâce, tantôt la relevant, et tantôt la laissant. M. de Harlay regardait cet embarras avec des yeux qui l'augmentaient encore. Le gredin crut s'en tirer en disant d'un air agréable :

« Monsieur, excusez moi, je ne suis pas encore accoutumé à ce harnais-là. — Monsieur, dit le premier Président, vous vous y accoutumerez ; il y a des gens pour qui c'est un harnais durant toute leur vie. »

Rose, notre confrère, était d'une avarice sordide. Un jour qu'à l'Académie chacun payait sa part d'une contribution qui allait à une ou deux pistoles par tête, il se trouva une part de moins. Chacun cria qu'il avait mis, et Rose plus haut que les autres, et prit à témoin Fontenelle, qui lui dit : « Il est vrai, je vous ai vu mettre, mais je n'en crois rien ».

Jusqu'à la fin les rapports de Valincourt et de Bouhier restèrent très étroits, leur genre d'esprit se convenait parfaitement. Le président écrivait régulièrement à son ami des lettres qu'il accompagnait parfois d'envois d'un autre genre. Il lui fournissait du vin. La Bourgogne passait encore pour produire le meilleur vin de France, et Bouhier se chargeait d'en garnir la cave de ses amis de Paris. Sur les marges des lettres de Valincourt, on voit

---

1. Bibl. nat., Corr. litt. du président Bouhier, XII, f. fr. 24 420, f. 457.

encore des notes telles que celles-ci de la main du président : « deux feuillettes, quatre feuillettes à M. de Valincourt ». Ces envois étaient-ils des présents destinés à
resserrer et sceller pour ainsi dire leur commune amitié,
ou était-ce simplement l'accomplissement d'une commission imposée à l'obligeance d'un Bourguignon, grand
connaisseur en vin comme en littérature? Nous penche-
rions pour la première alternative, si nous en jugeons par
les offres d'hospitalité que Valincourt, qui n'était pas
riche, fait à son pourvoyeur dans cette lettre qui terminera agréablement nos citations. Elle est datée de 1727,
l'année de la réception de Bouhier à l'Académie, qui lui
imposa un assez long séjour à Paris.

Versailles, 23 mars 1727.

Vous [1] pouvez compter, monsieur, sur le logement que je vous
ai offert, et qui vous sera plus commode que la maison d'un
baigneur. Pour la table philosophique, c'est à moi à vous supplier de l'accepter.

Notre ami d'Olivet sera averti de votre prochain départ, et il
n'en aura pas moins de joie que moi.

Les lettres de Valincourt au président Bouhier sont
fort agréables; sans être des documents importants, elles
sont intéressantes comme un dernier écho de la conversation et des idées du grand moment, on pourrait presque
dire, tant les temps sont différents, de l'âge qui vient de
finir. Valincourt écrit comme il causait avec Racine ou
Boileau. Il fut ainsi jusqu'en 1730 le dernier survivant
de cette génération d'incomparables talents et d'esprits
supérieurs dont il avait été assez heureux pour être l'ami.

1. Bibl. nat., Corr. litt. du président Bouhier, XII, f. fr. 24 420, f. 943.

5

Leur gloire a rejailli sur celui qui en avait été le témoin modeste et discret : ses lettres témoignent que par la délicatesse de l'esprit et la noblesse du caractère, il avait été digne de cette singulière bonne fortune.

Passer de l'aimable Valincourt au maussade abbé d'Olivet, c'est passer du chaud au froid, du midi au nord. L'abbé d'Olivet est resté dans l'histoire de la littérature du xviiie siècle comme le type du pédant grondeur et désagréable, une sorte de Boileau de second ou de troisième ordre, atrabilaire, susceptible, peu sûr, n'aimant que les règles de la grammaire. L'épigramme célèbre que lui décocha la verve malicieuse de Piron est restée attachée à sa mémoire et lui a valu une renommée assez peu enviable. Voici ces vers fort connus, mais qui ont ici leur place naturelle :

> Ci gît maître Jobelin,
> Suppôt du pays latin,
> Juré piqueur de diphtongue,
> Rigoureux au dernier point
> Sur la virgule et le point,
> La syllabe brève et longue,
> Sur le tiret contigu,
> Sur l'accent grave et l'aigu,
> La voyelle et la consonne.
> Ce charme qui l'enflamma
> Fut sa passion mignonne.
> Du reste il n'aima personne,
> Personne aussi ne l'aima.

Ce jugement, comme beaucoup de ceux qu'enregistrent et que répètent fidèlement les manuels littéraires, et même les histoires de la littérature, est si superficiel qu'il en devient injuste et que, pour rester dans la vérité, il faut, de toute nécessité, le reviser, sinon le rejeter absolument.

Littérairement parlant, d'Olivet fut un homme de goût

et un travailleur acharné, un grammairien exact, d'un purisme exagéré, si l'on veut, mais un fidèle héritier et un défenseur inflexible, intransigeant même, des traditions de l'âge précédent. Par là, il rendit service et mérite la reconnaissance des amateurs de la pureté de notre langue. « Je pense », dit Sainte-Beuve,[1] en parlant de d'Olivet, « qu'il ne faut pas se hâter de le déclarer en faute pour ce qui est du jugement. C'était un bon esprit, quoique un peu sec. » Et de son côté Villemain[2], dans son cours de littérature, n'hésite pas à l'appeler un « bon grammairien sans ombre de métaphysique » et un « bon écrivain sans aucune imagination et par le seul art d'employer avec goût la belle langue du XVIIe siècle ».

Pour ce qui est de son caractère moral, si on peut lui reprocher la sécheresse de sa polémique, la raideur de son caractère et une sorte d'affectation de rudesse, des airs de policier du Parnasse, il ne fut pas moins sous cette dure écorce un homme de bien, droit de cœur comme d'esprit, ayant mérité d'illustres amitiés, et leur étant resté inébranlablement fidèle. Bon pour les siens, tendre même parfois pour ses amis, mais toujours sincère, franc de parti pris, presque par calcul, et supportant sans broncher l'impopularité qui s'attache toujours au métier de diseur de vérités, il s'accommoda fort bien de jouer le rôle de paysan du Danube en pleine société polie du siècle le plus poli qui fut jamais. Au demeurant, figure originale, qui, par ses défauts comme par ses qualités, ressort vivement dans le milieu déjà si fort nivelé où il vit et fait une saillie aiguë parmi les écrivains de son époque, grâce aux angles de sa nature, qu'il ne chercha jamais à arrondir.

1. Sainte-Beuve, *Lundis*, XIV, 212.
2. Villemain, *Tab. de la litt.*, II, 307.

Avant de devenir le littérateur revêche qu'on connaît, avant d'être l'académicien par excellence, Joseph Thoulier, c'est ainsi, en effet, que d'Olivet se fit longtemps nommer du nom de famille de sa mère, par égard pour un de ses oncles, avait fait ses débuts dans le monde d'une façon très différente. Il était d'une famille distinguée de Franche-Comté. Son père, président au parlement de Besançon, le fit élever avec soin. A peine sorti du collège, où il avait eu de brillants succès, Thoulier entra au noviciat des jésuites avec l'intention de faire profession dans l'ordre. Employé, comme c'est l'ordinaire, dans les collèges tenus par la compagnie, il fut successivement envoyé à ceux de Reims, de Dijon et de Paris. Partout où il passait, il se liait avec les gens de lettres et les gens d'esprit. C'est au court séjour qu'il fit à Dijon vers 1690 qu'il faut faire remonter ses relations avec Bouhier. Encore fort jeunes l'un et l'autre, ils se prirent réciproquement d'affection, et surtout se trouvèrent également épris de littérature et de belles-lettres. Bien que très différents d'esprit et de caractère, Bouhier et le Père Thoulier, nous lui donnons le nom qu'il portait encore à cette époque, se plurent par leurs goûts communs, peut-être aussi par leurs différences de caractère, et bien que le séjour de Thoulier à Dijon ne dura guère, sa liaison avec Bouhier ne se relâcha pas lorsqu'il fut envoyé à Paris, et donna lieu à la correspondance assidue dont nous allons parler tout à l'heure.

Lorsqu'il arriva à Paris, Thoulier n'eut rien de plus pressé que de se faire présenter à Boileau, qui se prit d'affection pour lui. De son côté, le jeune homme voua une sorte de culte au vieux poète qui finissait sa vie dans un isolement chagrin, dont son caractère, toujours peu endurant, se ressentait chaque jour davantage. Thoulier se fit son Élisée, et eut même le bonheur de lui rendre service en le justifiant d'une accusation qui aurait pu troubler ses derniers jours. On accusait Boileau d'être l'auteur d'une satire très violente contre les jésuites. La satire, fort mauvaise, n'était pas de l'illustre poète, mais comme on connaissait son hostilité contre les jésuites, on s'obstinait à la lui attribuer. Le jeune novice des jésuites s'interposa et réussit à justifier son vieux maître, qui lui en sut beaucoup de gré.

En retour, Despréaux se plut à donner des conseils à son défenseur, dont l'esprit, qu'il goûtait, avait du reste un certain air de parenté avec le sien. Thoulier, il le dit lui-même plus tard dans son Histoire de l'Académie [1], « écoutait M. Despréaux avec l'ardeur d'un jeune homme », et s'imprégnait de ses leçons. De là date chez lui son amour exclusif pour les anciens, et peut-être aussi cette affectation de rudesse, de franchise à tout dire qu'il imita de Boileau vieillissant, sans s'apercevoir que copier la mauvaise humeur du vieux critique n'était pas hériter de son génie. C'est aussi à cette époque que le goût de Thoulier pour la littérature, et surtout pour les chefs-d'œuvre de l'antiquité, acquit tout son développement. Il se prit pour Cicéron d'une véritable passion. « Lisez Cicéron, lisez Cicéron », répétait-il sans cesse, si bien que le mot lui est resté attaché et devint comme sa devise. En 1713, ses supérieurs l'envoyèrent à Rome dans le dessein de lui faire entreprendre une histoire générale de la compagnie de Jésus. Mais une fois arrivé à son nouveau poste, Thoulier, soit qu'il ne se sentît pas attiré par le

----

1. *Hist. de l'Acad. franç.*, éd. Livet, II, 110

travail qu'on lui confiait, soit qu'il reconnût à la longue
qu'il n'était pas fait pour l'état religieux, changea de réso-
lution au moment de prononcer ses vœux définitifs et
sortit de la compagnie de Jésus. Mais s'il renonça à faire
partie de la célèbre congrégation, il n'en resta pas moins
toujours son ami, son obligé, et témoigna publiquement
de ses sentiments, ce que plus tard les philosophes,
d'Alembert surtout, eurent beaucoup de peine à lui pardonner.

De retour à Paris, le Père Thoulier fit place à l'abbé
d'Olivet, et sous ce nouveau nom, qui était son nom de
famille paternelle, le transfuge des jésuites se donna tout
entier aux lettres. Après quelques essais de poésie qu'il
risqua comme tout homme instruit était alors rigoureusement tenu de faire, et qu'il jeta lui-même au feu, il se
consacra à l'étude des anciens, à la traduction des grands
modèles, et surtout à la critique grammaticale de la
langue française. En peu de temps, il eut si bien « établi
sa réputation de savant et d'homme de goût », qu'après
la publication du premier de ses ouvrages, la traduction
du traité de la *Nature des Dieux*, de Cicéron, il fut nommé
à l'Académie française sur la proposition de l'abbé Fraguier, sans qu'il eût sollicité cet honneur, et pendant
qu'il était absent de Paris. Dès lors, l'Académie devint le
centre, le but, de la vie de d'Olivet. Il ne manquait guère
de séances, et pendant près de quarante-cinq ans, il fut
en quelque sorte la cheville ouvrière du docte corps. Il
en devint même l'historien. Le disciple de Boileau, qui
avait encore vu Racine, La Bruyère, Pélisson, l'héritier
du savant évêque d'Avranches, Huet, dont il avait tous
les papiers, était, en quelque sorte, désigné pour continuer la tâche entreprise par Pélisson. Il s'en acquitta

avec conscience, et fit un travail rempli de faits, généralement exacts, et rédigé dans une langue pure, élégante,
mais sèche et sans agréments, qui n'a rien de la grâce
facile de son prédécesseur. D'Olivet mena son travail
jusqu'à 1700, et ne publia rien au delà, à cause des prélats
et des grands seigneurs académiciens. « Il n'y a pas de
plaisir à parler d'eux », disait-il, « et en outre cela n'est
pas sans danger à cause de leur famille. »

Nous n'essayerons pas de faire ici même la plus suc-
cincte analyse des nombreuses œuvres de d'Olivet. On y
retrouve partout les mêmes qualités de critique, de bon
sens et de goût, mais aussi partout la même sécheresse,
le même manque d'éclat et le défaut absolu de cette sorte
d'émotion à la vue du beau qui seule en donne la véritable
intelligence. S'il resta ainsi toujours au second rang, et
comme à l'arrière-plan de la société littéraire du dernier
siècle, il n'en fut pas moins un personnage, et un personnage assez redouté. On craignait sa franchise, sa brus-
querie, l'âpreté et la vivacité de ses sorties, la causticité
mordante de ses propos. Voltaire, qui l'avait eu comme
professeur, le ménageait, et dans ses lettres il l'appelle
« son cher maître » ou « son cher Cicéron ». Ses ennemis,
et il en avait beaucoup, ne le traitaient pas si doucement,
et l'accusaient d'être un homme sans cœur et sans affection. L'accusation ne semble pas justifiée ; jusqu'à la
fin, d'Olivet eut des amis, de vrais et fidèles amis qu'il
aimait sincèrement et auxquels il rendait mille services.
Sa correspondance avec Bouhier va nous le montrer sous
ce jour nouveau. Mais en même temps, par la liberté des
jugements et la rigueur un peu étroite de l'esprit, elle
fera bien comprendre pourquoi il a gardé dans la mémoire
des contemporains une physionomie si renfrognée.

Par une bizarrerie assez curieuse, la première lettre de
l'abbé d'Olivet au président Bouhier roule entièrement
sur des affaires d'argent, nous dirions aujourd'hui des
affaires de bourse. Il est vrai qu'elle porte la date de
1719, c'est-à-dire du grand moment de Law et de son
système. Tout le monde, pendant ces quelques mois de
folle spéculation, joua plus ou moins sur les actions de la
fameuse compagnie des Indes. Personne, de quelque robe
qu'il fût revêtu, ne fut à l'abri de la contagion, et tout
l'amour que d'Olivet portait à son cher Cicéron ne l'empêcha pas de faire comme les autres, mais il le fit en
homme prudent, et la fortune assez ronde qu'il laissa à
des neveux dut sans doute son origine aux profits qu'il
tira de ses actions, qu'il avait su nourir, comme on disait
alors, puis vendre lorsqu'elles donnaient encore de bons
bénéfices. Voici la lettre qui, sortant de la plume d'un
littérateur de profession, nous a paru caractéristique de
l'état des esprits à cette première apparition de la grande
spéculation sur la scène du monde. Depuis lors, cette
divinité nouvelle a fait tant de progrès et a tant d'adorateurs que nous sommes un peu blasés sur son compte.

A Paris, sur le quai de Conti, ce 2 décembre 1719.

Je [1] n'aurais pas manqué, monsieur, de vous écrire par le
dernier ordinaire si je n'avais eu besoin de prendre langue pour
ce qui est des actions. Il est certain que depuis longtemps
M. Law est inaccessible là-dessus à quelque personne que ce
soit, et la raison de cela est claire. Demander aujourd'hui des
actions, c'est demander de l'argent comptant, puisqu'il n'y a
qu'à les escompter sur la place. Depuis les premières distribu-
tions, il s'en est encore donné, mais de celles que M. le Régent
ou M. Law s'étaient réservées pour eux-mêmes ou pour en gratifier quelques amis qui s'aviseraient plus tard que les autres.

1. Bibl. nat., Corr. litt. du président Bouhier, IX, f. fr. 24 417, f. 18.

Mylord Stair, qui n'en prit point' quand elles furent créées, en
a pris pour un million quand elles ont été à 600 livres au delà des
primes, sans en pouvoir obtenir de la première main, parce que
le nombre en était épuisé. *Si hæc in viridi, quid in sicco?* Le seul
parti à prendre présentement, c'est de donner ordre que vos
contrats soient incessamment liquidés, et convertis en réce-
pissé. S'il y a un temps où les actions doivent baisser, où, par
conséquent, on doive acheter, ce sera vraisemblablement vers
le 20 de ce mois, parce que les approches du paiement qui se
doit faire pour trois mois à la fois au commencement de janvier, mettra beaucoup de gens dans la nécessité de vendre
leurs actions, faute de pouvoir les nourrir, comme parlent les
agioteurs, c'est-à-dire de pouvoir faire les paiements réitérés.
Il y a des gageures que les actions seront à trois mille avant
Pâques. Si cela était, le gain de ceux qui achèteraient même
présentement, ne laisserait pas d'être encore prodigieux. On
parle aussi de quelques nouveaux projets de M. Law, qui seront
des ressources pour ceux qui n'ont point eu de part à ces
actions-ci. Enfin il se dit mille choses fort capables de nous
faire balancer entre la crainte et l'espérance. Le mois de janvier est l'époque des conjectures. Quoi qu'il en soit, commandez,
monsieur, que vos contrats soient promptement liquidés et, si
vous le jugez à propos, marquez-moi qui est votre notaire,
afin que j'aille en votre nom le presser, et veiller sur ses
démarches. Au reste, je ferai de mon mieux pour être informé
à point nommé de ce que feront les gens sages; et je vous
donnerai les avis les plus prompts qu'il se pourra. Jusqu'à
présent, on raisonne si différemment sur l'avenir qu'il n'est
possible de tabler sur rien. Quand ces dernières actions furent
créées, beaucoup de gens n'en voulurent point. Je fus du
nombre. Comme j'aurais été obligé d'emprunter pour faire mes
primes, je ne voulus point de trente actions que l'on me donnait. Aujourd'hui vos cent mille livres vous feraient un million
clair et net....

Ne voilà-t-il pas un abbé d'Olivet expert en affaires et
empressé à rendre service, assez différent de l'âpre censeur dont il est le type consacré? Il est vrai que dans
une autre lettre le ton est tout différent; peut-être là
chute du système en était-elle cause :

Je¹.n'ai pas voulu, monsieur, vous accabler de lettres inutiles pendant le séjour que j'ai fait en Normandie. Mais souffrez que je vous donne avis de mon retour afin que vous sachiez que vous avez un commissionnaire de plus à Paris. J'y retrouve, les choses à peu près comme je les avais laissées c'est-à-dire la plupart des gens qui souffrent dans l'intérieur de leur maison, et qui attendent de jour en jour l'effet du visa ; mais cependant le même faste au dehors, le même jeu, et les spectacles aussi courus que jamais. Pour ce qui est de la pauvre littérature, elle s'en va toujours au galop, et je ne sais où elle se réfugiera, car on dit que la Hollande et l'Angleterre sont aussi mal que nous....

Huet, l'évêque d'Avranches, célèbre par son érudition, l'ami de tous les lettrés du siècle précédent, s'était pris, comme nous l'avons dit plus haut, d'une véritable affection pour d'Olivet ; ce qui pourrait servir à prouver que celui-ci n'était pas si dépourvu d'agrément qu'on s'est plu à le dire. Huet, en effet, avait vécu dans la société la plus polie et la plus lettrée : il avait été l'ami de Mme de la Fayette ; il était lui-même un homme doux et d'un esprit fin, ayant horreur du bruit, des discussions, si bien qu'il s'était démis de son évêché et qu'il acheva sa vie au noviciat des jésuites dans la retraite et la culture des lettres. L'amitié presque paternelle qu'il témoigna à d'Olivet jusqu'à sa mort honore celui-ci, et montre qu'il avait su reconnaître en lui un cœur susceptible d'une véritable affection. Lorsqu'arrivé aux dernières limites de l'âge, Huet s'éteignit doucement au moment où il allait achever sa quatre-vingt-dixième année, d'Olivet annonce ainsi sa mort au président Bouhier. Pour le temps où elles ont été écrites (Rousseau n'avait pas encore mis à la mode l'expression des sentiments personnels), ces lignes, malgré leur brièveté

1. Bibl. nat., Corr. litt. du président Bouhier, f. fr. 24421, f. 103.

et leur apparente sécheresse, témoignent d'une sensibilité
vraie.

Vous savez la mort de M. Huet. Depuis plus de deux ans, il
ne lui restait qu'un fantôme de vie, mais enfin, comme il ne
souffrait pas, on était charmé de le voir respirer. Il m'a donné
une marque précieuse de son amitié. Sur la fin de l'été dernier,
il m'envoya prier de passer chez lui. Quand j'y fus, non seulement il ne se ressouvint point de m'avoir envoyé chercher,
mais il croyait n'avoir rien à me dire. J'y retournai quelques
jours après, et m'étant assis à son chevet, je tâchai de lui
réveiller l'imagination par des propos qui lui étaient familiers
autrefois. J'y réussis. Je le tins deux bonnes heures très gai, et
ayant toute sa présence d'esprit. Il se rappela ce qu'il me voulait, et me confia en présence de son valet de chambre un
manuscrit, qu'il me laissait le maître de publier après sa mort
et d'intituler *Huetiana*, le seul titre qui lui convienne. C'est un
recueil de réflexions de toute espèce. La crainte que de sottes
gens ne fissent un faux *Huetiana*, lui avait fait prendre la précaution de le faire lui-même. Si je ne me trompe, c'est un de
ses meilleurs ouvrages. Il y a une infinité de bonnes choses.
Cela fera un assez gros in-12. Le mss. est tout de sa propre
main. Je ne me suis point encore vanté de ce présent, pour
n'avoir point affaire à ses héritiers qui sont normands, et qui
auraient peut-être quelque chicane à me faire. Vous pouvez
cependant, monsieur, le dire à notre cher P. Oudin, homme
discret. Je prévois que je ne songerai point à faire paraître cet
ouvrage avant la fin de l'été.

D'Olivet ne fut nommé à l'Académie qu'en 1723, et
c'est à partir de ce moment seulement que ses lettres à
Bouhier deviennent réellement intéressantes pour l'histoire littéraire du temps. Citons encore deux fragments
de lettres antérieures à cette époque. Le premier a trait
à cette sorte de patronat sur les gens de lettres que les
grands seigneurs continuaient à exercer et que ceux-ci

1. Bibl. nat., Corr. litt. du président Bouhier, f. fr. 24 421, f. 153.

supportaient encore avec patience, bien que le moment
ne fût pas loin où ils allaient s'en affranchir et revendiquer toute l'étendue de leurs droits :

On [1] vous aura peut-être déjà appris la belle action de M. le
duc de Villeroy. Étant à souper chez Mme de Caylus, où était
aussi Mlle du Thil, le discours tomba sur l'état déplorable
de M. de la Monnoye, qui n'était connu d'aucun d'eux que par
sa réputation, et parce qu'il va souvent chez Mme Giraut, amie
de Mlle du Thil. M. le duc de Villeroy, touché du mérite, du
grand âge et de l'indigence de M. La Monnoye, lui envoya le
lendemain six cents livres, en lui faisant dire que tous les ans
il lui en donnerait autant. Et comme il n'ignore pas mon attachement pour M. de la Monnoye, il m'a envoyé un homme à
lui pour me charger de l'avertir sérieusement de sa part qu'il
ne voulait point de remerciement.

Dans l'autre lettre, écrite peu après celle qui contient
l'anecdote de la générosité du maréchal de Villeroy
envers le vieux poète dijonnais La Monnoye, d'Olivet
parle de son projet de composer une histoire de l'Académie française, conçu avant même qu'il en fît partie.
Il y joint des réflexions sur son peu d'envie d'entrer
dans la docte compagnie, qui font un peu sourire. Il est
assez amusant de voir ainsi celui qui devait être si
prompt à censurer les ridicules et les faiblesses des
autres, prêter lui-même le flanc à la raillerie et donner
à ses dépens le spectacle toujours renouvelé et toujours comique de mépriser en paroles ce qu'on désire
le plus.

1er mai 1722.

Un [2] autre ouvrage, dont il faut que je vous parle, et qui m'occupa une partie du temps que je fus à Gacé l'année dernière,

1. Bibl. nat., Corr. litt. du président Bouhier, f. fr. 24 421, f. 129.
2. *Ibid.*, f. 109.

c'est l'histoire de l'Académie française depuis 1652. J'ai divisé
cette histoire en deux parties, dont la première contient l'histoire générale de l'Académie, et la seconde l'histoire personnelle des académiciens morts. Quant à la première, elle est faite,
et c'est peu de chose; mais je serai peut-être dix ans à faire la
seconde, parce qu'il y a beaucoup d'académiciens sur lesquels
je ne trouve rien à dire, et il faut attendre que le hasard me
présente des matériaux. D'ailleurs je ne veux point me presser,
de peur qu'on ne soupçonne que je fais cet ouvrage dans la
vue d'avoir une place à l'Académie. Je vous dirai là-dessus
franchement : 1° que si j'en avais envie, je croirais pouvoir la
demander sans ce titre-là ; 2° que je comprends bien qu'on peut
en avoir envie, pour trouver une société avec qui causer deux
ou trois fois la semaine quand on est vieux; mais comme j'ai
encore bon pied et bon œil, je trouve encore à faire un plus
agréable emploi de mes après-dînées....

L'année suivante, d'Olivet se trouva sans doute assez
vieux pour aller perdre son temps à l'Académie; car,
lorsque en son absence, alors qu'il était à Salins, auprès
de son père malade, l'abbé Fraguier l'eut fait sans peine
accepter par l'Académie et qu'il en reçut la nouvelle, ce
bien venu en dormant, comme il le dit lui-même, fut
reçu avec une joie non dissimulée. Oubliant ses protes-
tations de la veille et son superbe dédain, il se hâta de
revenir à Paris prendre possession de sa nouvelle place,
qu'il devait occuper pendant près d'un demi-siècle et
considérer comme une véritable charge, presque comme
un sacerdoce.

Aussitôt qu'il fut entré dans le « sanctuaire des Muses »
dont il se constitua dès lors le gardien, d'aucun aurait
dit le cerbère, d'Olivet n'eut pas de repos qu'il n'y eût
fait entrer également son ami Bouhier. L'entreprise
n'était pas très difficile, car chacun connaissait et estimait
le Président : seule, la non-résidence à Paris, contraire
aux règlements de l'Académie, présentait, comme nous

l'avons déjà dit plus haut, un véritable obstacle. L'amitié tenace et ingénieuse de d'Olivet ne se laissa pas intimider par cette difficulté en apparence insurmontable. Il parla de Bouhier à ses collègues, prétendit que sa présence au milieu d'eux s'imposait en quelque sorte, et chercha des précédents pour justifier l'infraction à la règle que l'on devait reprocher à l'élection d'un habitant de la province.

Jeudi, 6 juillet 1724.

Je [1] viens, monsieur, de faire une tentative dont il faut que je vous mande le succès.

À propos de mon départ, j'ai dit à messieurs de l'Académie que, s'il venait à vaquer une place, j'espérais être de retour assez tôt pour donner mon suffrage, et j'ai ajouté : « Si vous pensiez tous comme moi, messieurs, notre choix serait prompt et applaudi de tout le public; nous ne laisserions pas échapper M. le président Bouhier pendant que nous le tenons ». A ce discours, il ne s'est trouvé que deux personnes qui aient paru regarder comme un obstacle votre séjour en province. J'ai cité les exemples de Méziriac, de Balzac et de plusieurs autres, dont le nom et les ouvrages ont fait honneur à la compagnie, sans que leur présence lui ait été utile. Il m'a paru, monsieur, que tout le monde se rendait aisément, et que si un académicien s'avisait de mourir, vous seriez élu par acclamation. Peut-être qu'en mon absence la chose arrivera.

Une fois l'idée de s'adjoindre le président Bouhier mise en avant et bien accueillie, d'Olivet ne la laissa pas dormir. Il fit si bien qu'en 1727 Bouhier fut, on ne l'a peut-être pas oublié, élu à l'unanimité pour remplacer Malézieu, et d'Olivet put mettre en tête de ses lettres comme en triomphe : « Mon très cher et illustre Quarante ». On le voit, au moins une fois, l'épigramme

_____

1. Bibl. nat., f. fr. 24417, f. 57.

de Piron fut menteuse, et d'Olivet donna à son ami Bouhier des preuves non équivoques de la sincérité de son
affection.

C'est encore avec une sensibilité un peu gauche, et
comme honteuse d'elle-même, mais réelle, que le pauvre
abbé si fort accusé de dureté parle de Fraguier, son ami
et son protecteur. L'aimable et doux infirme qui, à force
de patience et de persévérance, avait su triompher de
tous les obstacles et se faire une place à part dans la
société lettrée de ce temps, avait su aussi s'attacher profondément cette nature plus rude en apparence qu'en réalité et se faire de d'Olivet un vrai disciple, une sorte de
garde-malade masculin qui le soignait avec un véritable
dévouement.

Le[1] pauvre abbé Fraguier est bien remis de son accident, et
Gendron prend grand soin de lui à Auteuil. Cependant notre
ami m'avoue qu'ordinairement le matin il a la main faible et
presque hors d'état de tenir la plume. Il prend du chocolat,
après quoi cette faiblesse passe pour le reste de la journée.
Tout cela ne signifie rien de trop bon. En vérité, nous per-
drions beaucoup si nous le perdions.

C'est un homme d'une érudition très agréable et très variée,
mais plus que tout cela, c'est un fonds d'honneur, c'est une
probité dont il reste peu d'exemples depuis feu Caton. Je date
de loin.

Lorsque trois ans après Fraguier mourut très regretté,
et laissant un souvenir attendri chez tous ses contemporains, qui avaient admiré ses vertus, d'Olivet ne cache pas
à Bouhier sa douleur.

1. Bibl. nat., Corr. litt. du président Bouhier, IX, f. fr. 24417, f. 64.

Paris, ce 5 mai 1728.

Nous [1] venons, monsieur, de perdre un de nos meilleurs et de nos plus dignes amis, le pauvre abbé Fraguier. Dimanche j'entrai chez lui sur les sept heures du soir; je le trouvai dans son état ordinaire; il me pressa de passer la soirée avec lui. Nous mangeâmes ensemble notre pigeon. Je lui lus ensuite deux ou trois chapitres de Rabelais, et à dix heures je le quittai. S'étant éveillé à deux heures, il se fit habiller, comme c'était assez sa coutume, pour passer le reste de la nuit dans son fauteuil. A sept heures on n'entendait point encore de bruit chez lui. Enfin, on frappa de manière à réveiller le laquais qui avait couché dans la petite antichambre que vous connaissez; on trouva son maître sans mouvement et sans connaissance. De vous dire quelle douleur c'est pour moi, il serait bien inutile : votre cœur vous le dit assez.

Mais en voilà trop peut-être sur les côtés affectueux, peu connus, il est vrai, d'une nature dont l'âpreté et la sécheresse semblaient être les seuls caractères et étaient devenues proverbiales. Il est temps de revenir aux jugements littéraires et aux nouvelles contenues dans les lettres de d'Olivet à Bouhier. Là, ces caractères vont se retrouver très marqués.

D'une plume nette et incisive qui n'épargne personne, d'Olivet envoie à son ami une série de petits croquis des événements littéraires pleins de vivacité et de relief. S'il est vrai que le style soit l'homme, ces courts portraits, enlevés à la volée d'une main sûre, révèlent chez leur auteur une singulière indépendance de jugement et beaucoup d'esprit, mêlés, il faut bien le dire, à une forte dose de mauvaise humeur ainsi qu'à une sorte de plaisanterie sèche qui est rare en France et très commune chez nos

1. Bibl. nat., f. fr. 24 417, f. 99.

voisins d'outre-Manche. Témoin ce jugement sur un discours en vers de La Motte qui n'eût sans doute pas charmé celui qui en était l'objet.

Paris, 16 septembre 1729.

.... C'est [1] M. de la Motte, directeur de ce trimestre, qui a harangué le Roi. La Gazette de Hollande ne manquera pas de rapporter sa harangue et ses vers. Car il y eut des vers, et diaboliques, si je ne me trompe, à la fin de sa harangue. Le succès néanmoins, et des vers et de la prose, fut prodigieux. Nous nous trouvâmes vingt de la Compagnie, y compris M. le cardinal de Fleury, qui se mit en son rang d'ancienneté. Onze de la troupe furent ensuite retenus à dîner chez lui. J'étais du nombre. Le dîner fut bon et très gai. Je vous y aurais fort souhaité. *Vale et me ama.*

L'abbé d'Olivet ne ménage guère ses confrères : il parle d'eux et de leurs ouvrages avec une liberté et un sans gêne qui frise l'impertinence. C'est Moncrif, « qui, en véritable historien des chats qu'il est, miaule assez agréablement son discours » ; c'est Marivaux, « pour lequel il ne votera jamais s'il ne renonce à son diabolique style ». Ce sont les grands seigneurs académiciens qui font les difficiles et refusent de se charger des corvées ennuyeuses. Puis c'est « le docte corps tout entier qui sommeille, ne fait rien, est une postérité très indigne des illustres qui l'ont précédé ». Cependant, au fond, tout cela n'est pas bien méchant, et la sévérité qu'affecte parfois d'Olivet n'est jamais ni perfide ni réellement mauvaise. C'est un assez bon homme, hargneux, si l'on veut, et d'un commerce qui n'était pas toujours agréable, mais qu'il y avait toujours profit à consulter. Parfois même sa

---

1. Bibl. nat., Corr. litt. du président Bouhier, IX, f. fr. 24 417, f. 104.

mauvaise humeur désarme tout à fait, et il se borne à
conter avec agrément, comme dans ce récit du jubilé académique de Fontenelle, célébré avec une certaine solennité :

Pourquoi[1] n'étiez-vous pas vendredi à l'assemblée qui se
tint pour la distribution des prix? Vous auriez entendu notre
vénérable doyen ouvrir la séance par un beau discours, où il
fit le renouvellement de ses vœux académiques, au bout de
cinquante années qu'il compte depuis sa réception. Il dit là-
dessus de très jolies choses; mais, ce qui vous paraîtra plus
singulier en lui, il montra de l'âme.

Vous perdez encore plus à ne pas vous trouver ici mercredi
prochain, car notre doyen régale solennellement tous ses enfants en Apollon. Il a divisé l'Académie en deux colonnes : la
première composée des vingt plus anciens, dont j'ai le malheur d'être; la seconde, composée des vingt autres, dont vous
feriez l'ornement. On ne parle aux Tuileries et parmi les femmes
du bel air que des deux colonnes académiques; elles font
autant de bruit que celles qui viennent de passer le Rhin; les
vingt anciens passeront mardi, et leurs cadets le lendemain.

Mais ces lettres de d'Olivet à Bouhier ne seraient pas
réellement de lui si l'on n'y voyait pas Cicéron, la
grande, on peut presque dire l'unique passion dudit abbé,
y faire son apparition obligée. Déjà en 1721, il avait
publié la traduction des entretiens de Cicéron sur *la
Nature des Dieux*, avec des remarques du président
Bouhier. En 1727, il avait publié la traduction des *Catili-
naires* jointes aux Philippiques de Démosthène, bien que,
comme il le dit lui-même assez plaisamment, il ne sût le
grec qu'à moitié :

.... Je[2] ne suis pas ferme sur mes étriers grecs. J'entends,
mais comme un Suisse entend le français. J'attrape le sens,
mais la délicatesse de l'expression m'échappe.

1. Bibl. nat., f. fr. 24 417, f. 236.
2. Bibl. nat., Corr. litt. du président Bouhier, f. fr. 24 421, f. 139.

Tout cela ne suffisait pas cependant à son amour pour
l'orateur latin et, en 1726, il résolut de faire une traduction des *Tusculanes*, non plus à lui seul, mais en colla-
boration avec des esprits distingués et de bons latinistes.
Naturellement, Bouhier fut un des premiers à qui il eut
recours.

.... Nos[1] promenades d'Auteuil et de Saint-Cloud m'ont fait
venir une idée qui a été infiniment goûtée de nos amis communs. C'est une traduction des *Tusculanes* dont chaque livre
sera fait par l'un de nous en cet ordre : le premier livre, comme
je l'avais déjà ébauché, m'est demeuré en partage. Le second,
de tolerando dolore, convient tellement au pauvre abbé Fraguier qu'on ne saurait lui disputer son droit. Le troisième
a été destiné à M. le président Bouhier. Le quatrième à M. de
Valincourt. Le cinquième à M. l'abbé Gédoyn. Une Préface qui
racontera, qui embellira la naissance de notre projet, que l'on
supposera avoir été conçu à Auteuil, sera faite par M. Rémond.

Bouhier accepta et se chargea de traduire une des *Tusculanes*. Une fois l'entreprise décidée, il fallait la faire
aboutir, et c'est toujours le point difficile dans une œuvre
faite à plusieurs. Mais d'Olivet n'était pas homme à laisser
languir les choses, et ses collaborateurs eurent à contenter sa ténacité, qui ne craignait jamais de devenir
importune :

Rue du Chantre; ce 20 février 1727.

Aujourd'hui[2] Saturnalibus optimo dierum, je me sens une
prodigieuse envie de me réjouir, et le plus grand plaisir que
j'imagine, c'est, monsieur, de m'entretenir un moment avec
vous. Il y a longtemps que j'en suis tenté, mais il y a longtemps
aussi que M. l'abbé Sallier se moque de nous, en différant toujours à nous chercher le manuscrit des *Tusculanes*, sous prétexte

---

1. Bibl. nat., Corr. litt. du président Bouhier, f. fr. 24 417, f. 71.
2. Bibl. nat., Corr. litt. du président Bouhier, IX, f. fr. 24 417, f. 79-80.

qu'on ne connaît rien à l'ordre qui avait été mis dans les
manuscrits du Roi, par feu M. Boivin, et que c'est une nécessité d'attendre, pour en trouver un, qu'on les ait reconnus
tous. Je m'ennuie fort de cette lenteur. Celle de deux de nos
collègues m'a impatienté. Je parle de MM. de Valincourt et
Gédoyn. Ce dernier a été rebuté par la quantité de vers qui se
trouvent dans la 2ᵉ *Tusculane*; et quant au premier (entre nous
ceci soit dit) je m'étais bien douté que M. Boivin mort, il en
porterait le deuil par le silence de ses Muses. Il est trop occupé
d'ailleurs. Mon premier soin, à mon retour de Normandie, fut
de songer à les remplacer tous deux.

Une fois la traduction achevée, ce fut le tour de faire
des notes obligatoires dans une édition savante. Bouhier
qui, au lieu d'une, avait fini par traduire deux des *Tusculanes*, consentit encore à se charger de rédiger une
partie du travail d'annotation. Puis vinrent les imprimeurs et les approbateurs qui n'en finissaient pas, qui
imposaient des corrections et des remaniements. Ceci
n'était pas toujours chose aisée.

Vous [1] serez un peu surpris, monsieur, à l'ouverture de ce
paquet, qui arrivera entre vos mains quand il plaira à Dieu et
au sieur Martin. Il faut vous parler naïvement et vous dire que
je me suis vu dans la cruelle nécessité de toucher à la 2ᵉ *Tusculane*. J'avais fait avec soin une espèce de traité philosophique
divisé en deux parties. Dans la 1ʳᵉ j'examinais : 1° si les anciens
ont eu une idée claire de l'âme, et je concluais pour la négative;
2° jusqu'où ils ont poussé leurs preuves de son immortalité
dans les trois principaux systèmes, celui de Pythagore, celui
de Platon, celui des stoïciens. Dans ma seconde partie, je réfu-
tais les objections d'Épicure.
Quand vous m'eûtes mandé que vos notes sur la 1ʳᵉ *Tusculane*
étaient finies, je crus qu'il était temps de mettre mon traité
entre les mains de celui que je comptais demander ensuite pour
approbateur. Après l'avoir lu, il me témoigna que, quoique la

---

1. Bibl. nat., Corr. litt. du président Bouhier, f. fr. 24 417, f. 169.

droiture de mes intentions fût visible, néanmoins il trouvait l'ouvrage capable de faire du bruit, parce qu'une partie des objections étaient, du moins en apparence, plus fortes et plus plausibles que les réponses.

Je confiai ensuite l'ouvrage au pauvre M. de Valincourt qui, sans m'en rien dire, le fit lire par deux personnes. Je soupçonne que le P. général de l'Oratoire fut un des lecteurs. Quoi qu'il en soit, au bout de quelques jours, non seulement il me parla dans le même sens que mon approbateur, mais comme vous savez qu'il était souvent d'une extrême vivacité, il me fit un monstre de mon écrit, me disant que s'il en était le maître, je m'ôterais tout pouvoir d'en faire jamais aucun usage, que je la brûlerais, et qu'enfin si j'avais de l'amitié pour lui, je lui en donnerais sur le champ cette marque, de jeter le papier dans son feu à ses yeux. Ce fut, en effet, ce que je fis. Et, après tout, je fis bien.

Après les censeurs, d'Olivet eut encore à subir la critique des beaux esprits qui ne le ménagèrent pas davantage. Il écrit à son collaborateur le récit d'une lecture des *Tusculanes* dont le peu de succès dut percer son cœur, car son cher Cicéron ennuya mortellement ses auditeurs.

Paris, 18 janvier 1730.

On [1] savait dans une des meilleures maisons de Paris, que depuis six semaines je passais mon temps à traduire la 2e *Tusculane*. On me pressa d'en faire la lecture, avant que de vous l'envoyer. Il s'y trouva sept personnes, hommes et femmes, tous gens d'esprit; et même d'un esprit orné. Je n'ose vous dire à quel point le pauvre Cicéron fut peu goûté. On jugea qu'en retranchant les répétitions et les inutilités, il ne lui resterait pas trois bonnes pages. On loua, par politesse, le style du traducteur, et puis c'est tout. Dès lors, il m'est évident que la même raison qui nous a fait renoncer aux dernières *Tusculanes*, nous doit faire condamner la seconde. J'ai grand regret à ce qu'il m'en a coûté pour la traduire. Je n'ai jamais rien fait avec tant

1. Bibl. nat., Corr. litt. du président Bouhier, IX, f. fr. 24 417, f. 111.

de répugnance, ni cependant avec tant de soin. Mais, enfin, il
ne faut pas pousser l'amour pour Cicéron jusqu'à vouloir qu'on
se moque de nous à son occasion. Jugez-en néanmoins ; je
m'en rapporte plus à vous qu'à personne, ou, pour mieux dire,
je ne m'en rapporte qu'à vous.

Malgré tous ses efforts, d'Olivet ne put faire marcher
son entreprise aussi vite qu'il l'eût voulu ; il eut beau
pester, enrager et semoncer traducteurs et imprimeurs,
il dut attendre et attendre fort longtemps. En 1737, les
Tusculanes n'étaient pas encore achevées d'imprimer, et
elles purent être dédiées au Dauphin fils de Louis XV,
qui n'était pas encore né lorsque l'entreprise avait été
commencée.

Paris, 17 janvier 1737.

.... J'allai [1] à Versailles pour les compliments du nouvel an.
M. de Mirepoix, avec qui j'ai d'anciennes et intimes liaisons,
me demanda quel ouvrage j'avais sur le chantier. Je lui dis que
vous et moi, monsieur, nous allions donner les *Tusculanes*. Il me
demanda pourquoi je ne les dédiais pas à M. le Dauphin ; et
cela d'une manière qui me fit assez voir qu'il n'en serait pas
fâché. L'idée ne m'en était pas venue, parce que toutes ces
dédicaces ne sont que du maroquin perdu.

Cependant je n'eus point assez de présence d'esprit pour
m'en défendre. Il était les dix heures du matin, et M. de Mirepoix m'avait retenu à dîner. Je lui dis que pendant qu'il donnerait la leçon à M. le D., j'allais demeurer au coin de son feu,
et voir si je pourrais bâtir cette épître. J'en fis la minute, elle
fut montrée à M. le Gouverneur, qui l'approuva. Ce qui croisa
le plus mes idées, c'est que j'y voulais d'abord parler de vous,
étant juste de parler tant en votre nom qu'au mien, à la tête
d'un ouvrage qui nous est commun. Mais j'y renonçai, mon
esprit ne me fournissant aucun tour pour faire cadrer vos
louanges avec celles du Dauphin, du Roi, du Précepteur, etc.
Cependant il eût été, non seulement contre mon goût, mais

1. Bibl. nat., Corr. litt. du président Bouhier, IX, f. fr. 24 417, f. 171.

contre la bienséance, que j'eusse parlé de vous sèchement. Je pris donc le parti de me renfermer dans les bornes d'un simple billet.

Six mois après, les *Tusculanes* paraissaient enfin, et, dans sa joie, d'Olivet s'en fut lui-même porter un bel exemplaire au Dauphin. Il raconte ainsi son audience à Versailles dans une lettre à Bouhier, et il semble, à voir comme il s'étend sur les grâces du jeune prince, que l'enfant royal avait su toucher son cœur de vieux littérateur grognon.

Paris, 23 juillet 1737.

.... Pour [1] vous parler un peu de M. le Dauphin, je vous dirai qu'il ouvrit nos volumes l'un après l'autre, disant, selon l'endroit où il ouvrait le livre : voilà du français, voilà du latin, et ayant vu du grec, celui-là est bien mal écrit, je ne sais ce que c'est. Il posa ensuite nos volumes sur un tabouret, il fit deux ou trois gambades, et alla dans une embrasure de fenêtre parler à M. de Mirepoix. Après quoi, d'un petit air de présomption, il revint à moi et me dit : « Vous croyez peut-être, monsieur, que je ne sais pas ce que c'est que les *Tusculanes*. Ce sont des discours tenus à Tusculum, qui est une ville auprès de Rome, qu'on appelle aujourd'hui Frascati. » Il est gai, vif; ne demande qu'à jaser. Pour monsieur son père, quand je lui présentai la *Nature des Dieux*, il eut bien de la peine à me dire d'une voix mal articulée : monsieur, je vous remercie. Encore fallut-il que M. le maréchal de Villeroy le lui soufflât. Je vous conterai un trait qui vous donnera bonne opinion de l'esprit de M. le Dauphin; et que je vous rapporte sur la foi du gouverneur, du précepteur et du sous-précepteur. On lui avait donné pour version ces paroles : *Princeps debet semper sequi rationem*. Il venait de les étudier, lorsque M. le cardinal de Fleury entra dans sa chambre, et lui dit qu'il voulait un peu voir par lui-même comment allait son étude. Le Prince lui montra le sujet de sa version. M. le Cardinal lui dit qu'il voulait savoir ce que chaque mot l'un après l'autre signifiait, et qu'il ne se

1. Bibl. nat., Corr. litt. du président Bouhier, IX, f. fr. 24417, f. 183.

contentait pas d'une version en bloc. Le petit enfant lui dit :
Princeps, un prince ; *debet*, ne doit ; *semper*, jamais ; *sequi*, suivre.
Et ayant regardé le cardinal avec des yeux malins : *rationem*,
la folie. Cela m'a paru très plaisant, et me fait augurer que
notre confrère en traduction vaudra son prix.

Les *Tusculanes* eurent alors un vif succès dans le
monde lettré. Bouhier et d'Olivet reçurent force compliments, auxquels sans doute ils furent très sensibles. En
1747, d'Olivet en fit paraître une nouvelle édition fort
améliorée et corrigée. La traduction passa longtemps pour
la meilleure qu'il y eût et lorsqu'au commencement de ce
siècle le savant Victor Le Clerc fit paraître sa grande édition de Cicéron avec la traduction en regard, il conserva
l'œuvre des deux traducteurs en la remaniant et en la cor-
rigeant. Tout en avouant qu'il avait dû plus d'une fois
reprendre ses devanciers et rectifier leurs erreurs, et en
reprochant à Bouhier la diffusion de son style, Le Clerc
ajoutait dans sa préface aux *Tusculanes* : « Le président
Bouhier, loin du premier rang comme traducteur, y est
unanimement placé comme critique, je dirai même ce que
nos voisins ne disent pas : l'édition tant vantée des *Tusculanes* par Wolf n'a presque d'autre fondement que les
remarques du savant français sur le texte de Cicéron »[1].

Les rapports des deux amis si dissemblables, Bouhier
et d'Olivet, étaient, on le voit, tout littéraires et académiques, si j'ose ainsi parler. Bouhier collaborait aux
œuvres de d'Olivet ; celui-ci, en retour, le tenait au courant
des nouvelles de la république des lettres et se chargeait
même de faire imprimer les œuvres poétiques du président
auxquelles celui-ci tenait fort, bien qu'il ne les voulût pas
avouer publiquement.

1. *Œuvres complètes de Cicéron*, par Jos.-Vict. Le Clerc ; Paris, 1821.

Un jour même, d'Olivet lut à la docte compagnie, c'est ainsi qu'il appelle toujours l'Académie française, tout un passage de l'*Énéide*, traduit en vers par Bouhier, sans trahir le nom de l'auteur, et lui envoya ensuite le compte rendu exact des impressions de la société ; peut-être le président trouva-t-il ce jour-là que son correspondant était un peu trop véridique.

Notre nouveau [1] confrère M. de la Faye m'étant venu voir, je lui lus le commencement du quatrième livre de l'*Énéide* sans lui en dire l'auteur. Il me marqua une grande envie d'achever la lecture, et je lui permis d'emporter le manuscrit chez lui ; il me le rendit peu de temps après avec son approbation ; et, comme il en parla publiquement à l'Académie, je vis la compagnie disposée à entendre lire l'ouvrage, l'auteur demeurant toujours caché. On soupçonna le président Hénault et le duc de Saint-Aignan : je ne m'ouvris point.

Cette lecture a emporté trois séances ; elle en aurait emporté trente, si j'avais demandé le loisir d'écrire un peu au long des observations de ces messieurs.

Il m'eût fallu un volume et le temps de l'écrire pour vous rendre un compte bien détaillé. *Non erat tanti.* Souvent on ne faisait qu'une vaine difficulté, et pour ne point contester, je ne laissais point de coter les vers contredits : en revanche il y en a eu un très grand nombre d'approuvés, d'admirés, d'applaudis.

L'activité littéraire, l'ardeur au travail du bon d'Olivet ne faisait du reste que s'accroître avec les années. Bouhier, qui le connaissait depuis sa jeunesse, sait fort bien le prendre par son faible en lui demandant des nouvelles de ses occupations avec un intérêt qui n'était peut-être pas tout à fait désintéressé. Il tenait, en effet, beaucoup à avoir comme correspondant régulier et comme défenseur

1. Bibl. nat., f. fr. 24 417, f. 117.

attitré à Paris un homme tel que d'Olivet, qui, à force de
patience et de ténacité, avait fini par devenir une puissance dans le monde des lettres.

.... Vous [1] êtes trop bon de me demander ce que je fais. Ma
vie est la plus unie du monde. J'aime mes livres plus que
jamais, et je suis même parvenu à n'aimer que mes livres. Il
y a cinq ans que je me suis défendu absolument de souper
dehors, et j'y dîne rarement. Du reste, nulle sorte de passion.
Je trouve le secret de ne m'ennuyer jamais, et, au fond, je vis
heureux. *Les Offices* de Cicéron m'emportent du temps. Mais
comme la traduction me dégoûte à la longue, je me permets
souvent de petites diversions. Par exemple, je viens de faire des
notes de grammaire sur les tragédies de Racine. L'ouvrage
n'est pas amusant, comme vous le croyez bien ; mais il serait
utile, et si je puis gagner sur ma paresse de le mettre au net,
je pourrai bien le faire imprimer....

L'ouvrage dont parlait d'Olivet était une série de
Remarques de grammaire sur Racine. Lorsque cette critique grammaticale minutieuse, un peu ergoteuse, bien
que l'auteur se défendît vivement d'avoir voulu porter la
plus légère atteinte à la gloire du grand poète, fut livrée
au public, elle causa un certain scandale et attira à
d'Olivet de vifs reproches. Desfontaines fit une réponse
virulente sous le titre de *Racine vengé* et la dédia à
l'Académie. Mais Desfontaines, malgré un réel talent,
était universellement haï et tombé dans un décri tel que
la compagnie déclara publiquement qu'il ne lui avait pas
demandé la permission de lui dédier sa réponse aux
Remarques de grammaire sur Racine et que, s'il l'eût fait,
elle l'eût refusée.

D'Olivet n'était pas homme à se troubler pour si peu ;
il se contenta de riposter par une épigramme latine fort

1. Bibl. nat., Corr. litt. du président Bouhier, IX, f. fr. 24 417, f. 200.

vive, même assez grossière, que l'emploi volontaire d'une langue morte ne l'autorisait nullement à se permettre. Puis il se remit à ses travaux et entreprit une grande édition latine de son cher Cicéron, avec des notes et des remarques, pour laquelle il dut de nouveau avoir recours à son ami Bouhier. Cette édition lui avait été primitivement demandée par le ministère anglais, présidé alors par Walpole, sur sa grande réputation de critique et d'exactitude philologique. Mais le cardinal de Fleury ne consentit pas à ce que cette œuvre capitale fût entreprise pour des étrangers et chargea officiellement d'Olivet de l'accomplir pour le gouvernement français. L'admirateur passionné de Cicéron ne pouvait rien demander de plus et il se mit avec ardeur à exécuter cette entreprise, qui devint l'œuvre capitale de sa vie.

« L'édition se recommande par la correction du texte, la précision, le goût et l'érudition des remarques, empruntées aux meilleurs commentateurs, par le savoir et le style de la préface, enfin par la beauté de l'exécution typographique. Comme récompense de ce beau travail, l'abbé d'Olivet obtint sur la cassette une modeste pension de 1 500 livres [1]. »

Bouhier l'aida beaucoup dans son entreprise et lui fournit une foule de notes et de remarques. Aussi « notre Cicéron » revient-il sans cesse dans la correspondance. Lorsque, trois ans après le commencement de l'entreprise, d'Olivet reprit de nouveau le chemin de Versailles pour présenter les premiers volumes au roi et au cardinal de Fleury, il n'a garde d'oublier le récit de son ambassade, et cette fois la réception est loin de le satisfaire.

---

1. *Biog. gén.* Didot, 38, art. V. Fournel.

Paris, 12 mai 1741.

Je[1] vous remercie de la curiosité que vous me témoignez au sujet de la réception des trois premiers volumes de notre Cicéron. Mais je vous demanderai volontiers : Avez-vous oublié votre Versailles, ou plutôt le croyez-vous aujourd'hui ce qu'il fut jadis? Pour me borner à l'historique, et sans faire des réflexions inutiles et imprudentes, j'arrivais sur les dix heures. M. le Cardinal reçut son présent, et trouva que les imprimeurs méritaient de grandes louanges. De là, j'allai chez M. le Dauphin qui considéra l'image du tome Ier. M. son gouverneur me demanda si je n'aurais pas mieux fait de donner cela en langue française, et quant à M. l'évêque de Mirepoix, mon ancien ami, il n'oublia rien pour me faire bien dîner.

Comme le Roi était à la chasse, je ne fus pas d'humeur à me mettre à la nuit pour l'attendre. Ainsi M. le Cardinal voulut bien se charger de présenter mon hommage, et moi je m'en revins, par le plus court, gagner le coin de mon feu, plus content de m'y retrouver sans désirs, que si j'étais revenu de la cour avec des millions qui n'éteindraient pas mes désirs, si j'en avais. Voilà, monsieur, la pure vérité. Je ne m'ennuie pas un moment parce que je ne suis pas oisif un moment.

Un autre sujet de mauvaise humeur constante chez le correspondant de Bouhier est la lenteur des imprimeurs. Il y revient sans cesse avec une fureur comique et il accuse les malheureux imprimeurs de tous les crimes : ce sont des gens sans foi, capables de tout : leurs ouvriers ne font que s'enivrer et ils ne font rien. Il n'y a presque pas de lettres où d'Olivet n'ait quelques nouveaux griefs à exprimer contre ses éditeurs, et le pauvre Coignard, qui imprimait le Cicéron, passe mal son temps. Ce qui achève d'exaspérer d'Olivet, ce sont les fautes d'impression qui se glissent partout et auxquelles il fait une chasse impitoyable. Il raconte entre autres une faute assez plaisante

---

1. Bibl. nat., Corr. litt. du président Bouhier, IX, f. fr. 24 417, f. 242.

qu'avec son flair de critique il eut la cruauté de dénicher immédiatement dans un livre dont on lui vantait la parfaite correction.

Je [1] fis de grands reproches à l'imprimeur sur son peu de correction. Il me soutint que ses ouvriers étaient les meilleurs de Paris, et me fit voir comme un chef-d'œuvre *les Grandes Heures* qu'il vient d'imprimer pour le diocèse. Le volume était ouvert à l'office d'hier, jour de l'Ascension.

Mes yeux tombèrent sur l'hymne *Jesu nostra redemptio*, et au commencement de la 3e strophe, je lus *Quæ te cepit dementia, Ut nostra ferres crimina?* Vous m'avouerez que *dementia* pour *clementia* est assez plaisant en cet endroit.

Après Cicéron, après les plaintes contre les imprimeurs, ce sont toujours les nouvelles académiques qui forment le fond des lettres de d'Olivet à son ami. On y suit de près tous les petits manèges, toutes les intrigues de la compagnie, les brigues pour les élections, les rivalités de confrère à confrère qui disparaissent lorsqu'il s'agit de défendre l'honneur du corps contre quelque pamphlétaire dont la verve s'amuse aux dépens des « quarante qui ont de l'esprit comme quatre ». Puis de temps à autre un léger croquis d'un « compagnon », comme le dit l'écrivain, dont il n'eût pas toujours été satisfait.

Le [2] président Hénault se porte et vit à l'ordinaire, c'est-à-dire jouant plus qu'il ne devrait, faisant du jour la nuit et s'endettant outre mesure....

Un autre jour, c'est Montesquieu, qui vient à l'Académie et n'y ouvre pas la bouche, silence que d'Olivet, grand parleur, dont l'éloquence n'était jamais à court, n'interprète pas avec bienveillance.

1. Bibl. nat., Corr. litt. du président Bouhier, f. fr. 24 417, f. 208.
2. *Ibid.*, IX, f. fr. 24 417, f. 242.

Le censeur volontaire revient aussi sans cesse sur la paresse des académiciens, qui ne font rien, et sur la peine qu'il a eue à faire aboutir une nouvelle édition du dictionnaire de l'usage où l'on fit de grands changements à l'orthographe : « Si je ne vous dis rien des travaux du docte corps, ce n'est pas que je vous cache quelque vérité, mais lorsqu'il n'y a rien à dire, il ne faut rien dire » ; et ailleurs : « Les lettres dorment profondément, tout Paris imite la docte compagnie ». A tout moment, le critique impitoyable revient sur ce sujet avec une verve intarissable, qui est fort amusante pour le lecteur désintéressé, mais qui devait être assez irritante pour ceux qu'elle taquinait sans cesse.

Paris, 13 février 1744.

.... Je [1] ne saurais vous dire jusqu'à quel point le docte corps est fainéant. Depuis que le dictionnaire est fini, et il y a beau temps, on s'est amusé à lire Vaugelas, Bouhours, Regnier, pour en venir, disait-on, à une grammaire, dont il ne s'est pas fait ni ne se fera une panse d'a. On a jugé qu'il valait mieux travailler à une rhétorique, et dans cette vue, on lit actuellement le Quintilien de l'abbé Gédoyn. Il en sera comme du reste, et je réponds sur ma vie que d'ici à dix bonnes années il n'y aura pas encore une ligne sur le papier. Oh! la digne postérité de ces hommes à qui les lettres françaises doivent tout!

Vous savez qu'un évêque de Troyes excommunia les mouches, et si bien qu'elles n'ont jamais osé reparaître dans la boucherie de Troyes. Je ne doute pas que M. de Dijon n'excommunie la goutte, et je vous en fais d'avance mes compliments. Au reste, les dispenses, les indulgences, vous voilà, Dieu merci, bien à votre aise [2]. Pour moi, privé de toutes ces charmantes ressources, je me lève pour l'ordinaire sans autre dessein que d'attendre au coin d'un poêle l'heure de me coucher. Je lis de bonnes choses, j'en fais de médiocres et ainsi j'arrive au bout de ma journée comme me voici au bout de ma page.

VALE.

---

1. Bibl. nat., Corresp. du président Bouhier, f. fr. 24 421, f. 149.
2. Le premier titulaire du siège épiscopal de Dijon, créé en 1744, fut en effet un propre frère du président Bouhier.

C'est ainsi que pendant de longues années l'abbé d'Olivet servit de correspondant à son ami Bouhier, avec une persévérance que rien ne vint ébranler. Car, sous sa rude enveloppe, d'Olivet avait un vif senti-ment de la fidélité due à une véritable amitié, une fois qu'elle est conclue entre deux esprits qui s'estiment et se comprennent. Il donna une marque éclatante de cette fidélité à toute épreuve envers ses amis dans ses rela-tions suivies avec Jean-Baptiste Rousseau, que rien, ni l'exil, ni le temps ne purent interrompre. Le trait lui fait trop d'honneur pour ne pas le raconter en quelques mots.

D'Olivet avait connu Rousseau lors de son arrivée à Paris au commencement du xviii° siècle. Le poète avait déjà alors une grande réputation dont il jouissait beau-coup, et un grand nombre d'ennemis que lui valait son esprit caustique. Le jeune littérateur se prit naturellement d'une vive admiration pour celui qui passait à ce moment pour un grand poète et qui était l'ami de tous les hommes distingués du temps. Lorsqu'en 1710 arriva la cata-strophe de la vie de J.-B. Rousseau, lorsqu'il fut solennel-lement banni du royaume comme convaincu d'être l'auteur de couplets infâmes, ce qu'il nia toujours, et jusqu'à son lit de mort, à cette heure où tous les amis de la fortune s'écartaient, d'Olivet lui resta inébranlablement fidèle, et se fit en quelque sorte son champion. Pendant plus de trente ans que l'illustré et infortuné poète passa à errer autour de son pays sans pouvoir y rentrer, le sec d'Olivet lui conserva un attachement obstiné, et s'employa tou-jours à faire révoquer son exil. On sait que lorsque le Régent fit offrir à Rousseau de rentrer, celui-ci refusa si on ne revisait pas l'arrêt du Parlement et resta hors de

France. En 1730, d'Olivet fit une démarche publique pour témoigner de ses sentiments envers son ami malheureux, qui se trouvait alors à Bruxelles, chez le prince d'Arenberg, un de ses protecteurs déclarés. Au retour, il publia plusieurs lettres adressées au président Bouhier qui sont un vrai plaidoyer en faveur de son ami. L'une de ces lettres renferme quelques détails curieux, qui paraîtront peut-être intéressants.

Vous [1] me demandez, monsieur, une ample relation de mon voyage. Pour ample, c'est ce qu'elle ne saurait être. Je vous la promets, au contraire, des plus courtes : et cependant il n'y aura rien d'omis.

Avant mon départ, je vous mandai que je me brouillais pour quelque temps avec mes livres, et que j'allais chercher à me distraire. J'en avais véritablement besoin. Un homme qui, tel que moi, n'est rien, et, Dieu merci, ne veut rien être dans le monde, doit précieusement conserver le goût de l'étude : que deviendrais-je, si je le perdais? On y trouve, vous le savez mieux que moi, des plaisirs doux, innocents, qui se varient à l'infini, qui dépendent toujours de nous, et qui ne nous rendent dépendants de personne. Mais le découragement est à craindre. J'en avais senti les approches, il y a deux mois, lorsqu'après un long travail, je compris que l'ouvrage dont je m'occupais ne pouvait jamais rien valoir. Je vous écrivis à la vérité que je lâchais prise, mais je n'ajoutai pas que la mauvaise humeur me gagnait. En pareil cas si l'on veut se disposer à envisager un autre sujet, à former un autre plan, il faut attendre que l'imagination se calme, et qu'elle prenne un nouveau tour. Voilà ce qui me détermina brusquement à voyager. Ces cinquante jours que j'ai été hors de Paris, j'en ai fait deux parts, dont j'ai constamment passé *l'une à dormir et l'autre à ne rien faire.*

Je n'aurais pas autre chose à vous raconter si Bruxelles ne me fournissait un article intéressant. A une lieue de cette ville, la voiture publique où je tenais gravement mon coin fut abordée par un carrosse bourgeois, où était un homme seul,

1. *Recueil d'opuscules littéraires*, Amsterdam, 1767, p. 95.

qui me demanda. Aussitôt de part et d'autre nous descendîmes; et il m'embrassa, mais avec une ardeur que je rendais mal, ne sachant qui c'était. « Vous ne vous remettez pas, me dit-il, le pauvre Rousseau! » A ce mot jugez s'il fut embrassé à son tour. Une prairie bordait le chemin : nous y passâmes; et là pendant une demi-heure de promenade, nous donnâmes l'essor à nos sentiments réciproques. Après quoi nous nous rendîmes chez M. le duc d'Arenberg, qu'il avait prévenu sur mon arrivée. Je trouvai chez ce seigneur, dont le grand nom et le mérite personnel vous sont connus, la plus haute noblesse du pays, hommes et femmes. J'y soupai : et mes yeux, mes oreilles ne tardèrent pas à démentir tout ce qui se débite ici sur le compte de M. Rousseau, dont je reprendrai l'histoire dans un moment.

Pour vous dire ceci en passant, je fus mené le lendemain à la comédie par M. le comte de la Marck, qui m'assura que l'archiduchesse était une chose à voir. Je la vis en effet, tellement caparaçonnée de perles et de pierreries que je n'avais de ma vie rien vu de semblable, excepté Notre-Dame de Lorette. Un spectacle aussi nouveau pour moi, ce fut de voir deux jésuites dans la loge voisine; on m'apprit que c'étaient le confesseur et l'aumônier de la princesse, deux bons Allemands qui ne savent pas un mot de français, et que l'étiquette oblige d'être partout où madame la gouvernante se montre en public.

On jouait l'*Avocat Pathelin*, la plus ancienne de nos farces, mais qui ne vieillit point. Pendant toute la pièce, un de ces jésuites, avec de grandes lunettes sur le nez, une bougie à côté de lui, récita tranquillement son bréviaire, et l'autre dormait comme s'il avait été au sermon. Voyez, je vous prie, ce que peut faire une distance si petite, puisqu'elle n'est que de soixante lieues. Voir ici deux jésuites à une première loge de la comédie ou de l'opéra, quel étonnement! quelles clameurs! Personne à Bruxelles ne s'avise d'en sourciller.

D'Olivet ne gagna pas son procès, Rousseau resta en exil et dut se contenter de passer quelques mois à Paris *incognito*, sous un nom emprunté, avant de mourir dans l'isolement et la tristesse à Bruxelles en 1742. Jusqu'à la fin il protesta de son innocence, et l'on dit qu'un autre littérateur inconnu avoua en mourant avoir composé les

7

fameux couplets qui avaient valu à Rousseau trente
années d'exil. Mais la chose n'a pas été prouvée, et l'histoire du procès de Rousseau reste un de ces mystères
historiques qui ne seront jamais éclaircis.

Les lettres de d'Olivet à Bouhier sont donc, le lecteur
a pu en juger, d'un véritable intérêt pour l'histoire littéraire pendant la première moitié du xviiie siècle. Par la
verve un peu âpre et la netteté mordante du style, elles
sont bien du temps où la langue commence à se des-
sécher, à gagner en précision et en clarté ce qu'elle perd
en force et en grandeur. Voltaire va lui donner son plus
haut point de netteté et de vivacité. Mais l'œuvre est
commencée, et le grammairien d'Olivet, avec ses scrupules
incessants, son horreur des néologismes, du mot impropre,
des tournures vagues, lui a bien préparé la voie.

Le président Bouhier, lui, n'avait rien du grammairien
méticuleux, et s'il aime à recevoir des lettres de son
ami d'Olivet, il est loin de se laisser claquemurer dans sa
solitude de censeur rébarbatif. Lorsqu'il va à Paris, il
hante fort la cellule littéraire de d'Olivet, mais le salon de
la marquise de Lambert, le salon bel esprit par excellence,
dont celui-ci ne parle qu'avec horreur, ne le voit pas
moins souvent. S'il est heureux de recevoir les lettres du
puriste d'Olivet, il ne prend pas moins de plaisir à lire
celles de son compatriote Le Blanc, un de ces beaux esprits
de salon et de café, comme il y en avait tant alors. Sa
correspondance avec Bouhier va nous faire voir tout un
autre côté de la société littéraire de cette époque, non plus
de haut pour ainsi dire, mais par le travers, sinon par en
bas.

CHAPITRE III

UN CANDIDAT MALHEUREUX A L'ACADÉMIE FRANÇAISE.
LE BLANC ET SES LETTRES.

Vivre toute l'année dans sa province, y tenir le premier rang, faire à Paris de fréquentes mais courtes apparitions pour aller à l'Académie française et ne pas se laisser oublier dans la belle société, c'était fort bien, mais ce n'en était pas moins rester hors de la capitale, qui commençait déjà à tout absorber. C'était surtout risquer de devenir provincial, quoi qu'on fît et malgré tout. Or devenir provincial dans le mauvais sens du mot, c'était alors, plus encore qu'aujourd'hui, où la rapidité des communications supprime presque les distances, devenir gauche, pédant, ignorant de la dernière anecdote littéraire, ou mondaine, ne comprenant pas l'allusion du moment qui doit être saisie au vol et ne peut s'expliquer. C'est là justement ce que le président Bouhier ne se résigna jamais à être et craignait par-dessus tout de devenir. Pour éviter l'écueil et rester parisien à Dijon, il n'y avait qu'un moyen : avoir à Paris des correspondants attitrés dans toutes les sociétés, et ainsi être tenu au courant

presque jour par jour de tout ce qui s'y passait, avoir en
un mot son bureau de renseignements particuliers. Pour
cela, il fallait s'astreindre à écrire de son côté un nombre
considérable de lettres, et faire au commerce épistolaire
une part réglée et fort grande dans ses labeurs réguliers.
C'était, à une époque où la presse quotidienne n'existait
pas encore, le seul moyen d'y suppléer. Bouhier qui, à
la persévérance dans le travail le plus ardu d'un véritable
érudit, joignait toutes les curiosités d'un homme du
monde du xviiiᵉ siècle, se soumit de bonne grâce à cette
nécessité. Son courrier devint une des occupations régulières, primordiales de sa journée, et, tantôt de sa main,
malgré des attaques de goutte incessantes sur les doigts,
tantôt à l'aide d'un secrétaire, il tint pendant plus de trente
ans tête à une immense correspondance, conservée avec
soin, classée, annotée et rangée dans le plus grand ordre.

Il venait des lettres de toute l'Europe, comme nous
l'avons dit, mais celles qu'on adressait de Paris à Bouhier
sont de beaucoup les plus nombreuses, et sont aussi celles
qui offrent, par leur régularité même, le plus d'intérêt.
Elles forment, en effet, comme une sorte de chronique
journalière et intime des mille événements du jour, des
mille incidents de la cour et de la ville, mais surtout des
événements littéraires. Il y a là une source précieuse de
renseignements sur la littérature et les gens de lettres,
sur les livres nouveaux et même sur les idées dont on
pourrait tirer grand parti pour l'histoire morale du
xviiiᵉ siècle. Le Président tient à tout savoir, et comme il
est un grand personnage dans sa province, qu'il a partout ses grandes et ses petites entrées à Paris, qu'il est
un des quarante de cette illustre académie où semble
s'être concentrée toute l'activité intellectuelle du pays,

il n'a pas de peine à trouver des gens bien au courant,
fort aises de lui faire leur cour en adressant à l'hôtel de
la rue Saint-Fiacre leurs gazettes plus ou moins bien
tournées, mais toujours bien accueillies. Comme il serait
très long, et peut-être assez monotone d'essayer de faire
une analyse complète de cette volumineuse collection,
nous allons choisir une correspondance et l'étudier spé-
cialement avant de donner quelques échantillons de celles
que nous laissons de côté pour le moment. Il faut cependant dire tout de suite que nous croyons devoir réserver
pour une étude à part les lettres de Mathieu Marais à
Bouhier et de Bouhier à Mathieu Marais, qui, par leur
nombre et les renseignements qu'elles contiennent, ont
une véritable importance historique.

Prenons, par exemple, parmi ces correspondances
secondaires, les nombreuses missives d'un littérateur de
second ou même de troisième ordre, qui eut alors une certaine situation à Paris, fort inférieure il est vrai, mais qui
le mettait à même de bien voir, l'abbé Le Blanc. Son nom
même a si complètement disparu, qu'avant de le laisser
parler, il est nécessaire, au risque de nous répéter, de
le présenter en forme à ceux qui liraient ces lignes et
qui probablement l'entendent nommer pour la première
fois. La figure, du reste, est bien caractéristique de
l'époque; elle est assez amusante à connaître et est
devenue originale, tant elle diffère de toutes celles que
l'on peut voir aujourd'hui.

Voici en quelques mots ce qu'était l'abbé Le Blanc; ces
courtes explications sont nécessaires pour mettre sa correspondance dans son vrai jour. Il faut mettre le lecteur
au fait, et bien lui apprendre à qui il a affaire.

Jean-Bernard Le Blanc était un compatriote de Bouhier

et un camarade d'enfance de Buffon. Fils d'un commis au greffe du Parlement qui avait fini par être concierge ou plutôt geôlier de la prison de Dijon, Le Blanc était né en 1707, et avait reçu une excellente éducation au collège des jésuites de la ville. Il avait connu là le jeune Le Clerc qui allait devenir si célèbre sous le nom de Buffon, et il s'était lié avec lui d'une affection qui ne se démentit jamais ni de part ni d'autre. Élève brillant et passionné pour les lettres, Le Blanc, fort protégé par ses maîtres, et surtout par le P. Oudin, le type du jésuite lettré et aimable, fut présenté par lui au président Bouhier, qui s'intéressa vivement à ce jeune homme, dont la modeste origine ne rendait la situation que plus intéressante. Aussitôt ses études finies, Le Blanc s'en fut à Paris chercher fortune, et bien, suivant toute apparence, qu'*il ne fût nullement prêtre*, se fit appeler l'abbé Le Blanc, parce qu'il avait reçu l'introduction aux ordres, ce qui lui donnait le droit de porter le petit collet, et d'être revêtu d'un bénéfice dont il aurait la commende, comme on en donnait alors si souvent aux gens de lettres pauvres à la place d'une pension [1]. Le titre, du reste, lui convenait en lui rendant plus facile l'accès du grand monde. Une fois arrivé à Paris, Le Blanc, qui était jeune, aimable, grand causeur, bien élevé, et fort décent de mœurs dans une

---

1. Nous n'avons pu découvrir d'une façon absolument certaine si Le Blanc avait ou non reçu les ordres sacrés. Un fait permet cependant, croyons-nous, d'affirmer qu'il fut simplement tonsuré. En 1734, il fit représenter à la Comédie-Française, une tragédie dont il s'avouait publiquement l'auteur : cela seul eût suffi, s'il eût été prêtre, à lui attirer selon la coutume de l'ancienne Église de France, les censures ecclésiastiques. L'abbé Pellegrin, qui était prêtre, avait été interdit publiquement en 1710 par le cardinal de Noailles pour avoir composé un livret d'opéra. Rien de pareil n'arriva à Le Blanc, qui sollicite même peu après, sans le moindre embarras, une attestation de bonne vie et mœurs de l'évêque de Dijon, frère du président Bouhier.

société qui n'était pas difficile, n'eut pas de peine à se
glisser un peu partout, et à se faire admettre dans la meilleure compagnie. Le marquis de Nocé, l'un des plus spirituels amis du Régent, le roué le plus bizarre de cette
petite cour du Palais-Royal qui donna le ton un moment,
un homme « tout pétri d'esprit », comme dit Saint-Simon,
le prit chez lui uniquement pour avoir le plaisir de sa
conversation.

Avant d'entrer ainsi chez le marquis de Nocé, Le
Blanc servit un moment de secrétaire au poète La Motte
et lui corrigea ses épreuves [1]. La Motte, dont on connaît
la cécité, fit entrer son correcteur à la petite cour de
Sceaux. Le Blanc fut ainsi introduit dans le salon de la
duchesse du Maine, qui eut aussi recours à sa plume et se
servit de lui comme d'un secrétaire. Il fut admis à lire ses
petits vers dans le cénacle de la Bergère de Sceaux, dont
il publia même plus tard un petit volume de lettres jointes
à des poésies de La Motte. Puis la comtesse de Verrue,
cette bibliophile émérite dont les livres sont aujourd'hui
si fort recherchés, admit également chez elle le nouveau
venu, qui dans sa conversation avait toute la verve et le
sel du terroir bourguignon. L'esprit et le don de conversation servait alors partout de passeport et ouvrait toutes
les portes. Le salon littéraire par excellence, qui n'était
pas encore dispersé lorsqu'il débarqua à Paris, ne pouvait
pas tarder à le recevoir aussi, et l'abbé Le Blanc trouva
vite moyen de se faire présenter à Mme de Lambert, et
ainsi il entra dans le monde académique et dans le grand
monde, celui des ambassadeurs, des ministres, des ducs
et pairs, qu'on abordait facilement lorsqu'on savait payer

1. *Le Président de Brosses*, par M. Foisset, p. 528.

son écot en menue monnaie de causerie, d'anecdotes et de médisances. Puis le duc de Kingstown l'eut comme hôte habituel pendant un long séjour qu'il fit à Paris.

Le duc de Kingstown était un jeune seigneur anglais, demi-frère du célèbre écrivain Lady Montague que les Anglais se plaisent à opposer à Mme de Sévigné. Il avait passé quelque temps à Dijon sous la garde d'un précepteur nommé Hickman, naturaliste assez connu, pour y achever son éducation. Reçu chez le président Bouhier, il s'y était intimement lié avec Buffon, encore très jeune, et, par lui, avait connu Le Blanc. Lorsqu'il quitta Dijon après avoir appris les belles manières d'autrefois à l'hôtel de la rue Saint-Fiacre, Kingstown fit en compagnie de Buffon un voyage en Italie. Ce fut même ce voyage qui décida de la vocation du futur auteur de l'*Histoire naturelle*. Hickman, qui suivait toujours son élève, communiqua à celui qui les accompagnait son ardent amour pour l'étude de la nature, et aussi, chose bizarre pour le temps, son amour pour le tabac. Buffon sentit, sous les chaudes exhortations de l'enthousiaste Allemand, s'éveiller en lui cette curiosité pour la nature qui devait le mener jusqu'au génie, et c'est ainsi qu'en fumant de grosses pipes à l'allemande, en se promenant au milieu des ruines romaines, sans en saisir la mélancolique grandeur, celui qui devait écrire plus tard le fameux discours sur le style, le correct et sage Buffon, résolut de se livrer tout entier à l'étude de la nature. Lorsque le voyage en Italie fut fini, les voyageurs s'en furent à Paris, où Le Blanc les avait précédés depuis quelque temps, Buffon pour y travailler, et son ami Kingstown pour y faire tout autre chose. Lorsqu'il dut quitter en hâte la France à la suite d'une aventure scandaleuse qui fit alors grand bruit, et que ses amis

Bouhier et Buffon essayèrent en vain d'étouffer, le jeune duc invita Le Blanc à venir le retrouver en Angleterre. Celui-ci, qui n'était pas plus délicat que son temps, et qui, il faut le répéter, n'avait d'ecclésiastique que le titre, et n'avait reçu ni ne songeait à recevoir les ordres sacrés, profita de l'occasion pour aller passer dix-huit mois de l'autre côté de la Manche, et en rapporta les matériaux d'un ouvrage qu'il publia plus tard sur les Anglais, et qui est encore son meilleur titre au souvenir. Le Blanc, en effet, malgré son goût pour le monde, resta docile aux exhortations de Buffon, qui, lui aussi, devait aller passer quelques mois chez le duc de Kingstown, poursuivit, sans jamais y renoncer, le rêve qu'avaient fait naître en lui ses succès de collège et les compliments de ses maîtres : la réputation littéraire et un fauteuil à l'Académie française. Il travaillait, faisait des vers, et réussit même à faire jouer une tragédie en cinq actes et en vers, intitulée *Aben-Saïd*, au Théâtre-Français, qui obtint un grand succès, et eut treize représentations consécutives, ce qui était pour le temps un gros chiffre et équivalait presque à la gloire. Il fit ensuite paraître trois volumes sur les Anglais dont nous venons de parler, qui parurent alors nouveaux et pleins d'idées originales. Les *Lettres* [1] *d'un Français sur les Anglais* eurent, en effet, cinq éditions, et furent traduites en anglais et en italien. Le marquis d'Argenson, qui n'est pas indulgent, en parle avec éloges. Le Blanc arriva ainsi à se créer une sorte de réputation, très secondaire, il est vrai, mais réelle. Il eut même les honneurs de l'épigramme, et Piron, bien que son compatriote, lui décocha un de ses plus mali-

---

1. *Lettres d'un Français sur les Anglais*, Londres (Paris), 1745, 3 vol., in-12.

cieux quatrains. Le célèbre pastelliste Latour ayant fait
le portrait de Le Blanc, le malin auteur de la *Métro-*
manie fit courir aussitôt les vers suivants :

> Latour va trop loin, ce me semble,
> Quand il nous peint l'abbé Le Blanc :
> N'est-ce pas assez qu'il ressemble.
> Faut-il encore qu'il soit parlant?

Rien n'y fit cependant, et l'Académie lui ferma obstinément ses portes : il eut beau y frapper trente ans
durant, jamais il ne put réussir à en franchir le seuil, et
ce paradis lui resta toujours fermé. Chose bizarre, sa qualité de fils de geôlier de prison, qui ne l'avait pas empêché
de se faire recevoir dans la meilleure société, l'empêcha
d'arriver à rien et se dressa partout devant lui : l'Académie,
qui ne s'est jamais fait faute de recevoir des médiocrités
dans son sein, ne voulut jamais laisser s'asseoir sur ses
bancs le fils d'un concierge de geôle. Un moment le
pauvre abbé crut être nommé précepteur d'un prince de
la maison de Condé, ce qui eût achevé de le placer dans
le monde. Mais, de nouveau, son origine fut un obstacle
insurmontable. Partout et toujours, cette extraction lui
ferma toutes les portes. Le Blanc dut sur le tard se contenter d'une place d'historiographe de la maison du roi,
obtenue à grand'peine, grâce à la faveur de Mme de Pom-
padour, dont il se fit le très humble serviteur, si bien
qu'il fut choisi pour accompagner M. de Marigny, frère
de la marquise, dans son voyage d'Italie. Il eut l'honneur,
si c'en était un, d'être associé à l'architecte Soufflot et à
Nicolas Cochin, le célèbre dessinateur, lorsque tous deux
eurent reçu la mission de former le goût du nouveau
surintendant des bâtiments du Roi, en le promenant sur
la terre classique des monuments et des arts. C'était une

distinction d'autant plus flatteuse que Cochin dit en parlant de lui dans son curieux récit de voyage qu'il fut
choisi « comme ayant plus de connaissance dans les arts
que n'en ont communément les gens de lettres » [1]; ce fut du
reste la seule faveur qu'il reçut jamais de la fortune. Partout ailleurs le pauvre Le Blanc n'eut jamais que des
échecs. Ce n'était cependant pas un homme sans esprit,
comme ses lettres vont le faire voir.

On comprend sans peine en effet que l'abbé Le Blanc
n'eût garde de négliger un protecteur aussi puissant que le
président Bouhier, et que, sachant son faible pour les nouvelles de Paris, il se fit un devoir de conserver ses bonnes
grâces en lui écrivant tout ce qu'il venait à apprendre.
De son côté Bouhier, qui connaissait bien son compatriote
et qui savait qu'il avait bon œil et bonne langue, était
loin de mépriser ce commerce épistolaire, qui lui apprenait bien des choses. Il était, du reste, fort aise d'avoir
à Paris, dans les salons comme dans les cafés, non
seulement un observateur éveillé, mais un admirateur
dévoué, un défenseur à toute épreuve, dont l'intarissable
éloquence était fort utile à sa réputation.

Maintenant que le lecteur sait qui était l'abbé Le Blanc,
petit personnage littéraire de troisième ordre, très fier de
l'amitié et de la protection de Bouhier et de Buffon, qui
ne lui firent jamais défaut, candidat perpétuel à l'Académie, sollicitant sans cesse une place sans l'obtenir, poète
sans talent et assez mauvaise langue, il faut le laisser
parler lui-même.

La première de ses lettres au président est datée de
1728, au moment où Le Blanc, à peine âgé de vingt et un

1. *Voyage d'Italie*, par Nicolas Cochin ; Paris, 1758; p. 2.

ans, venait de débarquer à Paris plus riche d'espérance
que d'écus. Il parle à Bouhiér de la mort d'un autre Bourguignon connu alors, le vieux La Monnoye, à la fois
poète satirique, critique et érudit; c'était un des survivants de l'âge précédent, l'auteur des Noëls bourguignons
qui avaient fait tant de bruit, et à qui l'on avait dû la
découverte d'une branche de littérature dont le développement a été si grand : celle des poésies en langue
populaire, en patois.

Quelque [1] triste qu'eût été pour moi l'emploi de vous apprendre
la mort de M. de la Monnoye, votre illustre confrère et votre
intime ami, je me serais cependant cru obligé de vous en donner
avis, si M. son fils ne l'eût fait lui-même par la poste de lundi
dernier. Personne ne sent mieux que vous, monsieur, la perte
que nous faisons en lui, parce que personne ne l'a mieux connu
que vous, personne n'en a été plus estimé et plus aimé que
vous. J'ai été témoin, monsieur, de ses sentiments pour vous,
et je puis dire qu'il les a conservés jusqu'à la mort. Il n'y a
guère plus de trois semaines que j'eus avec lui un entretien
pendant lequel il ne parla que de vous, et n'en parla que les
larmes aux yeux. C'était son cœur qui s'ouvrait, qui s'épanchait
dans ses discours. Il prodiguait pour vous tout ce que l'estime
a de plus obligeant et tout ce que l'amitié a de plus tendre, et
finit par ces paroles qu'il m'adressa : « Que vous êtes heureux d'avoir le bonheur d'en être connu et d'être encore jeune! »
Voilà, monsieur, le principal sujet qui m'engage à vous écrire,
quelque persuadé que vous fussiez de ses dispositions à votre
égard ; j'ai cru devoir vous apprendre qu'il les avait conservées
jusqu'au tombeau. Et j'ai regardé ses dernières paroles comme
une espèce de recommandation pour moi, etc.

J'ai, etc.

De Paris, le 22 octobre 1728.

Une fois la conversation engagée, et recevant du président d'aimables réponses, Le Blanc taille sa plus belle

1. Bibl. nat., Corr. litt. du président Bouhier, IV, f. fr., 24 412, f. 385.

plume pour écrire à son illustre ami, et même il enfourche
parfois Pégase, en mêlant des vers, fort mauvais du
reste, à sa prose, ce qui fait une étrange bigarrure.

La [1] crainte que j'ai d'abuser de vos précieux moments ne
doit pas m'empêcher de vous donner quelquefois des preuves
de mon zèle, puisque vous avez eu la bonté de me témoigner
que vous n'y étiez pas insensible. Mais que vous dirai-je?

> Le zèle, le respect et la reconnaissance
> Se sont emparés de mon cœur,
> Le zèle en vain m'inspire de l'ardeur,
> Le respect m'impose silence;
> Mon cœur a beau s'en alarmer,
> Je sais de moi ce qu'il demande :
> Mais ma reconnaissance est si vive, si grande,
> Que lui-même la sent sans pouvoir l'exprimer.

Ce n'est pas d'aujourd'hui qu'il est exposé à un semblable
combat, toutes les fois que j'ai eu l'honneur de vous écrire, il a
soutenu de pareils assauts.

> Bien plus, dans ce même moment
> J'ignore encor ce que je dois vous dire,
> Et ne sens bien précisément
> Que le besoin de vous écrire.

Peu après, Le Blanc risqua un volume de poésies qui
n'eut aucun succès; l'échantillon de ses vers que nous
venons de citer explique suffisamment cet échec. La façon
dont il tourne l'envoi de son petit livre à Bouhier est
assez plaisante; il maniait évidemment mieux la prose que
les vers.

Je [2] me trouve fort heureux de pouvoir accompagner les sou-
haits de santé et de prospérité que je vous fais pour l'année
où nous allons entrer, d'un présent qui, bien que d'un prix
médiocre, ne vous sera peut-être pas indifférent : c'est le
recueil de mes *Élégies* que je viens de faire imprimer. Je ne

---

1. Bibl. nat., Corr. litt. du président Bouhier, IV, f. fr. 24 412, f. 387.
2. *Ibid.*, f. 393.

sais pas trop encore qui est-ce qui vous le remettra, mais quoi
qu'il en soit, vous y trouverez un assez long discours sur ce
genre de poésie où je crains fort que vous ne soyez pas toujours de mon sentiment.

Pour ce qui est des vers, en vérité, j'ai été trop modeste de
dire que le présent n'est pas considérable; il l'est plus que
vous ne le croyez et que je ne l'ose dire, c'est un ouvrage que
vous devez conserver très précieusement, et dont, en temps et
lieu, vous reconnaîtrez l'utilité. Figurez-vous que, quelque
insomnie que la goutte, par exemple, puisse vous causer, il n'y
en a point que la lecture d'une seule Élégie ne chasse, et que la
lecture de deux aurait plutôt fait fermer les cent yeux d'Argus
que tous les contes bleus que Mercure lui débitait.

C'est donc un Opium spirituel, et dont vous pourrez prendre
telle dose que bon vous semblera, sans courir les risques où la
quantité de l'autre peut exposer.

Je puis vous assurer, monsieur, qu'en ce pays-ci tout le
monde se loue de la vertu du remède, et je crains fort que
cela ne me fasse des affaires avec les apothicaires. Voilà ce
qu'on appelle rendre de véritables services au public; il y a
assez de gens qui font des livres qu'on ne peut quitter dès qu'on
en a commencé la lecture et pour lesquels on passe des nuits
entières à altérer son repos. Le nouveau *Brutus* de M. de Voltaire n'est pourtant pas de ce nombre-là, et malgré les beaux
vers, il pourra bien tomber des mains de la plupart des lecteurs,
faute d'intérêt.

Après avoir cherché quelque temps à se faire une
situation qui lui donnât de quoi vivre, Le Blanc finit,
comme nous venons de le dire, par accepter l'hospitalité
de M. de Nocé, l'un des plus fameux roués du Régent,
qui continuait à défrayer la ville par ses excentricités.
C'était se mettre dans la dépendance d'un étrange personnage, et le pauvre littérateur en détresse en avait bien le
sentiment.

Je [1] n'ai aucune qualité chez M. de Nocé que celle de son
ami, et c'est ce qui fait pour moi le charme de la place que j'y

1. Bibl. nat., Corr. litt. du président Bouhier, IV, f. fr. 24 412, f. 397.

.occupe; par affection pour moi, il a bien voulu m'offrir avec sa
table un appartement chez lui, et moi, par reconnaissance pour
lui, j'ai bien voulu les recevoir. C'est un homme de beaucoup
d'esprit, qui a de la facilité, de la pénétration, de la sagacité, et
par dessus tout, le dangereux art de dire des bons mots. D'ailleurs, l'homme de la probité la plus exacte et le meilleur cœur
qui soit au monde. En un mot, ami intime du Régent et compagnon de ses plaisirs, il n'approuva jamais les injustices, les
exactions, les friponneries, le brigandage et, pour tout dire,
tout ce qui s'est pratiqué sous la Régence; il les blâma publiquement et, malgré l'amitié que ce Prince avait pour lui, il
paya à la fin par son exil le funeste droit qu'il s'était réservé
de dire toujours librement sa pensée. Le duc de Brancas, ci-
devant anachorète du Bec, à mon avis l'a peint à merveille par
ces deux mots : l'esprit rude et les mœurs douces. Je ne vous
en ai parlé que parce que je me suis imaginé que vous ne le
connaissiez pas et qu'il mérite d'être connu. C'est un homme
singulier.

On joua hier pour la première fois aux Comédiens français
le Glorieux, comédie en vers et en cinq actes de M. Des Touches,
votre confrère, pièce qui eut grand succès. Je la trouve bien
écrite, pleine de jolis détails, mais nullement comique, et, de
plus, les mœurs n'y sont pas bien observées. Je trouve le Glorieux un malhonnête homme, et néanmoins, le Glorieux
triomphe. On ne laisse pas de lui promettre le succès du *Philosophe marié*; et moi je suis persuadé que cette pièce-ci n'en
mérite pas un semblable, et je ne crois pas qu'elle l'ait.

L'association bizarre d'un grand seigneur homme d'esprit et mauvais sujet, qui voulait avoir dans sa maison un
homme de lettres comme autrefois un baron féodal avait
un troubadour dans son donjon, et d'un littérateur besogneux ne pouvait durer, et ne dura en effet que quelques
mois. Si nous en croyons les lettres de Le Blanc, ces
quelques mois ne furent pas très paisibles. Au bout de
peu de temps, Nocé, qui était criblé de dettes, et avait
chaque jour une idée nouvelle en tête, voulut se retirer
à l'hotel des Gentilshommes, sorte de maison de retraite

pour les nobles pauvres ou ruinés. Il ne resta que quinze
jours dans cet asile, mais Le Blanc se le tint pour dit,
se décida à le quitter, et prit assez philosophiquement son
parti de cette première disgrâce. Il s'en consola en faisant
de mauvais vers.

.... Il [1] n'est pas vrai que M. de Nocé aille se retirer à l'hôtel
des gentilshommes, et la raison c'est, quoique cela fût vrai
selon toutes les apparences quand on vous l'a mandé, cela ne
l'était plus quand vous m'en avez parlé. Il en était déjà sorti,
et n'y a demeuré que trois semaines; pendant ce temps-là,
j'occupais seul sa maison, attendu que je suis trop galant
homme pour le suivre dans toutes ses folies. Personne au
monde n'a plus d'esprit que lui, mais personne aussi n'a moins
de raison; c'est le plus inconséquent, c'est le plus inconstant
de tous les hommes : *aujourd'hui dans un casque et demain dans
un froc.*

Devinez combien il a demeuré à ce bel hôtel des gentilshommes? — Douze jours. — Devinez combien il lui en a coûté
pour y passer ces douze jours? — Douze mille francs. Voilà
l'homme. Il n'y a que les projets qui l'amusent, les plus coûteux
sont ceux qui lui rient le plus. Voilà ce que c'est qu'un courtisan désœuvré, n'ayant plus de cour à faire ni à recevoir,
ayant contracté la maudite habitude de ne rien faire; ces gens-là
sèchent, meurent sur leurs pieds. Il n'est pas le seul que je
connaisse de cette espèce. Que les hommes sont fous! Que les
hommes sont méprisables! Qu'il y en a bien peu de grands
pour qui les voit en robe de chambre et en bonnet de nuit!
.... Cette folie est passée de la tête de M. de Nocé, mais mon
sort n'en est pas plus heureux, puisque nous nous séparons
toujours au mois de mars prochain. Il va demeurer à Montpellier. Ses affaires sont tellement dérangées qu'il ne sait plus où
donner de la tête. Qu'y faire? c'est un fou. Il ne sera pas à
Montpellier qu'il y mourra d'ennui.

Le pauvre Le Blanc n'était pas au bout de ses démêlés
avec son fantasque protecteur. Il raconte ses infortunes

---

1. Bibl. nat., Corr. litt. du président Bouhier, IV, f. fr. 24 412, f. 427.

au président avec une confiance qui honore celui-ci et montre qu'il ne ressemblait pas à cet autre membre de la famille Bouhier, le président de Versailleux, dont l'impertinence blessa au cœur l'homme de lettres besogneux, mais fier de sa profession.

C'est [1] le mois prochain sans plus tarder qu'il (M. de Nocé) part pour Montpellier. M. le président Berthier a envie de sa maison, et la va louer, à ce que je crois. M. le président de Versailleux l'est venu voir avec lui. Je me fis une fête de la lui montrer et je crus qu'en lui parlant de la bienveillance dont vous m'honorez, c'en serait assez pour me faire remarquer de lui, mais apparement qu'il ne put comprendre qu'un homme qui est logé chez un autre puisse être autre chose qu'un domestique. J'en fus pour toutes mes civilités, il ne me remercia pas plus que les valets de chambre qui lui ouvraient les appartements. Vous avez bien raison, ce n'est pas ici le temps où les Muses étaient en honneur. Cependant je les cultiverai toujours; elles ont pour moi plus de charme que la fortune même.

> Oui, chastes filles d'Apollon,
> Je veux vous consacrer ma vie;
> Qu'elle soit du sort poursuivie,
> Pourvu que j'acquière un beau nom.

J'y travaille, monsieur, et de mon mieux; mais à propos de tragédie, l'*Adélaïde* de Voltaire fut cruellement sifflée à la représentation. Il l'a corrigée depuis, mais elle n'aura pas de succès, elle sera toujours une pièce avec de grandes beautés, mal écrite, mal conduite, sans intérêt, sans caractères, sans mœurs. Il a pourtant pensé mourir à force de travailler à la raccommoder. Il a fallu refaire les trois derniers actes. Ses amis lui disaient aussi de rechanger les deux premiers. C'était précisément le cas de cet homme qui portait un couteau chez un coutelier pour y faire mettre un meilleur manche. « Mais, monsieur, lui dit le coutelier, la lame ne vaut rien. — Hé bien, mettez-y aussi une lame. — C'est-à-dire, répondit l'ouvrier, qu'il vous faut un couteau neuf. »

1. Bibl. nat., Corr. litt. du président Bouhier, IV, f: fr. 24 412, f. 430.

8

Quelques semaines après, Le Blanc annonçait ainsi à Bouhier sa sortie de l'hôtel de Nocé, où il n'avait pas été heureux.

.... Je [1] ne suis plus chez M. de Nocé. Il est aussi par trop *Matto*. Mais il est bon de vous conter cela; c'est une nouvelle au moins aussi réjouissante qu'aucune autre que l'on puisse vous mander de ce pays-ci. Il y a un mois que sa maison est affichée à tous les carrefours de Paris.

Il m'avait averti d'en sortir le 15 du présent, à cause de l'inventaire de ses meubles qui devait s'y faire après son départ. Tant que j'ai pu, je lui en ai fait sentir l'extravagance, moi, tous ses amis, ses domestiques, tous ceux qui l'approchent de près ou de loin, mais il n'est pas homme à se rendre à la raison. M. de Nocé, mercredi dernier, avec quinze hommes et quinze chevaux, partit enfin pour Montpellier, et le vendredi il est revenu. Devinez jusqu'où il a été;... jusqu'à Essonnes, jusqu'à six lieues de Paris, et, semblable à ce badaud de Paris qui avait été jusqu'à Etampes et qui parlait beaucoup de l'avantage des voyages, M. de Nocé, qui a été jusqu'à Essonnes, jure à présent de ne faire plus de voyage de sa vie. Figurez-vous que cette équipée seule lui coûte plus de mille écus de faux frais, que la vente de ses meubles était affichée déjà à tous les coins des rues. Pour le coup, c'en est trop. Tout Paris aussi en va à la moutarde [2], on le montre au doigt. Ce n'est plus là un homme, c'est un hébété, c'est un fou des petites maisons. Aussi après ce qu'il m'a fait, mon parti est-il pris, et pour rien au monde, je ne retournerais demeurer avec lui.

Brouillé avec son premier protecteur, Le Blanc dut chercher à se tirer d'affaire tout seul. Mais, alors comme aujourd'hui, la fortune et la réputation étaient difficiles à saisir. Le poète malheureux passe son temps à courir après l'une et l'autre sans jamais pouvoir les atteindre.

---

1. Bibl. nat., Corr. litt. du président Bouhier, IV, f. fr. 24442, f. 432.
2. L'affaire est entièrement ébruitée et chacun en parle. Littré, au mot *moutarde*, donne plusieurs exemples de cette locution.

Pour en finir avec ce qui le regarde personnellement
dans ses lettres à Bouhier, c'est-à-dire ce qui peut être
curieux comme peignant les mœurs et l'état des esprits,
citons tout de suite deux lettres bien postérieures. L'une,
écrite sans doute après le refus d'une faveur, est d'une
amertume concentrée qui a comme un avant-goût de
l'amertume révolutionnaire. On y sent bouillonner cette
animosité sourde contre la société et ses cadres établis qui
couve silencieusement pendant tout le xviiᵉ siècle et le
xviiiᵉ pour éclater en éruption violente en 1789. La
Bruyère laisse souvent ainsi échapper, malgré sa prudente réserve, des phrases d'une âpreté extrême auxquelles
le talent de l'écrivain donne quelque chose de saisissant.
La lettre du pauvre Le Blanc n'a ni ce talent ni cette verve,
mais elle est significative, venant, comme il s'appelle lui-
même quelque part, d'un abbé poudré, bien reçu dans le
grand monde, et qui, à première vue, a l'air de se trouver
à merveille de l'état des choses, si seulement il pouvait
attraper un petit bénéfice.

Monsieur,

Je [1] vous remercie d'avance de l'honneur que vous voulez bien
me faire en m'envoyant votre portrait. Je suis extrêmement
flatté de ce que vous daignez m'accorder ce gage de votre
estime; c'en est pour moi la marque la plus précieuse. Je n'ai
pas encore travaillé à ma fortune, jusqu'ici je n'ai songé qu'à
me concilier l'estime de ceux qui ont celle du public. Aussi, le
peu que je m'en suis attiré est tout ce que je possède et la fortune que je n'ai peut-être que trop négligée, ne s'est pas mal
vengée de mes mépris. Je le sens, et je n'envie pourtant pas le
sort de ceux de ma robe que je vois s'avancer tous les jours.
Que l'un obtienne un bénéfice à force de bassesses, l'autre à
force d'effronterie, un autre en se faisant craindre par la

_____

1. Bibl. nat., Corr. litt. du président Bouhier, IV, f. fr. 24 412, f. 450.

méchanceté de sa plume d'une société qui se fait elle-même
craindre à tout le monde; que celui-ci se fasse mettre sur la
liste en faisant sa cour à une vieille duchesse, celui-là en se la
laissant faire par un jeune duc; à toutes ces conditions, le bien
ne saurait me tenter, et bien que je n'aie pas du pain assuré,
j'aime encore mieux en manquer que d'en acquérir par aucune
de ces voies ou des autres que je vois pratiquer. En un mot,
je suis assez philosophe pour évaluer votre estime à deux mille
livres de rente, celle des autres à proportion, et si, comme on
ne vit pas avec ce bien-là, je viens à périr, je périrai content.
Aujourd'hui je me dis avec complaisance, j'ai l'estime de M. le
Président Bouhier, et je me trouve fort riche....

La seconde lettre, où l'abbé Le Blanc parle de lui-même
à cœur ouvert avec Bouhier, a trait à une place de précepteur du fils du prince de Condé que, comme nous
l'avons dit plus haut, des amis avaient voulu lui faire
obtenir. Cette fois, la vivacité, l'amertume de ses sentiments lui donnent une sorte d'éloquence presque tou-
chante. Après avoir confié à son correspondant un de
ces secrets futiles qui n'ont d'intérêt que l'intérêt de l'à-
propos, il continue ainsi :

.... J'en [1] ai un de bien plus grande importance à vous
révéler, monsieur, et sur lequel j'ose vous demander le même
silence. C'est au sujet de ce que je ne vous ai déjà dit qu'à
demi. Des amis que j'ai également puissants et empressés à
me servir, veulent absolument me faire précepteur de M. le
Prince de Condé; mais comme il y a cent contre un à parier
qu'ils ne réussiront pas, il m'est extrêmement important que la
chose soit tenue secrète. Cependant rien ne me peut faire tort
en cette affaire que la place que mon père occupe à présent.
S'il était encore commis greffier, je ne serais en peine de rien.
Non seulement on a déjà parlé de moi à M. le Duc, mais on
m'a présenté de façon qu'il m'a agréé. Ce qu'on lui a dit de
ma probité, de mes mœurs, en un mot, toutes les louanges qui

1. Bibl. nat., Corr. litt. du président Bouhier, IV, f. fr. 26 412, f. 512.

lui ont été dites de moi, et présentées comme des vérités, l'ont tellement prévenu en ma faveur, que tout dévot qu'il est, *Aben-Saïd* ne me fait aucun tort en son esprit; bien plus, les mœurs qui sont dans cette pièce sont peut-être ce qui ferait pencher la balance en ma faveur. Mais vous connaissez, monsieur, la fierté de la Maison de Condé, Monsieur le Duc ne consentira jamais à mettre auprès du jeune Prince le fils d'un concierge, et moi-même, s'il me refuse lorsqu'il saura ma naissance, je ne l'en blâmerai pas. Il y a des préjugés où la bienséance même veut qu'on se soumette, et le public est un monstre à qui il est difficile de plaire. Peut-être, qu'en effet, si quelque raison le déterminait en ma faveur, le roi, sa Maison, qui sais-je, le public lui reprocherait d'avoir confié l'éducation d'un Prince, chef de la Maison de Condé, à un homme dont le père est concierge d'une prison. Quoi qu'il en soit, cette raison seule peut me nuire, car, d'ailleurs, je suis accepté.

Quoique je n'ambitionne pas cette place et que, s'il me la faut accepter, je ne l'accepterai jamais qu'à regret, puisqu'en effet, c'est se faire esclave, et que ces fers, pour être dorés, n'en sont pas, pour un philosophe, moins pesants, quoi qu'il en soit, dis-je, l'état de ma fortune ne me permet pas de la refuser si on me la destine, et la prudence veut que je fasse tout pour y parvenir. Ce que je souhaiterais surtout, c'est qu'au cas qu'on fît quelques enquêtes au sujet de ma famille comme mon père, tout honnête homme qu'il est, occupe la plus vilaine, la plus abominable place qu'il y ait au monde, une place, en un mot, indigne d'un homme d'honneur, je voudrais, dis-je, que l'on dît que je suis fils d'un commis-greffier au Parlement, ce qui est vrai, et non d'un concierge. J'ai prévu de bonne heure que cette place mettrait un jour obstacle à ma fortune, et ferait peut-être le malheur de ma vie. »

Laissons le pauvre Le Blanc gémir en secret sur son extraction, et chercher vainement à la faire oublier; revenons aux passages de sa correspondance qui peuvent avoir un intérêt plus général.

Les nouvelles littéraires abondent dans ces lettres, qu'on a spirituellement taxées de commérage littéraire : comédies, opéras, petits vers, littérateurs grands et petits,

tout vient un peu pêle-mêle sous la plume du narrateur,
qui répète ce qu'il entend dire autour de lui. Voici une
lettre assez amusante sous ce rapport, et qui donne bien
le ton de la correspondance. Le Blanc était très lié avec
La Chaussée, l'auteur de l'*Épître à Clio*, qui faisait alors
ses débuts dans la littérature; il l'appelle ailleurs « un
garçon d'esprit, mais difficile et caustique ». L'opéra dont
il est question ensuite faisait scandale, parce que c'était
la première fois qu'on mettait en musique un sujet sacré.
On était fort étonné de voir « la fille de Jephté pleurer
sur le théâtre, et les filles de Sion danser des sarabandes,
et l'on s'attendait à y voir une entrée des vertus théolo-
gales ».

Monsieur [1], l'épître de Clio n'est pas d'un prix assez considérable pour qu'il en doive être question. Quand il y aura
d'autres occasions de vous être bon à quelque chose, je vous
prie de me les procurer.

.... Je me trouvai jeudi dernier à l'Académie française à
la réception de M. de Luçon. L'assemblée était nombreuse,
S. A. le comte de Clermont y était. Nous y avions aussi beaucoup de Bourguignons, entr'autres M. votre frère et M. le P. de
Versallieux, sans parler de nos jeunes conseillers qui sont ici.
Le discours du prélat parut long; on trouve qu'il parle trop de
lui, de son diocèse, de la Sorbonne, du cardinal de Richelieu et
de Louis XIV. Ce qu'il dit de M. de la Motte me parut bien.

M. de Fontenelle y répondit par un éloge du ton de tous
ceux qu'il a donnés jusqu'ici, plein d'esprit et d'épigrammes. Je
vous avoue que je ne m'y attendais pas, et que, comme il s'agit
d'un ami, et d'un ami qui lui était cher, je croyais qu'il me
ferait pleurer, mais il me fit rire, et rire d'un bout à l'autre.
Cela a fait dire à des gens que son esprit lui était plus cher que
tout. Les poètes et les anciens ne sont pas trop bien traités
dans ce discours. Je ne veux pas vous en dire davantage de
peur de vous prévenir. Vous en jugerez à la lecture.

Je me trouvai à la première représentation de *Jephté*. C'est

1. Bibl. nat., Corr. litt. du président Bouhier, IV, f. fr. 24 412, f. 401.

l'ouvrage le moins mauvais que l'abbé Pellegrin ait fait jusqu'ici; il n'est pas mal écrit, et, pour la musique, il y a des
chœurs admirables. Je crois qu'il aura assez de succès, malgré
le contraste du lieu et du sujet. On n'est pas choqué de voir la
Camargo danser devant l'arche. Le sujet du prologue, c'est la
vérité qui vient chasser les dieux du théâtre de l'Opéra pour
s'en emparer; je vous le dis parce qu'il a fait faire une épigramme assez plaisante :

> Chacun sait que la vérité,
> Depuis longtemps persécutée
> Par la noire société,
> De Paris s'était absentée;
> Elle revient. On la verra
> Mardi prochain à l'Opéra.

On croit toujours que M. de Nesle aura la place de M. de
Morville. Mais à propos de place vacante, je ne sais si vous
savez une chose que l'Académie a faite, et dont tout Paris a
été surpris. M. de Fontenelle fit répandre deux jours auparavant qu'il prononça son discours, des billets imprimés en son
nom pour y inviter. On en porta un à la Comédie française.
Quinault en fit part à la troupe, qui le députa avec trois autres
pour aller remercier l'Académie; les comédiens députés furent
reçus par MM. Danchet et Des Touches. Quinault prononça un
remerciement auquel M. l'abbé Du Bos répondit; ensuite Quinault offrit, de la part de sa compagnie, les entrées libres et
sans payer à toute l'Académie; l'offre fut reçue, on fit asseoir
quelque temps les comédiens, on causa avec eux, ensuite
MM. Danchet et Des Touches les reconduisirent jusqu'à la
porte. On prétend que les abbés d'Olivet et Du Bos n'en sont
pas fâchés [1].

Il n'y a pas une correspondance de ce temps où le
nom de Voltaire ne revienne à tout moment. Ce fut une
de ses grandes habiletés que de ne pas laisser un instant
languir la curiosité publique, de savoir pendant plus d'un
demi-siècle, de près comme de loin, toujours occuper

---

1. On peut lire le récit officiel de cette curieuse scène dans le tome
second des *Registres de l'Académie française* publiés chez Didot (1895).

l'attention, et tenir en quelque sorte la scène. En 1732, c'était le poète tragique qui faisait parler de lui, mais on en parlait encore avec une grande liberté.

Le Blanc avait été présenté à Voltaire, qui ménageait avec soin tous les littérateurs grands et petits, ceux même dont la plume était le moins redoutable. Flatté, sans vouloir se l'avouer, d'une aussi illustre relation, Le Blanc revient sans cesse sur les œuvres, les faits et gestes de l'auteur dont l'inépuisable fécondité faisait l'étonnement général. Ces jugements sont intéressants parce qu'ils peignent dans sa fraîcheur la première impression produite par une œuvre nouvelle de celui qui ne prétendait à rien moins qu'à être le successeur de Corneille et de Racine.

.... Si [1] *Zaïre* était imprimée, je vous l'enverrais, mais comme vous me marquez qu'un de vos amis vous en a fait une espèce d'analyse, vous serez en état d'entendre la critique que je joins à ma lettre. Elle est, comme vous voyez, fort courte, et jusqu'ici j'en ignore l'auteur. Peut-être vous mandera-t-on qu'elle est de moi; beaucoup de gens me l'ont attribuée, et se sont avisés de m'en complimenter. Elle est d'un abbé et adressée à une dame; on sait que j'en connais une de beaucoup d'esprit, et qui a une grande connaissance du théâtre. Elle est écrite d'un ton assez ferme et assez décisif; voilà les raisons que l'on me jette partout à la tête. Mais rien au monde n'est plus faux, et l'on me fait plus d'honneur que je ne mérite. Il est vrai que presque tout ce qu'on y reprend me paraît critiqué avec assez de justesse, et même que cette petite brochure est écrite avec force, mais je n'y aurais mêlé le personnel qui y est et que je blâme. Quand il y aurait dans les écrits de M. de Voltaire plus de choses encore et contre la religion et contre les mœurs, fussé-je persuadé qu'il manque de l'une et brave les autres, je le pourrais dire à mon ami, mais je ne l'imprimerais pas, et sans attaquer la personne de l'auteur, je me contenterais de dire qu'il a fait une tragédie également contraire, et aux mœurs

1. Bibl. nat., Corr. litt. du président Bouhier, IV, f. fr. 25 412, f. 407.

des Orientaux et aux nôtres, et à notre religion et à la leur.
Deux choses doivent être sacrées pour tout auteur de théâtre,
le prince et la religion.

Zaïre [1], tant par le manège de son auteur que par celui des
comédiens, a un succès prodigieux. Il y a plus, on commence
à la croire une bonne tragédie, on l'applaudit : *O sœclum insi-
piens et inficetum!* Au reste, quoique je ne trouve pas la tragédie
en question aussi bonne que quelques femmes du Marais, cela
ne m'empêchera pas d'aller voir Voltaire pour lui demander sa
petite épître à Mme de Fontaine Martel dont vous êtes curieux.
Je ne l'ai pu voir jusqu'ici parce qu'il était à la cour; je crois
bien qu'il sera vraiment tout ce qu'on appelait *Poeta regius*, le
poète, le fou du roi....

Il est vrai que si le correspondant se montre ainsi d'une
impartialité un peu dédaigneuse pour *Zaïre* et son auteur,
quelques jours après, il porte aux nues le *Gustave Wasa*
de Piron, qu'en qualité de bon Bourguignon il déclare
avoir triomphé de Voltaire par sa tragédie, auprès de
laquelle *Zaïre* n'est « que de la crème fouettée ». Il est
plus heureux quand il raconte à Bouhier le succès d'un
autre compatriote, Rameau, qui, à cinquante ans, venait
d'enlever d'assaut la réputation avec son opéra d'*Hippo-
lyte et Aricie*, dont le succès causa une vraie révolution
dans le monde musical, et donna à son auteur le sceptre
de la musique en France jusqu'à l'apparition de la musique
italienne.

Il [2] serait mal à moi de ne vous rien dire de l'opéra de Rameau
qui fait ici tant de bruit. Je dis l'opéra de Rameau, car il lui
reste tout entier. Le poème est si détestable que la plus grande
grâce qu'on puisse faire à l'abbé Pellegrin, c'est d'oublier qu'il
l'ait fait. Il y a aussi loin de ce qu'il a fait à celui-ci, que de ce
qu'il a fait de mieux à Quinault.

Pour le musicien notre compatriote, cet opéra-ci lui fait
grand honneur. Bien des gens trouvent qu'après Lulli, c'est ce

---

1. Bib. nat., Corr. litt. du président Bouhier, IV, f. fr. 24 412, f. 400.
2. *Ibid.*, f. 417.

qu'on a entendu de meilleur. La musique en est savante, noble,
neuve, harmonieuse. Il y a des chœurs de la première beauté;
tous les accompagnements sont admirables.

Tout son acte de musique infernale est peut-être ce qu'on a
entendu de mieux en ce genre. Il y a un bruit de tonnerre,
morceau unique pour sa beauté. Malgré cela, tout le monde
n'en est pas aussi content que je le suis; on trouve que la
musique vocale n'est point du tout chantante, et, en effet, il y
a bien des morceaux qui commencent par nous choquer, mais je
soutiens qu'il y en a très peu qui ne fassent plaisir dès qu'on s'y
est familiarisé. Ce qui paraît bizarre souvent n'est que neuf
et on s'y accoutumera. Sans la désertion de Paris, on y étouffe-
rait. Il a beaucoup gagné depuis qu'on le joue. Cependant
votre ami, l'abbé Du Bos, connaisseur, à la vérité n'en est point
content. Et le public, comme lui, ne l'était pas d'abord.

Mais je vous dirai, comme je le lui ai dit, qu'une des plus
grandes preuves du mérite de cet ouvrage, c'est d'avoir fait
revenir le public de sa prévention, et de ce que ni l'entière
désertion de Paris, ni le détestable poème que la musique a
mis en chant, n'ont pu le faire tomber.

Le Blanc eut, lui aussi, son jour de triomphe. Sa tragédie (tout homme de lettres qui se respectait devait
alors avoir fait une tragédie en cinq actes et en vers), sa
tragédie, disons-nous, à laquelle il travaillait depuis des
années, fut reçue au Théâtre-Français, apprise et jouée
avec succès. Tout le monde littéraire de l'époque, Voltaire lui-même, lui en fit des compliments, et le pauvre
homme put se croire en passe de devenir célèbre. Il
raconte lui-même son succès à Bouhier dans une lettre
où éclate une joie naïve, qui s'efforce d'être modeste.

De Paris, ce 7 juin 1734, chez M. Lornier, marchand quincaillier, à
la Tête Noire, rue Dauphine, à la descente du Pont-Neuf.

Monsieur [1], il y a encore longtemps que je vous dois une
réponse; je n'ai pas voulu vous la faire que je n'eusse des nouvelles à vous mander de ma pièce. Elle fut enfin jouée hier avec

1. Bibl. nat., Corr. litt. du président Bouhier, IV, f. fr. 24 412, f. 442.

un succès si flatteur pour moi qu'il n'est peut-être pas modeste
de vous le dire; mais l'intérêt que vous daignez prendre à tout
ce qui me touche semble tout me permettre. Il n'y a encore
guère eu au théâtre d'applaudissements plus fréquents et plus
unanimes. La pièce a paru des plus intéressantes et des mieux
conduites, on n'y a pas trouvé le moindre vers qui pût choquer.
Applaudie à chaque acte, elle le fut, à la fin du cinquième, à
tout rompre, et peut-être, en effet, le dénouement est-il assez
heureux.

Vous voyez avec quelle satisfaction je parle ici de mes petits
triomphes. Je parle à un ami.

Ce beau jour, qui fut sans doute le plus beau de sa vie,
n'eut point de lendemain pour Le Blanc : il ne fit plus
de tragédie, n'obtint ni bénéfice ni pension, et en fut
réduit à continuer le rôle de quémandeur littéraire, qu'il
devait jouer jusqu'au bout. Sa mauvaise humeur et son
aigreur, assez naturelles, il faut en convenir, percent
malgré lui dans ses lettres, et ce Paris où il avait cru
trouver la fortune, devient pour lui le paradis des coquins.
Ses lettres n'en restent pas moins vives et amusantes.

Je[1] vous dirai pour nouvelles littéraires que Voltaire est à
Paris. Nous nous sommes vus. Nous avons beaucoup parlé des
ouvrages de théâtre, d'*Aben Saïd* et d'*Alzire*, du Pérou, et du
Mogol; enfin après avoir soupé ensemble, il me quitta en paro-
diant à ce sujet l'un des plus beaux vers de sa dernière tragédie.

Voici le vers :

Votre hymen est le nœud qui joindra les deux mondes.

En voici la parodie :

Ce souper est le nœud qui joindra les deux mondes.

Il dit qu'il est venu ici pour ses affaires, mais je soupçonne
que c'est pour nous donner une nouvelle édition de la *Henriade*,
au grand profit des libraires et des acheteurs....

1. Bibl. nat., Corr. litt. du président Bouhier, IV, f. fr. 14 412, f. 464.

Je ne vous ai pas parlé jusqu'ici de la satire de l'abbé Desfontaines. Vous avez vu que je ne m'étais pas trompé dans mes conjectures. Elle n'est pas encore finie, et il est vrai qu'on m'assure l'avoir vue; ce que je sais de science certaine, c'est que les libraires qu'on a mis en prison à ce sujet n'en sont point encore sortis. La malignité du public s'est bien manifestée à cette occasion; dès qu'on a parlé de procéder contre lui, tout le monde s'est révolté : « Il nous fait rire. Pourquoi lui faire du mal! Il dit que l'abbé B... a volé les estampes du Roi. Quel mal y a t-il à cela? Tout Paris ne le sait-il pas? » — Le voilà, ce maudit Paris. Pays fait pour les coquins, mais où les honnêtes gens mourront toujours de faim, quelque mérite qu'ils aient d'ailleurs. Que ne puis-je faire aussi des libelles? Je serais plus à mon aise, et, dans le besoin, contre les recherches de la justice, je trouverais des princes pour me protéger. Ici pour faire fortune, ce n'est pas assez que d'avoir du mérite et des talents; il faut, de plus, écrire contre la religion et les mœurs, ou faire quelque grande sottise qui fasse parler de vous; avoir fait un roman dans un cloître, ou de petits vers gaillards étant jésuite[1], quelque temps après quitter le froc, et vous voilà un grand homme, un homme recherché, un homme à faire les délices de tous les petits soupers, vous voilà la coqueluche de toutes les caillettes et le bel esprit titré de tous les petits-maîtres de robe. Oh! que Paris est un plaisant théâtre pour qui en connaît tous les ridicules!

Pour se remettre un peu de ses déboires, Le Blanc accepta l'offre de son ami Buffon, et alla passer quelques mois à Montbard. En route, il s'arrêta à Dijon pour saluer le président Bouhier, peut-être aussi pour voir sa famille, et ce père dont la profession devait faire le malheur de sa vie. L'amitié de Buffon et de Bouhier, qui ne lui firent jamais défaut, honore le pauvre homme de lettres, et montre que ce n'était pas purement un déclassé, comme dès ce temps-là il y en avait beaucoup. Déjà en 1734, il avait fait un long séjour à Montbard, d'où il

1. Gresset (note de Bouhier).

écrivait à Bouhier en parlant de son hôte : « Il bâtit, fait
des expériences ; je fume, je fais des vers, nous sommes
de plaisants philosophes [1]. »

Buffon était un homme qui devait montrer plus tard
un talent qui avoisine le génie, Bouhier avait autant
d'esprit, d'expérience du monde que qui que ce fût, et il
joignait à beaucoup de connaissances variées le goût le
plus fin. Tous deux, cependant, ne cessèrent d'avoir pour
« cette commère d'abbé Le Blanc » une véritable affection,
et le traitèrent avec des ménagements, des égards et une
estime qui le rehaussent. Buffon resta même toujours en
correspondance avec lui, et cette correspondance est très
affectueuse.

.... Pour [2] moi, si je ne fais rien ici, ce sera bien ma faute,
car jamais poète n'a été mieux logé pour travailler que je le
suis. J'habite une des tours du château de Montbard, j'ai des
jardins charmants dont je dispose, où je suis aussi tranquille,
aussi retiré qu'au milieu des bois, et tout cela dans le meilleur
air et dans la plus belle vue du monde. Ce château, par les
arrangements que M. de Buffon y a faits, a tout à fait l'air d'un
château de féerie ; et moi, vu mon équipage, on peut bien, sans
me faire tort, me prendre pour le magicien qui l'habite. Rien
ne m'y manquera, monsieur, si vous voulez bien quelquefois
m'y donner de vos nouvelles.

.... M. de Buffon [3] m'a chargé de vous présenter ses très humbles respects. Il vient de partir pour aller voir quelques gentilshommes de ce voisinage, et n'y aura pas grand plaisir, car,
comme vous le savez, parmi les nobles, du moins ceux de ces
environs,

On n'en trouve point de traitables,
Anciens ou non, riches ou gueux,
On ne saurait vivre avec eux,
Tranchons le mot, ils sont insupportables.

1. Bibl. nat., Corr. litt. du président Bouhier, IV, f. fr. 24 412, f. 447.
2. *Ibid.*, f. 473.
3. *Ibid.*, f. 474.

J'en parle savamment, j'en ai vu quelques échantillons. Pendant ce temps, il m'a donné la surintendance de ses bâtiments, et je viens de quitter la truelle pour vous écrire, car figurez-vous que j'ai ici dans mon château, trente hommes, tant maçons que manœuvres à gouverner et, pour mieux faire, je leur donne l'exemple.

Trois ans plus tard, Le Blanc fait encore un long séjour à Montbard avec Buffon et Helvétius. Cette fois, la lettre qu'il écrit à Bouhier nous montre un Buffon en déshabillé qui ne ressemble pas au solennel auteur du *Discours sur le style*. Il y a même une allusion aux opinions philosophiques des trois interlocuteurs. qui montre bien que nous sommes en plein xviiie siècle.

Je [1] reviens à Montbard pour vous dire, monsieur, que nous sommes ici trois amis à qui il ne manque que la barbe pour être philosophes. Je mets M. de Buffon à la tête, comme notre hôte et comme notre patron; le second est M. Helvétius, qui, je crois, a eu l'honneur de vous voir à Dijon : tout jeune, et ce qui est plus étonnant, tout fermier général qu'il est, il est, en effet, philosophe jusqu'au bout des ongles. De plus, il a beaucoup de talent pour la poésie; c'est un jeune arbre qui, peut-être, a trop de sève, mais qui, avec le temps, produira de bons fruits. Votre serviteur est le troisième, car je suis aussi philosophe, et plus que je ne le parais, et plus que je ne le dis.

Nous travaillons ainsi chacun de notre côté; l'un résout un problème, l'autre fait des vers, le troisième écrit sur les mœurs et les usages des nations. Nous vivons à peu près comme trois ermites; nous ne nous voyons guère qu'à table, et toute la différence est que nous nous y tenons un peu plus longtemps, et que nous y parlons plus de Newton ou de Descartes, de Virgile ou de Racine que des Pères du désert. Je vous avoue qu'une société de pareils amis est bien douce en même temps, et bien utile, quelque carrière que l'on coure.

Dès qu'il était de retour à Paris, Le Blanc reprenait son métier de nouvelliste, et tenait Bouhier au courant

---

1. Bibl. nat., Corr. litt. du président Bouhier, IV, f. fr. 24 412, f. 592.

des petits événements littéraires. Ses jugements reflètent
l'opinion commune du moment, et bien souvent la postérité ne les a pas ratifiés. Ainsi cette appréciation du
Temple du goût, l'une des plus jolies poésies légères de
Voltaire, qui souleva à son apparition de vives critiques,
paraît aujourd'hui bien partiale, et manque tout à fait
à ce goût dont le critique doit être un plus sûr arbitre
que le poète. Il se montre également très mauvais prophète quand il annonce à Bouhier que Piron va faire une
pièce appelée la *Métromanie*, et qu'il augure très mal
de cette œuvre de leur commun compatriote, la seule de
ses nombreuses productions qui ait des beautés supé-
rieures et soit restée classique.

.... Son [1] *Temple du goût* paraît de ces jours-ci; je ne doute pas
que Rousseau ne se venge. Ce qui est de sûr, c'est qu'il y flatte
bien des gens qui ne méritent pas ses éloges, et qu'il tombe trop
lourdement sur d'autres; ce qui dément ce qu'il promet à la
tête de l'ouvrage par sa devise : *Nec lædere nec adulari*. Vous
verrez ce qu'il dit de l'Évêque de Luçon, les éloges qu'il pro-
digue à M. Crozat, comme il tombe sur Sarrazin, Voiture, etc.,
et l'approbation qu'il donne à la manie qu'ont nos jeunes gens
de jouer la comédie, comme si ce devait être le métier du fils
d'un maréchal de France. Vous verrez surtout comme il s'étend
sur la peinture, la gravure, etc. Dieu sait combien vous serez
surpris du ton *impertinent* de ses notes, mot qu'il y répète à
tout bout de champ, et je pense que, comme moi, vous serez
choqué de ce que, dans un pareil ouvrage, il ait tellement négligé
l'exactitude des rimes....

.... Voici [2] les petites nouvelles littéraires que je sais.

Piron qui, à ce qu'il m'a dit lui-même, songe à l'Académie,
s'en éloigne plus que jamais. Il vient de lire aux comédiens
français la *Métromanie*, comédie en cinq actes et en vers, pièce,
à ce que disent ces Messieurs, où il y a beaucoup d'esprit, mais
malgré cela très mauvaise et que, par cette raison, ils ont refusée

1. Bibl. nat., Corr. litt. du président Bouhier, IV, f. fr. 24 442, f. 574.
2. *Ibid.*, f. 478.

D'ailleurs les comédiens disent qu'il y joue les auteurs du théâtre les plus célèbres, Voltaire, Des Touches, La Chaussée, etc. Piron prétend qu'il s'y est joué lui-même, mais qu'il n'y en joue point d'autres. Quoi qu'il en soit, sa pièce ne se jouera pas. Il faut en convenir, ce garçon-là est bien fou.

Mais où le narrateur prend sa revanche, c'est lorsqu'il se moque des ridicules de Voltaire, qui commençait à faire rire à ses dépens, lui qui aimait tant à rire aux dépens des autres. On connaît le récit si malicieusement méchant de Mme de Staal sur l'arrivée de Voltaire et de Mme du Châtelet à Sceaux chez la duchesse du Maine. Voici une description de Cirey, où l'auteur de la *Henriade* s'était retiré avant d'aller en Prusse, qui, quoique moins vivement écrite, est assez amusante, sinon très véridique :

.... Madame[1] de Verrue mourut hier à six heures du matin. On prétend qu'elle laisse pour plus de cinq millions d'effets mobiliers, en y comprenant ses actions, que pourtant personne ne connaît. Elle prie M. le garde des sceaux, à qui elle lègue un beau lustre de cristal, de vouloir bien être son exécuteur testamentaire. Ses héritiers sont : M. le comte d'Albert et M. le Duc de Chevreuse. Elle lègue au prince de Carignan ses tableaux; elle fait aussi plusieurs autres petits legs, par exemple à M. de Meyran, à M. l'abbé Terrasson, et à un de mes amis nommé M. Melon, un diamant de mille écus chacun, en reconnaissance de l'amitié qu'ils ont eue pour elle.

Cette bulle du pape de l'Opéra (l'abbé Pellegrin) paraît enfin, mais je n'ai encore pu la trouver pour vous la faire copier, quoiqu'elle ne vaille pas grand'chose, non plus que le *Mondain*, épître de Voltaire, en vers de dix, qu'il m'a lue, et où je me souviens qu'il maltraite fort Dieu, Adam et M. de Cambrai.

Je l'aurai incessamment et vous l'enverrai.

En attendant, il faut que je vous fasse part d'un conte ou d'un fait (car je n'en sais pas la vérité), qui court Paris.

On dit que M. le chevalier de Villefort, qui est attaché à M. le

---

1. Bibl. nat., Corr. litt. du président Bouhier, IV, f. fr. 42 412, f. 576.

comte de Clermont, et dont je vous ai parlé à Dijon, passant près de Cirey voulut voir Mme du Châtelet. Après avoir traversé les cours du château, un domestique de livrée le conduisit à la première antichambre. Il fallut sonner longtemps avant que la porte s'ouvrît; enfin la porte mystérieuse s'ouvre, une femme de chambre paraît la lanterne à la main, quoiqu'il ne fût que quatre heures du soir; toutes les fenêtres étaient fermées. Il demanda à voir Mme la marquise, on le laissa là pour aller annoncer; on revint, et on le fit passer par plusieurs pièces où il ne put rien connaître, attendu la faible lueur de la lanterne. Il parvient enfin au séjour enchanté dont la porte s'ouvrit à l'instant. C'était un salon éclairé de plus de vingt bougies. La divinité de ce lieu était tellement ornée et si chargée de diamants qu'elle eût ressemblé aux Vénus de l'Opéra, si, malgré la mollesse de son attitude et la riche parure de ses habits, elle n'eût pas eu le coude appuyé sur des papiers barbouillés d'x x, etc., et sa table couverte d'instruments et de livres de mathématiques. On fit à l'étranger une demi-inclination, et après quelques questions réciproques, on lui proposa d'aller voir M. de Voltaire. Un escalier dérobé répondait à l'appartement de cet enchanteur; on le monte, on frappe à sa porte, mais inutilement, il était occupé à quelques opérations magiques, et l'heure de sortir de son cabinet ou de l'ouvrir n'était pas venue; cependant la règle fut enfreinte en faveur de M. de Villefort. Après une demi-heure de conversation, une cloche sonna, c'était pour le souper. On descend dans la salle à manger, salle aussi singulière que le reste du château; il y avait à chaque bout un tour comme ceux des couvents de religieuses, l'un pour servir, l'autre pour desservir. Aucun domestique ne parut, on se servait soi-même. La chère fut merveilleuse, le souper long; à une certaine heure, la cloche de nouveau se fit entendre; c'était pour avertir qu'il était temps de commencer les lectures morales et philosophiques; ce qui se fit avec la permission de l'étranger. La cloche, au bout d'une heure, avertit qu'il faut aller se coucher; on y va. A quatre heures du matin, on va éveiller l'étranger pour savoir s'il veut assister à l'exercice de poésie et de littérature qui vient de sonner; complaisance ou curiosité, il s'y rend. Je n'aurais jamais fini si je vous racontais tout ce qui se dit des merveilles et des occupations de Cirey. J'ajouterai seulement que le lendemain, Vénus et Adonis dans un char, et l'étranger

9

à cheval furent manger des côtelettes au coin d'un bois et *toujours les livres en laisse suivant.*

N'ayant rien de bon à vous envoyer, je me suis amusé à vous écrire ces ravaudages.

Évidemment Le Blanc n'aimait guère Mme du Châtelet. Il revient à plusieurs reprises sur le ridicule dont elle se couvrait par l'étalage de sa passion pour Voltaire, et ses prétentions philosophiques dont tout Paris se moquait. Il raconte même assez drôlement les démêlés de la dame philosophe avec son secrétaire particulier, Kœnig, le mathématicien connu qui passait pour avoir beaucoup aidé Mme du Châtelet dans ses écrits et l'avoir ramenée à l'admiration de Leibnitz.

.... Vous [1] parlerai-je d'une scène que *Milady Newton*, c'est-à-dire Mme du Châtelet, nous prépare. Elle a fait une infidélité à ce grand philosophe et l'a quitté pour Leibnitz. Pendant son séjour à Paris, elle a fait imprimer des *Institutions physiques* en trois volumes où elle a adopté le système du philosophe allemand, et réfute Newton et ses disciples. L'ouvrage est tout prêt, et lui en a coûté deux mille écus qu'elle a empruntés pour le faire imprimer. Mais ce qui l'empêche de le *lâcher*, c'est qu'elle s'est brouillée avec un géomètre allemand qu'elle avait à ses gages lorsqu'elle l'a composé. M. Guillaume dans *l'Avocat Pathelin* invente des couleurs pour ses draps avec son teinturier. La susdite savante dame a, dit-on, fait de même. Le géomètre a dit le secret de l'École; il m'a juré à moi, et à tous ceux qu'il a vus ici que cet ouvrage n'était autre chose que les leçons qu'il lui avait données, et que, dès qu'elle le ferait paraître, il revendiquerait tout ce qu'il y avait de bon, et ne laisserait à Mme la marquise que les folies et les extravagances qu'elle y avait ajoutées. Quoi qu'il en soit, quand Mme du Châtelet est arrivée ici, M. Kœnig (c'est le nom de cet Allemand qu'on appelait ici *son valet de chambre géomètre*), M. Kœnig, dis-je, était le plus honnête homme et en même temps le plus savant

1. Bibl. nat., Corr. litt. du président Bouhier, IV, f. fr. 24 412, f. 538.

qu'il y eût en France; quand elle s'en est retournée, elle a
répandu partout que c'était le plus malhonnête homme, et
l'homme le plus ignorant qu'elle eût connu de sa vie. Une con-
tradiction si prompte ne parle pas, ce me semble, en faveur de
la dame. Le géomètre et elle ont chacun produit des pièces
pour justifier leur conduite, et le tout, bien considéré, j'ai
grand'peur que la dame n'en ait très mal agi, et que le géomètre ne se soit aussi de son côté très mal conduit. Après tout,
si, comme on le dit, elle lui a payé ses leçons, il a tort de tant
crier et de les vouloir revendiquer.

> On dit que l'abbé Roquette
> Prêche les sermons d'autrui ;
> Moi qui sais qu'il les achète,
> Je soutiens qu'ils sont à lui.

En 1737, Le Blanc fit ce long séjour en Angleterre
chez le duc de Kingstown dont nous avons parlé plus
haut. Ce séjour fut le grand événement de sa vie, et lui
fournit les matériaux pour le meilleur de ses ouvrages,
dont nous avons déjà parlé, les *Lettres sur les Anglais*. Il
fut rejoindre de l'autre côté du détroit, on ne l'a peut-
être pas oublié, un jeune seigneur anglais, ami et compagnon de Buffon dans le voyage d'Italie qui détermina la
vocation du grand naturaliste. Après avoir fait beaucoup
parler de lui à Paris, le duc de Kingstown s'était enfui
brusquement en Angleterre, enlevant une jeune femme,
Mme de la Touche, sœur de la célèbre Mme Dupin.
Bouhier et Buffon, jeune encore, tous deux amis de Kingstown, avaient essayé tout au monde pour l'empêcher de
faire cette folie, et s'employèrent ensuite de leur mieux
à étouffer le scandale jusqu'à tenter de faire casser le
mariage de Mme de la Touche par le parlement de Paris.
Le Blanc, qui était toujours sans position et sans revenus,
ne put résister à la tentation de voir l'Angleterre sans
bourse délier : aussi faisant semblant d'ignorer l'aventure,

accepta-t-il l'offre du jeune duc et vint-il visiter ses châteaux et Londres par occasion. A Paris, on rit un peu dans
le monde des lettres de ce voyage d'études de Le Blanc,
qu'on ne nomma plus pendant quelque temps que l'aumônier du duc de Kingstown. Sa correspondance avec le
président Bouhier ne fut pas interrompue pour cela. Mais
sachant à qui il avait affaire, et que le président jugeait
comme elle le méritait la conduite de son amphitryon, Le
Blanc ne fait aucune allusion, pas même une allusion éloi-
gnée, aux motifs qui ont amené son séjour en Angleterre.
Grâce peut-être à cette prudente réserve, les lettres datées
d'Angleterre ont un certain intérêt, car le récit des aventures d'un grand seigneur mauvais sujet n'aurait rien eu
de bien neuf ni de bien original. Mais les impressions
d'un littérateur musqué et poudré de l'ancien régime, qui
n'est ni Voltaire ni Montesquieu, à la vue d'un pays nouveau, sont curieuses à recueillir.

Passer, en effet, des cafés de Paris où se réunissaient
les gens de lettres, du parterre de la comédie, ou même
des salons des grandes dames françaises, à la tumultueuse
cité de Londres, toute pleine des bruits de la politique,
d'émeutes, et d'une vie commerciale intense, ou à la vie
quasi féodale d'un lord anglais dans ses terres, c'était
passer d'un monde à un autre, changer d'atmosphère
comme de langue. Aucune transition ne pouvait être plus
brusque et plus complète. Aussi, dans ses premières
lettres Le Blanc paraît-il fort dépaysé, mais avec une
humilité et un bon sens qui sont rares chez un Français
il avoue son étonnement, et se met à apprendre l'anglais
avant d'essayer de connaître et de juger les Anglais.

De Londres, ce 29 février 1737.

... J'ai [1] déjà vu de Londres tout ce que peut voir un étranger qui ne sait pas l'anglais : les rues, les promenades, les édifices publics, les spectacles, la cour, etc., etc. Je suis même déjà très au fait de tous les quartiers de cette ville, qui, quoi qu'en disent les Anglais, n'est comparable à Paris que pour sa grandeur. Je ne parle pas de sa richesse ; le commerce maritime la rend sans doute une des plus riches villes du monde ; mais pour ce qui regarde les maisons, soit des particuliers, soit des seigneurs même (et j'ai vu les plus belles), on n'en peut rien dire, sinon qu'elles ont de très belles vitres et qu'elles sont extrêmement propres, soit en dedans, soit en dehors, mais pour la magnificence de nos hôtels, le goût de nos ameublements, ce sont autant de choses inconnues en ce pays-ci. J'en dis autant des équipages et des habits d'hommes ou de femmes. A tous ces égards, Londres n'est pas comparable à Paris. Je vous parle de Londres et ne vous parle pas des Anglais. Comme j'ignore leur langue, je ne puis pas encore les connaître. Dans quelque temps, j'irai passer la belle saison, le printemps, et peut-être l'été à la campagne, et je donnerai tout ce temps à apprendre la langue de ce pays. Je veux connaître les Milton, les Shakespeare, les Dryden et les autres poètes de cette nation. Je n'ai pas pour cela renoncé à l'ouvrage dont j'ai eu l'honneur de vous parler. Je donnerai une partie de mon temps à l'étude de la langue anglaise et l'autre à la continuation de mon histoire ; ce qui m'en restera, je le donnerai aux amusements de la campague, et je ne reviendrai à Londres que quand je saurai assez d'anglais pour être en état de voir les gens de lettres, les seigneurs, les femmes, la cour ; en un mot, tout ce qu'il y a à voir à Londres ou dans le reste de l'Angleterre, comme Oxford, Cambridge, etc.

Il importe à un homme de lettres de voyager. Ainsi, comme vous voyez, monsieur, je commence à fournir ma carrière. Il y a longtemps que je serais sorti de France si j'étais né avec quelque fortune. Du moins, en sortant de Dijon, j'ai fait tout ce que j'ai pu, car vous savez combien peu j'ai eu de facilités pour cela ; je ne puis m'empêcher de faire cette réflexion et de m'étonner de ce que je me trouve aujourd'hui à Londres.

1. Bibl. nat., Corr. litt. du président Bouhier, IV, f. fr. 24 412, f. 482.

Lorsque, quelques semaines après, Le Blanc quitte Londres pour suivre son étrange amphitryon dans une de ces magnifiques résidences de campagne comme la France n'en pouvait guère montrer alors de semblables, sa surprise et son admiration sont grandes. Il les exprime sans réticence à son correspondant; il jouit du luxe, de la nature riante qui l'environnent, avec une joie naïve qui donne presque du charme à sa plume d'ordinaire si sèche.

De Thoresby, dans la province de Nottingham, ce 30 mars 1737.

.... Quelqu'homme [1] que ce soit ne peut pas habiter un plus beau pays que celui-ci, et il n'y a peut-être pas dans toute l'Angleterre une maison de campagne où un homme de lettres puisse se plaire davantage que dans celle-ci. Le grand-père du duc de Kingston aimait fort les lettres, et a construit ici une bibliothèque très magnifique et qui occupe le plus grand et le plus bel appartement de cette maison. Elle est composée d'un très grand nombre de livres grecs, latins, anglais et français, bien conditionnés, et avec assez de recherche pour le choix des éditions. Il a fait même une dépense que nos seigneurs français ne feraient pas; c'est d'en faire imprimer le catalogue : *Bibliotheca Kingstoniana*, in-folio avec des vignettes, des culs de lampe, etc., gravés exprès.

Cette maison-ci est très belle, et, pour vous donner une idée de la dépense qui s'y fait, il y a ici cent domestiques pour le service du duc de Kingston et de sa compagnie.

Il y a ici quelque chose d'extrêmement curieux, c'est la beauté des eaux naturelles, aussi belles, et peut-être même plus que celles de Chantilly.

C'est aussi quelque chose de très riant que de voir sous nos fenêtres, tandis que nous sommes à table, des troupeaux de daims paissants ou couchés sur les beaux tapis de verdure qui environnent cette maison de toute part. Enfin, je connais peu de séjour aussi agréables que celui-ci, et j'y vivrai le plus heureux des hommes si vous voulez bien me faire la grâce de m'y donner quelquefois de vos nouvelles.

1. Bibl. nat., Corr. litt. du président Bouhier, IV, f. fr. 24 412, f. 484.

La chasse, qui tient une si grande place dans la vie à la campagne en Angleterre, ne pouvait manquer d'attirer l'attention du Français transplanté subitement dans un milieu si différent de celui où il avait vécu jusque-là. Il n'a garde de manquer l'occasion d'amuser le président en lui décrivant les chasses où toute la population prend part et qui ressemblaient si peu aux chasses des grands seigneurs français.

.... On [1] chasse aussi beaucoup ici, et comme il faut hurler avec les loups, je fais comme les autres, et d'abbé poudré que j'étais à Paris, je suis devenu à Thoresby un campagnard vêtu de peau depuis les pieds jusqu'à la tête, et souvent chassant du matin au soir.

Souvent aussi à la chasse comme à la table, seul de même qu'en compagnie, je fais ici le *petit spectateur français*, je réfléchis sur les folies de cette nation sans oublier celles de la nôtre, sans oublier les miennes propres, et je confie ensuite au papier mes réflexions; j'espère même à mon retour que vous ne serez pas fâché que je vous en fasse part. Je ne laisse passer rien que je ne le remarque. Par exemple, l'autre jour j'étais à la chasse. Ici, tout le monde l'aime et quand un seigneur y va, les gentilshommes de son voisinage se trouvent au rendez-vous; les fermiers et même un grand nombre de paysans le suivent. Ils quittent quelquefois pour cela leurs charrues, le charpentier laisse son travail; un couvreur, du haut d'un toit apercevant les chiens, en descend, monte un cheval, et galope après. Le jour dont je veux vous parler, parmi un grand nombre de gens fort mal bâtis qui nous suivaient, j'en aperçus un mis plus singulièrement que les autres : il avait un cornet pendu à son côté, et un gros sac de cuir attaché devant lui; je m'informai ce que c'était que cet homme-là. On me répondit que c'était le courrier chargé des lettres d'York pour Londres, et cela était vrai. Il avait rencontré la chasse et la suivait aussi tranquillement que nous, et ne la quitta pas en effet, que le cerf ne fût rendu. Je vous avoue que voilà une des plus plaisantes choses dont j'aie été témoin de ma vie....

1. Bibl. nat., Corr. litt. du président Bouhier, IV, f. fr. 24 442, f. 488.

Ce qui surprend notre voyageur, ce qui l'étonne surtout, et le scandalise extrêmement, c'est la liberté, pour ne pas dire la licence, qui règne en Angleterre pour la parole et l'impression des livres ou journaux. Habitué à vivre dans un pays où régnait encore la censure et où l'on ne procédait que par insinuations, la liberté qu'ont les Anglais de penser tout haut sur tous les sujets, et d'attaquer, d'injurier les plus grands personnages, jusqu'au roi lui-même, lui paraît étrange, et il ne peut s'y faire.

...... Depuis [1] que je ne vous ai écrit, il a paru ici un livre qui fait beaucoup de bruit et qui a pour titre *The moral philosopher*, le philosophe moral. C'est un ouvrage qui, sous prétexte de réduire la religion chrétienne à ses premiers principes et à sa simplicité primitive, en détruit tous les fondements. Je l'ai lu, et je puis vous assurer que s'il paraît encore beaucoup de commentaires pareils sur la sainte Écriture, ce sera bientôt fait de la religion chrétienne en Angleterre; j'en ai lu aussi un autre, écrit de même en anglais, et qui assurément est de main de maître. (Je le soupçonne de milord Bolingbroke, que M. Pope appelle le Salluste anglais.) Celui-ci est une brochure intitulée *Dialogues politiques entre Pasquin et Marforio*. Cette brochure attaque vivement le ministère présent, M. Walpole et le roi même. S'il n'en paraît pas de traduction française, je vous promets de vous le faire voir un jour, car tout en le lisant, je l'ai traduit moi-même. Mais sur ceci, je vous recommande un secret inviolable, car je ne veux pas me brouiller avec le ministère d'aucun pays, de peur de déplaire à celui de ma propre patrie. Ces ouvrages ont donné lieu à des plaintes que le roi a faites lui-même de la licence qui règne aujourd'hui en Angleterre, mais je doute qu'elles opèrent aucun effet. Cette licence est, à vrai dire, tout ce qui leur reste de leur ancienne liberté; aussi leur est-elle très chère, et je crois qu'ils consentiront plutôt à de nouveaux impôts qu'à perdre le droit d'écrire contre leurs princes et leurs ministres.

---

1. Bibl. nat., Corr. litt. du président Bouhier, IV, f. fr. 24 442, f. 491.

A plusieurs reprises, Le Blanc revient avec une surprise qui va toujours croissant sur cette licence de la presse. Jamais, en effet, elle ne fut plus grande qu'à cette époque en Angleterre, et elle devint même telle que la cour dut avoir recours au Parlement pour y mettre des bornes. Le Français, qui ne peut se faire à cette liberté de tout dire, enregistre, non sans une certaine satisfaction, les bills restrictifs, parfaitement impuissants, du reste, que les Parlements se voient obligés de voter.

De Thoresby, ce 2 septembre 1737.

.... J'ai [1] toujours oublié de vous parler d'un des actes du Parlement dernier. La licence des auteurs de théâtre était devenue telle qu'ils jouaient publiquement le roi, la reine, les ministres, toute la cour. Qu'en est-il arrivé? Le roi a obtenu un acte du Parlement par lequel il est défendu de représenter aucune pièce qui ne soit approuvée par le lord Chamberlan; ainsi, par leur faute, les voilà réduits au même pied que nous, et avant qu'il soit peu les écrivains anglais, j'ose le prédire, auront encore des censeurs pour l'impression. Les libelles contre la cour sont devenus trop fréquents et trop hardis; ce qui fait que les Anglais se livrent avec tant de fureur à cette liberté d'écrire, c'est qu'avec celle de parler, c'est peut-être tout ce qui leur reste de vraiment libre.

Quelque intérêt et quelque surprise que l'état politique de l'Angleterre cause à notre bel esprit français il reste avant tout un littérateur, et ce qui l'occupe surtout, ce sont les gens de lettres anglais et la littérature anglaise. Il voit Pope, Addison, Bolingbroke, et dès qu'il sait bien l'anglais, il lit avec passion les tragédies de Shakespeare et va les voir jouer. Il a un tel culte pour les hommes célèbres dans les lettres qu'il se plaît à décrire leur demeure. Ainsi cette description de la maison de Pope à Twykenham.

1. Bibl. nat., Corr. litt. du président Bouhier, IV, f. fr. 24 412, f. 496.

De Londres, ce 25 juillet 1737.

.... Hier [1] je fis un voyage exprès pour voir M. Pope; malheureusement il venait de quitter sa campagne pour aller à cinquante milles voir un de ses amis. Mais je n'ai point quitté sa maison sans voir les lieux riants où il promène ses Muses. Despréaux, comme vous savez, rassemblait les siennes à Auteuil, sur le bord de la Seine. M. Pope, qui l'a imité en beaucoup de choses, l'a encore imité en ceci. Sa maison est à Twiknam (*sic*), sur le bord de la Tamise, vis-à-vis la forêt de Richmond, et dans une des plus plaisantes situations de l'Angleterre. Là, il a construit lui-même un jardin qui, quoique petit, est très agréable. Parmi les embellissements dont il l'a orné, il y a une pyramide en mémoire de sa mère qu'il a perdue il n'y a pas longtemps. Il y a aussi une grotte dont on n'approche pas sans avoir envie de faire des vers. Elle est sans inscription; si elle était à moi, j'y mettrais celle-ci : *Quieti et Musis*, et, en effet, elle a l'air d'un petit temple. Ce jardin est très varié et planté d'arbres de toute espèce. M. Pope a tâché de lui donner ce goût que les Anglais appellent *romantic* et nous *pittoresque*.

J'ai eu regret d'y être pressé par le temps, sans cela je n'en serais pas sorti sans y faire des vers....

Citons encore une grande lettre sur Shakespeare. Elle est curieuse à plusieurs titres. D'abord parce qu'elle montre le chemin qu'en peu d'années la connaissance de la littérature anglaise avait fait parmi nous. Cinquante ans plus tôt, un Français qui, par hasard, aurait lu le poète anglais, ou vu représenter ses tragédies, n'aurait rien compris au génie qui s'y montre, et n'aurait su que parler de la barbarie de celui qu'on osait comparer à Corneille et à Racine. Les années de paix qui venaient de s'écouler entre les deux pays avaient été pour beaucoup dans cette sorte de rapprochement littéraire. Voltaire, au retour de son séjour en Angleterre, s'était fait gloire de révéler en France la littérature anglaise, et avait vanté

1. Bibl. nat., Corr. litt. du président Bouhier, IV, f. fr. 24 442, f. 493.

avec sa verve ordinaire le génie de Shakespeare, ce qui lui servait à rabaisser nos poètes tragiques et à se donner une place à part comme disciple et imitateur de l'immortel auteur d'*Hamlet*.

L'impulsion donnée, le goût pour ces chefs-d'œuvre inconnus avait pris si vite un si grand développement que son premier promoteur, effrayé de son œuvre, essaya en vain de l'arrêter, et accabla de ses sarcasmes, pendant toute la fin de sa vie, celui qu'il avait adoré et appris à adorer pendant les premières années de sa longue carrière. La lettre de Le Blanc montre bien ce goût nouveau, mais elle témoigne en outre d'une intelligence du génie de Shakespeare et aussi de ses inégalités qui est d'un état assez avancé de la critique; car Le Blanc, s'il est un homme d'esprit, n'est que cela; il n'a ni un grand esprit, ni beaucoup d'idées; il sort de la fabrique ordinaire des gens de lettres au siècle dernier, et n'est rien de plus.

Thoresby, 3 janvier 1738.

.... Mais [1] pour me borner au genre qui m'intéresse le plus, je ne vous parlerai aujourd'hui que du fameux *Shakespeare* que les Anglais élèvent si haut, et qu'ils croient bien supérieur à notre Corneille pour le génie. Il est vrai que c'est un grand peintre; il donne du feu et de la vie à ses expressions, mais ce feu est souvent étouffé dans la fumée, et tout l'or de ses ouvrages est toujours mêlé avec le plus vil métal, avec le plomb. Il n'y a aucune invention dans ses pièces, elles sont toutes des histoires, et, à cet égard, il ne ressemble pas plus à Corneille qu'un auteur chinois. Pour faire valoir son génie, on dit qu'il était très ignorant. Il y a apparence qu'il ne savait pas le grec et qu'il ne savait que très peu de latin, mais en même temps il est sûr qu'il connaissait très bien les Grecs et les Romains, puisqu'il les a mis plusieurs fois avec succès sur le

1. Bibl. nat., Corr. litt. du président Bouhier, IV, f. fr. 24442, f. 497.

théâtre. Et je ne doute pas qu'il n'eût beaucoup plus et qu'il ne
sût tout ce qu'on peut savoir par les traductions. Il a peint
Jules César, Marc Antoine, Auguste, etc., comme l'homme qui a
le plus réfléchi sur les auteurs qui nous les ont fait connaître.
Hamlet, l'une de ses plus fameuses tragédies, est le sujet de
l'*Électre* de Sophocle. On y retrouve le même fait et les mêmes
caractères. Toute son invention, ou du moins sa partie principale, est de créer des ombres, de les animer, de leur donner la
vie; il introduit plusieurs fois des sorcières dans ses pièces, et
les peint avec tant de force qu'il vous fait presque ajouter foi à
ce préjugé populaire. Encore un coup, voilà le grand talent de
Shakespeare. C'est l'expression, il anime les êtres les plus fan-
tastiques. On y trouve aussi les traits les plus sublimes, et ce
qui y est beau y est admirable; de ce côté, on ne peut trop le
louer; mais souvent la plus belle pensée est voisine de la plus
basse, et la plus juste de là plus fausse. Jamais homme n'a
allié de si belles choses à de si misérables; il est si inégal avec
lui-même qu'il est impossible de s'en donner une idée.

La moins irrégulière de ses tragédies, et la plus célèbre, est
son *Othello*; c'est presque la seule où il ait bien traité le sentiment. Il y a deux caractères bien frappés, un *scélerat* qui ne
cède en rien au Narcisse de M. Racine, et un jaloux qui est
peint avec beaucoup de force. Cependant cette pièce, toute belle
qu'elle est, est pleine de fautes, d'indécences et d'absurdités.
Mais il faut tout dire aussi, toute défectueuse qu'elle est, un de
nos poètes tragiques lui a de grandes obligations. Vous vous
rappelez peut-être, monsieur, que lorsque M. de Voltaire donna
sa *Zaïre*, ses amis dirent que du moins dans cette pièce on ne
lui disputerait pas d'avoir mis du sentiment, de l'intérêt et de
l'invention. Jamais éloge ne fut moins mérité. Cette pièce, pour
le fond, n'est autre que celle de Shakespeare dont je vous parle.
Orosmane est Othello, la vertueuse Zaïre est la sage Desdemona.
On trouve dans la pièce de M. de Voltaire une partie des
beautés de détail de celle de Shakespeare; le nœud de l'une et
l'autre pièce ne vaut pas grand'chose, et le dénouement est
précisément le même; l'unique différence consiste en ce que le
fameux Othello étrangle Desdemona aux yeux des spectateurs.
Orosmane, plus poli, mais non moins cruel, se contente de poi-
gnarder Zaïre; le discours d'Orosmane, après qu'il s'est tué lui-
même, est presque tout imité de celui d'Othello, qui est dans le
même cas.... »

Malgré tous les charmes de la vie anglaise pour notre pauvre littérateur, qui n'était pas habitué à avoir une existence si douce, il fallut bien songer au retour, et revenir en France chercher la fortune qui s'enfuyait toujours. Mais le voyage n'avait pas été inutile pour Le Blanc : il en rapportait les matériaux de cet ouvrage sur les Anglais dont nous avons déjà parlé, ouvrage sérieusement fait, qui, on l'a vu plus haut, eut alors du succès et valut à son auteur une considération plus grande que celle dont il avait joui jusque-là, mais ne parvint cependant pas à lui ouvrir les portes de l'Académie, comme il l'avait espéré et devait continuer à le vainement désirer.

Son séjour prolongé en Angleterre lui laissa cependant une sorte d'originalité propre ; il resta en relations avec des Anglais distingués, et se tint au courant du mouvement littéraire de l'autre côté du détroit. C'est ainsi qu'il signale au président Bouhier, dès son apparition, le roman de Richardson qui devait devenir si célèbre, et fit en Angleterre une sensation profonde jusqu'à devenir un événement public.

De Paris, ce 13 août 1742.

.... Quoique [1] je sache que vous ne lisez pas les romans, je ne puis m'empêcher de vous demander si *Paméla* est venu à votre connaissance. Du moins vous en avez entendu parler à Dijon. Quand le livre n'aurait d'autre singularité que le but honnête que l'auteur s'y est proposé, il mériterait, ce me semble, l'estime des honnêtes gens.

Un autre jour, Le Blanc fait le portrait suivant de Chesterfield, qui venait de passer quelque temps en France comme ambassadeur extraordinaire, et y avait été extrêmement goûté par la belle société de Paris :

1. Bibl. nat., Corr. litt. du président Bouhier, IV, f. fr. 24 442, f. 560.

.... Le [1] roi d'Angleterre est de retour à Londres. On y parle
fort du déplacement de son ministère mais sans aucun fondement réel, à ce que je crois. Mylord Chesterfield, dont sûrement
le nom vous est connu, part pour l'Angleterre à la fin de cette
semaine; celui-là, sur ma parole, en sait bien quelque chose.
C'est un homme de mérite, et c'est le plus dangereux ennemi
du chevalier Walpole. On l'a ici beaucoup fêté. Le roi, M. le
cardinal, nos princesses, la cour, la ville, tout le monde l'a
accueilli, et je puis vous assurer qu'il n'y a pas d'Anglais qui
mérite davantage de l'être. Je le connais beaucoup ; il était bien
fait pour réussir en ce pays-ci ; c'est de tous les Anglais que
j'ai vus celui qui ressemble le plus à un Français. D'ailleurs,
il aime les lettres, s'y connaît et lui-même fait de fort jolis vers
dans sa langue. Il a eu autant de bonnes fortunes en Angleterre
que le Duc de Richelieu a pu en avoir en France, mais celui-ci
a dû les siennes à sa figure; le seigneur anglais, au contraire,
a presque tout dû aux grâces et à la gentillesse de son esprit.

Une fois rentré en France, Le Blanc recommence
dans ses lettres à raconter au président Bouhier toutes
les démarches infructueuses qu'il fait pour fixer la fortune.
C'est alors qu'il essaya vainement d'entrer dans la maison
de Condé. Au défaut d'une situation auprès d'un prince
du sang, et au lieu de son bel appartement dans le beau
château de Thoresby, il lui faut se contenter d'un petit
logis près du Palais-Royal.

Paris, 4 mars 1739.

.... On [2] me tient toujours le bec dans l'eau, mais l'incertitude
ne me rend pas aussi malheureux qu'un autre, attendu que je
ne laisse pas de prendre en attendant le parti qui me convient.
On me promet un appartement à Pâques à l'hôtel de Condé.
Moi qui l'accepterai si on me le donne, mais qui n'y compte
pas, et qui de plus m'ennuyais de celui de la rue Dauphine,
j'en viens de prendre un dans la rue des Bons Enfants. J'ai en
même temps la jouissance d'un jardin plus grand que la place

1. Bibl. nat., Corr. litt. du président Bouhier, IV, f. fr. 24 412, f. 556.
2. Ibid., f. 420.

royale de Dijon, il est vrai que je la partage avec plus de deux mille personnes, qu'importe! En un mot, un prince plus riche que moi en paie le jardinier, et moi j'en jouis sans avoir rien à débourser. Par ce que je vous ai dit, vous voyez bien que mon logement est sur le Palais Royal. De plus, je suis à deux pas de M. l'abbé Du Bos, de M. l'abbé Bignon, de M. l'abbé Salier, de M. Danchet, de M. de Boze, de M. l'abbé d'Olivet, en un mot, de toute l'Académie. En attendant que je puisse me l'ouvrir par quelque moyen, j'ai toujours pris le parti de m'en approcher. Je suis aussi tout contre l'Académie royale de musique, ce qui n'est pas à mépriser, et, de plus, ma cage est aussi gaie qu'il se puisse. Je suis un peu comme les oiseaux, il me semble que j'ai plus envie de chanter quand ma cage est gaie, et surtout quand je vois de la verdure.

Mais voilà assez vous étourdir de mon appartement; vous voyez déjà comme il me rend babillard....

.... L'abbé de Tencin est enfin cardinal. Il reçut avant-hier le courrier qui lui en apportait la nouvelle. Je ne puis mieux clore ma lettre que par un pareil article et je vous laisse sur cela faire vos réflexions.

Si le pauvre Le Blanc ne peut arriver à vaincre la mauvaise chance, il a le bon goût de voir sans envie les heureux succès de ses amis, bien qu'il ne lui en revienne rien. Lorsque Buffon fut nommé garde du jardin du Roi, avant même d'être connu par ses écrits, son humble ami l'annonce en triomphe, et sa lettre a un accent de sincérité qui lui fait honneur.

Monsieur [1],

Si je ne suis pas heureux moi-même, je le suis dans mes amis, et leur bonheur me console de toutes mes disgrâces. Vous avez fait vos compliments à M. de Buffon sur la pension de deux mille francs que le roi lui a accordée. Vous en avez de nouveaux à lui faire sur quelque chose de bien plus important et de bien plus honorable qu'on vient de lui donner. Vous en serez même instruit aussitôt que lui, car c'est par

1. Bibl. nat., Corr. litt. du président Bouhier, IV, f. fr. 24 412, f. 530.

cette poste même que je lui écris pour lui envoyer, sans qu'il s'y attende, les provisions de la place d'Intendant du jardin du Roi, vacante par la mort de M. du Fay. Toute la médecine et toute l'Académie se sont remuées pour avoir cette place; elle vaut mille écus d'appointement, un des plus beaux logements de Paris, et la nomination de toutes les places qui en dépendent. Plusieurs ont été en poste la solliciter à Compiègne; M. de Maurepas, *motu proprio*, l'a conférée à M. de Buffon, qui était à cinquante lieues de Paris et qui n'y songeait non plus que monsieur son père. Le choix a surpris mais a été néanmoins approuvé de tout le monde, et l'on s'accorde à louer également et le Ministre qui fait un pareil choix et l'Académicien qui l'a mérité. Pour moi, monsieur, mes affaires vont de mal en pis et je n'en suis pas surpris. Il est dit dans l'Ecriture : *Habenti dabitur*, etc.; j'éprouve tous les jours la vérité de cette maxime.

Et après avoir ainsi célébré les bonnes fortunes de son illustre ami, Le Blanc raconte en détail à Bouhier les efforts infructueux qu'il a faits pour être admis au *Journal des Savants*, et toutes les promesses qu'on lui a faites sans les tenir. Il se console de son mieux de ces déboires sans cesse répétés en cultivant les lettres, qui ne lui sont pas beaucoup plus clémentes, et ne lui amènent pas la célébrité. Il eut cependant son heure ou plutôt son éclair de renom après un affront public qu'il se crut en droit de faire à Desfontaines, ce littérateur peu estimé, qui avait failli aller aux galères, et qui avait cru regagner une certaine popularité en attaquant violemment Voltaire après avoir accepté ses bons offices. Voici comment Le Blanc raconte la scène d'une façon assez déclamatoire.

Il [1] m'est arrivé ce jour-là une aventure qui me vaudra peut-être aussi quelque jour un couplet. J'étais chez M. l'ambassadeur d'Angleterre. Ce vilain abbé Desfontaines qui n'y a

1. Bibl. nat., Corr. litt. du président Bouhier, IV, f. fr. 24 412, f. 532.

jamais mis les pieds s'avisa de s'y fourrer ce jour-là, et quoique je sois en possession de lui refuser le salut partout où je le trouve, il eut la bassesse de m'aborder, de vouloir me prendre la main et de me faire des compliments. Sur quoi, je ne fis autre chose que passer la main derrière mon dos et lui dire : *Amen, dico vobis. Nescio vos.* Il y avait cent personnes témoins de cette scène; jugez s'il me la pardonnera. Quoi qu'il en arrive, je le méprise trop pour le craindre et si tous les honnêtes gens en usaient de même et lui témoignaient aussi nettement le mépris qu'ils ont pour lui, il n'irait pas partout la tête levée comme il le fait et serait obligé de baisser d'un ton. Aussi ne puis-je m'empêcher de dire à quelques gens de lettres qui furent témoins de cette scène : *Exemplum dedi vobis,* etc.

Quelques jours après cette scène assez ridicule, qui fit parler de Le Blanc pendant vingt-quatre heures, Voltaire lui écrit une lettre très empressée, presque flatteuse, où il le comble d'éloges et le remercie avec effusion d'avoir maltraité Desfontaines. On voit qu'alors comme aujourd'hui, la popularité ne s'obtenait pas sans frais, et que le roi Voltaire lui-même savait fort bien courtiser même les plus modestes distributeurs de la renommée. Ce qui n'empêche pas le grand homme de montrer un dédain assez ridicule, lors de la chute d'une de ses plus mauvaises pièces, dans une conversation avec Le Blanc qui la raconte, non sans malice, à Bouhier. Cette fois, c'est l'obscur homme de lettres qui se moque du grand pontife de la littérature du XVIII° siècle, et qui raille avec avantage le plus grand de tous les railleurs.

Monsieur [1], il y a bien longtemps que je n'ai eu l'honneur de vous écrire, le long hiver dont nous ne faisons presque que de sortir, a agi jusque sur les esprits. Notre récolte d'été semble promettre davantage. M. de Voltaire a le premier sauté le bâton. Hier on joua pour la seconde fois sa tragédie de *Zulime*,

1. Bibl. nat., Corr. litt. du président Bouhier, IV, f. fr. 24 412, f. 572.

pièce que, pour me servir de ses expressions, il aurait composée pour *les oisons des premières loges*. Ces oisons, toutes oisons qu'elles sont, ne s'y sont pas trompées, elles ont bien reconnu qu'elle était de lui, mais ne l'ont reconnu qu'à la conduite de l'ouvrage. Au surplus, elles l'ont jugé la plus mauvaise tragédie que M. de Voltaire ait encore donnée et selon quelques-unes, c'est beaucoup dire, elles ont trouvé que c'est une rapsodie d'*Ariane*, de *Bajazet*, d'*Inès*, et, en un mot que l'auteur a été assez maladroit pour ne faire qu'une mauvaise tragédie de douze fort bonnes qu'il a fondues ensemble. Elles ont trouvé que, donnant une pièce d'imagination, et où il n'était pas gêné par les faits, il était responsable de toutes les extravagances de ses personnages, et qu'un roman qu'un homme arrange à sa guise doit du moins être intéressant. Je soupçonne, moi, qu'elles pourraient fort bien avoir raison, et je crois que dans quinze jours tout Paris en sera bien convaincu, car je doute que *Zulime* puisse vivre plus longtemps. L'hiver prochain, M. de Voltaire nous donnera *Mahomet* pour prendre sa revanche.

Les oisons des premières loges ne tinrent pas longtemps rigueur à celui qui les traitait avec tant de dédain, car, l'année suivante, elles firent un grand succès à son *Mahomet*, succès tout de circonstance, qui fut dû aux allusions politiques et religieuses dont fourmillait la pièce, bien plus qu'à toute autre cause. Aujourd'hui que cet intérêt particulier a disparu, la tragédie de *Mahomet* a repris son rang parmi les moins bonnes de Voltaire, et ce fut en l'applaudissant que les oisons des premières loges se montrèrent vraiment dignes de leur nom.

Le Blanc continua jusqu'à la mort de Bouhier (1746), son ami et son protecteur, à lui écrire ainsi des lettres pleines de petites nouvelles littéraires et de doléances sur son mauvais sort. Il vécut jusqu'en 1781, toujours parlant, toujours écrivant, toujours se plaignant. La Harpe, qui le connut vieux et grognon, l'appelle vertement « le plus

ennuyeux des bavards », et Grimm n'a pas assez de
mépris pour ses traductions de l'anglais et ses œuvres
littéraires. Évidemment la vie fut rude pour le pauvre
homme, jusqu'à la fin, car il finit même par se faire bro-
canteur en chambre de ces curiosités qu'on recherchait
alors tout autant qu'aujourd'hui.

Nous allons cependant l'abandonner à sa destinée : les
extraits trop nombreux peut-être, que nous avons cités,
ont fait suffisamment connaître sa correspondance avec
Bouhier. Sans avoir un intérêt de premier ordre, elle est
curieuse comme une gazette rédigée par un de ces
hommes de lettres à moitié déclassés, un peu de toutes
les sociétés, sans être d'aucune, qui ne pouvaient pas
arriver à se faire leur place, comme il y en avait tant
alors à battre le pavé de Paris. Un demi-siècle plus tard,
Le Blanc fût peut-être devenu un homme politique qui
eût eu son jour ; aujourd'hui il serait devenu journaliste,
ce qui mène à tout.

A cette heure, il devait se contenter, non sans amertume, de voir de près la comédie littéraire et mondaine
de Paris. Il se consolait en épanchant ses chagrins dans
ses lettres, et en racontant des commérages à son illustre
ami le président Bouhier.

CHAPITRE IV

BOUHIER ET MATHIEU MARAIS.

Si le xviiie siècle n'avait pas de journaux, il avait, nous venons d'en voir un exemple, ce qu'on appelait les nouvelles à la main, ces feuilles volantes qui s'en allaient chaque jour de Paris porter dans les provinces les nouvelles grandes et petites, les anecdotes, les bons mots qu'on avait répétés dans les salons ou dans les cafés à la mode. Il y en avait de tout ordre et de toute valeur, depuis les correspondances réglées des politiques et des aspirants hommes d'État jusqu'aux libelles anonymes, qui n'avaient d'autre mérite que de raconter les histoires scandaleuses en les embellissant de commentaires plus scandaleux encore. Si l'on n'avait pas encore, si même nul ne songeait à avoir ou à désirer la liberté de la presse, on ne se faisait pas faute de jouir de la liberté de la plume, et on lui donnait toute licence lorsqu'on était sûr de la discrétion de son correspondant. Toute cette littérature de contrebande, qui circule ainsi à petit bruit pendant la plus grande partie du siècle précédent, n'a plus aujourd'hui qu'un intérêt réel, celui de faire prendre, pour ainsi dire, sur le vif, lè mouvement des idées, les révolutions successives des opinions et des croyances, enfin tout le courant qui emporte les esprits et doit amener graduellement la catastrophe finale. C'est le côté par où ces papiers qui, au premier abord, semblent n'offrir qu'un frivole amusement au lecteur, peuvent avoir une certaine importance historique et même morale. Ils permettent de suivre, presque jour par jour, la marche des idées, l'effet produit par les événements publics, les actions et les réactions de l'opinion. On y constate dans toute leur sincérité l'impression causée par les livres nouveaux et leur action se révèle sous la plume des nouvellistes, d'autant plus sincères, qu'ils croient parler entre quatre murs. C'est, du moins, le genre d'intérêt qu'offre la correspondance de Mathieu Marais et du président Bouhier.

Il ne serait pas juste cependant de ranger les lettres qu'échangent Mathieu Marais et Bouhier tout à fait parmi les nouvelles à la main. Si le président à mortier du Parlement de Bourgogne est un des grands personnages de sa province, l'avocat parisien n'est pas non plus un inconnu, et il est de cette bonne bourgeoisie qui a sa morgue et son quant à soi tout comme la noblesse. Marais passait, à bon droit, pour un jurisconsulte habile, et sa parole faisait autorité dans le barreau. Il était, comme on dit encore aujourd'hui, un excellent conseil et on avait recours à lui dans les affaires délicates. De très grandes dames l'avaient pris comme avocat dans des procès célèbres avec leurs maris, et lui-même s'appelait en riant l'avocat des dames. Il avait eu ainsi ses entrées dans le grand monde et était reçu à l'hôtel de Nicolaï, chez la duchesse de Gesvré comme chez les d'Aguesseau ou chez Samuel Bernard. Il était, de plus, un lettré au goût fin et délicat, un admirateur passionné de La Fontaine, dont il écrivit la vie, et de Bayle, dont le scepticisme spirituel l'amusait. Il avait même été en correspondance réglée avec l'auteur du Dictionnaire philosophique, lui envoyant des renseignements et l'aidant dans ses recherches. Bayle, dans ses lettres, avoue lui devoir beaucoup, et loue sans cesse la finesse de son goût littéraire ainsi que la sûreté de son érudition. Ce n'était donc, en aucune façon, le premier venu. C'était le vrai Parisien de son temps, gouailleur et se moquant des grands, mais aimant encore sincèrement le roi, janséniste et surtout anti-jésuite, faisant ses délices des livres défendus par la police, surtout parce qu'ils sont défendus, et néanmoins encore chrétien convaincu, que la guerre déclarée à la religion par Voltaire indigne, effraie sincèrement, et dont la fin est même édifiante.

Marais n'est pas, au surplus, un inconnu; son curieux journal a été publié, et souvent mis à profit. Un grand nombre d'extraits de ses lettres à Bouhier ont été également publiés à la suite de ce journal. Sainte-Beuve a consacré un de ses lundis à cette figure d'avocat parisien d'autrefois, qu'il a su analyser avec sa finesse et sa pénétration ordinaire; et, dans son livre si intéressant sur l'esprit public au XVIIIᵉ siècle, M. Aubertin aussi a très spirituellement apprécié ce type de l'ancien bourgeois de Paris. Il n'y a donc pas lieu de s'étendre ici davantage sur le correspondant de Bouhier. Quand on a dit qu'il était avocat au Parlement et qu'il avait toutes les idées, tous les goûts, et aussi tous les préjugés de son temps et de son corps, qu'il aimait les lettres avec la passion d'un homme d'autrefois, et qu'il aspira toute sa vie, discrètement, mais ardemment, à ce paradis des lettrés qui se

nomme l'Académie française; que, sans être du grand
monde, il y avait, par sa situation même, de nombreuses
relations, et qu'il fut pendant de longues années le conseil, ou plutôt l'ami du prince Charles de Lorraine, l'un
des plus brillants seigneurs de la cour, qui lui procura
l'honneur de « courre le cerf avec le roi », on a tout dit
et on en sait assez pour le laisser parler lui-même.

Où, quand et comment le président Bouhier, « le
grand homme de Dijon », fit-il la connaissance du simple
avocat parisien, c'est ce qu'on ne sait pas, et ce qui, au
fond, n'importe guère. Il est probable que ce fut chez l'abbé
d'Olivet, très grand ami de Marais, ou chez quelque autre
littérateur de profession qu'ils se rencontrèrent, car
Marais, bien qu'affectant le goût de la retraite, et le mépris
des choses du monde, n'en était pas moins la curiosité
même et cherchait à tout savoir. Puis, sans en convenir,
il fut, comme nous venons de le dire, pendant vingt ans,
candidat timide, discret, mais aussi ardent que pas un, à
cette Académie qui exerçait alors une sorte de fascination
sur tous ceux qui, de près ou de loin, tenaient à la littérature. Du reste, que ce fût chez d'Olivet, ou chez tout
autre que Bouhier et Marais se rencontrèrent, ils s'appré-
cièrent fort et des relations suivies s'établirent vite entre
eux. Marais avait de l'esprit, un esprit vif et mordant, les
yeux grands ouverts pour tout voir; il avait la plume à la
main et écrivait vivement; il avait *beaucoup de lettres*,
comme on disait alors, même de l'érudition; de plus, il
avait été l'ami, le collaborateur de Bayle, c'était donc pour
le président un correspondant précieux, un nouvelliste
hors pair. D'un autre côté, Marais trouvait dans Bouhier
un auditeur toujours attentif, et un interlocuteur au
moins aussi spirituel que lui, ayant, avec un savoir pro-

fond et une culture intellectuelle raffinée, cette aisance, cette finesse de goût que donne un grand usage du monde et la connaissance des affaires; et puis le président était membre de l'Académie, et peut-être pourrait-il en ouvrir les portes à un client plus modeste. C'était plus qu'il n'en fallait pour attacher sincèrement l'avocat de Paris au magistrat bourguignon. Aussi ces deux hommes, qu'un hasard avait sans doute mis en rapport, se prirent-ils l'un pour l'autre d'une véritable affection littéraire, qu'on nous passe le terme, car, seul, il peint bien les rapports qui s'établirent entre eux, rapports que le goût des lettres, par leur grand, comme par leur petit côté, suffisait seul à établir.

Ce commerce intime, qui dura plusieurs années, fut l'origine de la volumineuse correspondance échangée entre les deux amis. Comme nous l'avons dit tout à l'heure, de nombreux extraits des lettres de Marais ont été publiés, un peu hâtivement peut-être, à la suite de son journal. Mais celles de Bouhier sont restées pour la plupart inédites. Telle qu'elle est cette correspondance forme quatre gros volumes in-folio, conservés à la Bibliothèque nationale dans le fonds Bouhier. L'intérêt de ces documents ne consiste pas tant, il faut le redire, dans les faits nouveaux ou les anecdotes qu'ils peuvent contenir, que dans le mouvement d'idées, les impressions, les jugements qu'ils permettent de saisir. Car faits et anecdotes de la Régence sont bien connus, et chaque jour apporte quelque nouvelle publication sur ce temps qui a le privilège de piquer la curiosité des lecteurs et de les amuser. Mais cet échange régulier de pensées, de réflexions entre deux hommes pleins d'esprit, mais d'un esprit tout différent, et ayant, par leur situation même, une vue tout autre des

choses, nous révèle ce qui, en général, est le plus difficile
à saisir : le mouvement des esprits et comme leur marche
graduelle. C'est à ce point de vue que nous allons essayer
d'étudier les lettres de Marais et de Bouhier, sans prétendre
en faire une analyse complète qui nous mènerait trop loin,
demanderait un ouvrage à part, et n'atteindrait peut-être
pas aussi bien notre but. En plaçant ici quelques extraits
des lettres des deux correspondants contenant leur jugement réciproque sur toute chose, car leur plume va dans
tous les sens avec une parfaite désinvolture, on pourra
s'imaginer assister un moment à la conversation qu'ils
échangeaient, il y a près de deux siècles. Voici un fragment
de la première lettre de Bouhier à son correspondant,
où l'on sent encore le grand personnage écrivant à un
inférieur; mais la littérature comble toutes les distances,
et met tout le monde de niveau.

Dijon, 17 septembre 1724.

Ne[1] vous étonnez point, monsieur, de ma lenteur à vous faire
réponse. Les deux lettres que vous m'avez fait l'honneur de
m'écrire sont arrivées ici longtemps avant moi. En revenant de
Paris, je me suis arrêté en quelques endroits, et il faisait si
beau à la campagne que je ne pouvais me résoudre à rentrer
dans les villes. A peine ai-je été arrivé que j'ai reçu la visite
de M. Passionei, Nonce du Pape en Suisse, qui a eu la bonté de
venir exprès de Lucerne pour passer quelques jours avec moi.
C'est un prélat illustre par son érudition, aussi bien que par
son esprit, et qui, à l'âge de quarante-deux ans, s'est déjà
trouvé comme ministre de S. S. aux congrès d'Utrecht et de
Bade. Vous comprenez que sa présence m'a laissé bien peu
de loisir....

Vous avez raison d'admirer la force et la précision de notre
ancienne langue. Il est sûr qu'on l'a fort énervée en rejetant

1. Bibl. nat., Lettres du président Bouhier à M. Marais, I, f. fr. 25 544,
f. 4.

de certains tours et de certaines expressions, et en nous assujettissant à une exactitude grammaticale qui ôte la naïveté du langage....

L'avocat de Paris est visiblement très flatté des avances du grand président. Ses lettres sont pleines de compliments, assez gauchement tournés, car il a plus l'habitude de médire que de flatter. Marais remercie Bouhier d'un petit poème sur les eaux de Vichy, que le président, qui en était l'auteur, avait eu la bonne grâce de lui envoyer et de soumettre à son jugement.

A Sévigny, ce 24 octobre 1724.

Il[1] y a longtemps, monsieur, que je n'ai eu un si grand plaisir que celui de recevoir votre lettre, accompagnée de toutes vos bontés, de vos grâces, du *Voyage de Vichy*, et de l'honneur que me veut bien faire S. Ém. Mgr le Nonce, dont les talents et le mérite me sont connus depuis longtemps. En lisant ce *Voyage*, qui est un vrai poème, je me suis cru transporté non seulement dans les lieux que vous décrivez, mais sur le Parnasse même, tant cette description est poétique et pleine de grandes fictions. Il n'appartient qu'à vous, monsieur, de faire des mariages des fleuves et des rivières, de mettre de l'amour dans les lieux les plus froids, et de faire guérir par le vin de Bourgogne les maux qu'on prend à Vichy et qu'on n'y laisse pas; cet amour de la patrie est tout à fait bien placé, et je ne sais s'il y a quelque sympathie dans nos esprits, mais en lisant je désirais trouver tout ce que j'ai trouvé, et c'est une jouissance de l'esprit qui a une volupté particulière.

Mais les fadeurs disparaissent vite entre deux hommes si bien faits pour s'entendre : l'intimité s'établit bientôt complète et cordiale. Marais envoie toutes les nouvelles qu'il peut attraper, vraies ou fausses, en vers, en prose;

---

1. M. Marais au président Bouhier, Bibl. nat., f. fr. 24 415, f. 8.

nouvelles du monde qui lui reviennent par ses amis haut
placés, nouvelles académiques, nouvelles du parlement,
de la basoche, tout cela pêle-mêle, dans une langue vive,
alerte, souvent crue, qui ne craint pas le mot propre; il
sait qu'on l'écoutera sans sourciller, et il en profite. La
liberté de penser, de juger, de tout dire, est complète, et
le vent de fronde contre le pouvoir, qui s'était si complètement éteint durant le long règne de Louis XIV, commence à souffler de nouveau. Parfois même Marais craint
de s'oublier et demande assez ironiquement pardon de
son insolence. Ainsi ce passage sur la singulière abdication et le retour au trône de Philippe V, qui avaient
défrayé les conversations de tous les politiques.

A Sévigny, 24 octobre 1724.

Il [1] y a beaucoup de commodités dans cette couronne, qu'on
lègue par testament, qui se cède, qui se rétrocède, qui est
réversible, et dont on fait ce qu'on ne pourrait faire de plusieurs
majorats d'Espagne, et dont le roi est propriétaire, car c'est
le terme qui est dans l'acceptation. Mais cette matière est trop
haute pour être ainsi traitée à la légère; je vous la renvoie,
monsieur, et à Mgr le Nonce, dont les lumières sont faites,
pour traiter des couronnes, et qui veut bien quelquefois
s'abaisser jusqu'à la politique.

Mais on ne se permettait encore de fronder le pouvoir
et de dire du mal des grands qu'entre soi. Si, par aventure, quelqu'un se hasardait à le faire en public, il était
bien vite rappelé, et rudement, à l'ordre. Le poète Roy
ayant été mis à la Bastille pour un couplet satirique sur
le cardinal Colloredo, l'un des prélats les plus considérables de la cour de Rome, Bouhier, en sa qualité de magis-

---

1. Bibl. nat., f. fr. 24415, f. 14.

trat, trouve la chose toute simple et Marais aussi. Nous ne sommes encore qu'en 1724.

Voilà[1] donc le poète Roy gîté à la Bastille. Je me doutais bien que son impertinent arrêt contre le Colleredo le mènerait là. S'il n'avait fait que berner nos poètes, on l'aurait laissé en repos. Mais vous savez que ce n'est pas d'aujourd'hui qu'il est dangereux d'écrire contre ceux qui peuvent proscrire....

Marais se croyait libre de dire tout ce qu'il pensait lorsqu'il écrivait à Dijon, et le président n'avait garde de le retenir. Aussi les ministres, les princes étrangers, les rois et les reines passent-ils assez mal leur temps. La Czarine, Catherine Ire, a empoisonné son mari, Pierre le Grand, et n'a fait que le prévenir; le duc de Bourbon renvoie l'Infante sans savoir bien pourquoi, ni les conséquences de cet acte, le tout entremêlé de commérages, de nouvelles littéraires et de recherches d'érudition.

                          A Paris, ce 9 mars 1725.

Le[2] czar est bien mort, et on dit que c'est de la façon de la czarine, qui avait un amant qu'il a fait mettre en quatre quartiers : elle lui a toujours gardé cette rancune, et l'a fait empoisonner; elle n'a, dit on, fait que le prévenir....
.... Le comte de Verdun est tombé en paralysie, tout d'un côté, mais cela n'a pas gagné la langue, qui est toujours bien pendue, et même la goutte se fait sentir du côté paralytique; cet accident l'a pris sur le degré de la Comédie, et les premiers secours lui ont été donnés dans le foyer:

                          A Paris, ce 18 mars 1725.

Le[3] bruit sur la czarine s'est apaisé tout d'un coup, elle est impératrice, elle joue un grand rôle dans l'univers, c'est assez

---

1. Lettres du président Bouhier à M. Marais, I, f. fr. 25 541, f. 13.
2. Bibl. nat., f. fr. 24 415, f. 43.
3. *Ibid.*, f. 51.

pour la respecter. Le czar ne l'a pas nommée en mourant
pour lui succéder; cela était déjà fait par une déclaration du
5 février 1722, où le czar avait indiqué pour son successeur,
celui ou celle qu'il choisirait; il l'a choisie, par une autre
déclaration du 12 novembre 1723, et l'a fait couronner impératrice en 1724 : voilà son titre; les serments nouveaux sont faits
à elle et aux successeurs qu'elle voudrait nommer et établir.
Déjà, elle a pris le parti des puissances protestantes, dans
l'affaire de Thorn; elle a fait une conquête en Perse; elle
envoie à la découverte d'un passage pour aller en Amérique,
et peut-être trouvera-t-elle un nouveau monde. N'est-ce pas
là une digne héritière du défunt?

..... Vous ne trouvez point de fécondité dans Voltaire; je ne
suis pas tout à fait de cet avis, et je trouve qu'il est resserré
par art, que lui-même, il retranche de sa fécondité, pour ne pas
tomber dans l'excès, et que ce qui lui reste étant fleuri et gracieux, il ne tombe point dans la sécheresse, ce qui peut lui
conserver la qualité de fécond....

On garde ici un grand silence sur le renvoi de l'Infante. Il
est certain; mais de savoir quand et comment, c'est ce que l'on
ne sait pas. On attend un courrier qui est allé de la part du roi
en Espagne, et qui a été précédé d'un autre de l'ambassadeur.
L'Espagne a dû s'attendre à ce retour; le roi n'est pas de pire
condition qu'un de ses sujets qui romprait un mariage accordé
par son tuteur contre les intérêts de son pupille, et par abus
de son autorité.

                                        10 avril 1725.

On [1] dit que le *Temple de Gnide* est de l'auteur des *Lettres
persanes*; cela peut être. D'autres disent du président Hénault;
je n'en crois rien : il est trop Français pour donner un air grec
à un ouvrage.

Mlle de Prie, âgée de sept ans et demi, fut accordée hier
à M. d'Aubusson, âgé de dix-sept ans, héritier de M. de la Feuil-
lade; la petite personne est fille de Mme de Prie, et il y a de
quoi faire un duc du mari. Voilà une double bonne fortune qui
est venue en même temps à un page....

1. Bibl. nat., f. fr. 24 415, f. 53 et 54.

Sur quoi Bouhier qui, pour nous servir d'un mot tout moderne, et qu'il n'eût certes pas compris, était toujours plus conservateur que son correspondant, répond avec une philosophie un peu chagrine.

.... Celui [1] qui vient de fiancer Mlle de Prie compte sans doute sur quelque avantage plus présent que celui de son mariage. On court à la fortune, et on a raison, dans un siècle où on n'estime qu'elle.

.... Avant-hier tout fut ici de fanfares et de réjouissances (sic) au sujet de la statue équestre du feu roi. Tous nos bourgeois furent sous les armes. On voyait même que notre maire serait obligé d'aller faire une harangue à la statue, comme le fit, il y a quelques années, celui de Montpellier dans le même cas. Mais on l'a dispensé de cette ridicule cérémonie. Notre Intendant donna le soir un grand repas, accompagné d'un bon concert. Cependant tout languit par la disette affreuse d'argent où l'on se trouve, et qui n'est pas moins grande à Paris qu'ailleurs, à ce que j'entends dire.

Le nom d'un souverain d'un autre genre, qui s'exerçait déjà à conquérir l'empire, Voltaire, revient, on a pu le voir, à chaque page sous la plume des deux amis. Ils étaient trop fidèles disciples du siècle dernier en fait de littérature pour voir sans une certaine humeur le nouveau règne qui commençait. La hardiesse des idées, le ton tranchant, l'insolence même du régent du Parnasse les impatiente, et ils ne manquent pas l'occasion de lui lancer un coup de patte.

Voltaire [2] vient de donner une petite comédie de *l'Indiscret*, à la suite de sa *Mariamne*; on dit qu'il y a beaucoup d'esprit : cependant elle a déplu et à la Chambre basse, qui y a trouvé

---

1. Bibl. nat., Lettres du président Bouhier à M. Marais, I, f. fr. 25 541, f. 39.
2. Bibl. nat., f. fr. 24 415, f. 85.

peu de règles du théâtre, et à la Chambre haute, qui s'y est trouvée trop bien dépeinte; il veut être à la fois poète épique, comique, satirique et, par-dessus cela, historien, et c'est trop.

Bouhier, qui n'aime guère plus Voltaire que son correspondant, lui répond avec une sécheresse dédaigneuse qui prouve bien que, pour être un homme de goût, on n'en est pas moins faillible dans ses jugements, car il semble loin de deviner l'immense influence que le faiseur d'épigrammes devait exercer sur son siècle.

Il [1] faut avoir peu de jugement pour vouloir écrire ainsi sur tant de matières différentes avec aussi peu de fonds. *Nil bene cum faciat, facit attamen omnia belle.* Cela paraît fait pour lui. Son vrai lot était de faire des épigrammes, et il n'en fait plus!

Le mariage du jeune roi avec la fille du roi de Pologne Stanislas, bien que fort inattendu et fort singulier, fut généralement bien pris par l'opinion. Nos deux correspondants, dont le jugement n'est pas, en général, très bienveillant, n'en parlent du moins qu'avec satisfaction. Bouhier, qui a sur cette importante affaire des nouvelles particulières, s'empresse de les conter à son ami, non sans un secret plaisir de provincial à être mieux renseigné qu'un Parisien.

Dijon, 14 mai 1725.

.... J'ai [2] la liste de la maison de notre future reine. Mais j'ai vu une lettre d'un officier qui est à Strasbourg, laquelle ne permet plus de douter que ce ne soit la fille du roi Stanislas. Car il dit qu'ayant été faire sa cour à ce prince, il a été surpris de voir que lui et la reine donnent déjà la droite à leur fille

1. Bibl. nat., Lettres du président Bouhier à M. Marais, I, f. fr. 25 541, f. 64.
2. *Ibid.*, f. 47.

qui n'osait pas même s'asseoir devant eux, il y a fort peu de temps. Il assure que cette princesse, sans être belle, est fort aimable, et qu'elle a des manières extrêmement nobles. Il a eu l'honneur de jouer avec elle, et suivant l'usage de cette cour, quand le roi, la reine ou la princesse gagnent, ils mêlent les jetons, ne voulant point gagner l'argent de leurs inférieurs. Je souhaite qu'elle amène cette mode à notre cour, où il me semble qu'on en aurait bon besoin.

Si les grâces modestes de la jeune reine triomphèrent un moment de la critique et lui valurent un court instant de popularité, les railleurs se rattrapèrent en daubant sans merci toutes les harangues que firent naître les cérémonies du mariage. Marais ne s'en fait pas faute.

A Paris, ce 20 septembre 1725.

La [1] conclusion du mariage du roi a produit bien des harangues. Le cardinal de Rohan, qui a parlé le premier, a pris le meilleur. M. d'Angers a déclamé et fait presque un roi de la reine, en parlant de sa puissance et de notre soumission. M. de Luçon a mis du merveilleux et du nouveau. M. de Blois, pour l'Académie française, a fait une figure où il a rappelé des sujets tristes, *et non erat hic locus*; il a aussi lâché les grands, en disant que l'Académie présente ce que l'Église, l'État, les armes et la politique ont de plus grand; le correctif ne devait pas manquer à l'académicien. Notre premier président a demeuré court, lui qui a tant parlé en public. L'avocat général de la Cour des comptes a harangué Mme d'Estrées au lieu de la reine. On voit la harangue des Juifs de Metz, qui n'ont pas oublié la reine de Saba, Esther et Judith, dans leur éloquence judaïque; enfin tout est harangue, harangueur ou harangué. La reine répond à tout avec grâce, esprit et modestie, et elle est le charme de toute la cour.

.... Nous [2] avons été inondés de discours, répond Bouhier, la plupart pitoyables. Je mets de ce nombre ceux de l'Académie.

1. Bibl. nat., f. fr. 24 415, f. 95.
2. Bibl. nat., Lettres du président Bouhier à M. Marais, I, f. fr. 25 541, f. 66.

Y a-t-il rien de plus misérable que celui au roi qui consiste en trois ou quatre : *Nous ne venons pas, mais nous verrons?* Et dans celui à la reine, qui est plus supportable, que dites-vous de cette phrase : *que le faîte des grandeurs n'est pas inalliable à la pratique des vertus?*

Ce qu'il y a de remarquable dans la correspondance qui nous occupe, c'est le haut degré de culture littéraire, et la finesse ainsi que la largeur de goût qu'elle révèle chez les deux interlocuteurs; c'est bien là une marque de cette époque littéraire entre toutes, où les lettres n'étaient pas seulement une puissance, elles le sont toujours plus ou moins dans toute société civilisée, mais presque une religion, ayant ses fervents adorateurs. Voici, par exemple, à propos du vieil écrivain Étienne Pasquier, un petit morceau de critique jeté en passant à la fin d'une lettre de Marais, plein d'une spirituelle vivacité. Il n'y a peut-être pas beaucoup d'avocats de nos jours qui soient capables d'en écrire autant.

A Paris, ce 2 octobre 1725.

On [1] avait l'esprit étrangement fait du temps de Pasquier; il admirait Ronsard, que nous ne voudrions pas lire à présent, et je ne m'étonne pas qu'il admirât le *Val Elyséen* du premier président de Harlay : vous dites fort bien qu'il y manquait la viole pour faire l'entrée de ballet. Disons la vérité, tous ces Messieurs-là étaient trop graves pour être plaisants; il n'y a que leur langage ancien que je voudrais qui eût été conservé, et je sais bon gré à M. de Cambrai (Fénelon) d'avoir dit que ce langage se fait regretter, parce qu'il avait je ne sais quoi de court, de naïf, de hardi, de vif et de passionné. N'est-ce pas là une belle description, et n'admirez-vous pas cet homme, qui a toujours des termes propres à exprimer tout ce qu'il pense, et qui voit dans toutes choses ce qui y est?

1. Bibl. nat., f. fr. 24 415, f. 98.

Bouhier, qui est aussi bon connaisseur que Marais, et qui a, de plus, sur lui l'avantage d'avoir beaucoup écrit, lui renvoie la balle avec prestesse et bonne grâce. C'est ainsi que de Paris à Dijon et de Dijon à Paris, on causait aussi vivement qu'on eût pu le faire dans le même salon, au coin du même feu.

Vous [1] ne devez pas être étonné qu'un érudit tel que Pasquier admirât Ronsard, puisque toute la cour et même le roi Charles IX l'admiraient. C'était le temps du grec et du latin, et Malherbe n'était pas encore venu *douciner* nos oreilles. Du reste, je pense comme vous sur notre ancien langage, qui réunissait deux choses admirables : la force et la naïveté, que nous avons aujourd'hui tant de peine à attraper. Ce qui fait cela, est la trop grande régularité de notre construction, qu'ont introduite nos puristes, faute de comprendre la belle règle : *Aliud est latine, aliud grammatice loqui.* M. de Cambrai a bien senti les beautés de ce vieux langage et les a bien exprimées dans l'endroit que vous me citez. Mais aussi, vous me parlez d'un homme qui n'a presque pas eu son pareil pour certaines grâces naturelles et fleuries. C'est mon héros en tout sens, au mystique près, que je voudrais bien pouvoir effacer de sa vie.

Avec un goût si vif et si délicat pour les lettres, Bouhier était prédestiné à devenir l'un des plus fervents admirateurs de Mme de Sévigné ou, pour mieux dire, à ouvrir la liste de ses adorateurs posthumes, liste qui n'est pas encore close. La marquise était morte depuis près de trente ans, mais ses lettres, qu'on se passait déjà de son vivant, bien qu'encore inédites, avaient déjà leur réputation établie. Il en circulait des copies manuscrites, et le succès de ces pages charmantes allait toujours grandissant. Le président, que sa qualité de Bourguignon prédisposait déjà en faveur d'une compatriote, dont la plume

1. Bibl. nat., Lettres du président Bouhier à M. Marais, f. fr. 25 541, f. 71.

avait toutes les qualités du terroir, avait lu et relu toutes
les lettres de Mme de Sévigné, qu'il avait pu attraper au
vol, et s'était du premier moment déclaré son ardent défenseur et son admirateur enthousiaste. En 1725, le bruit se
répandit qu'on allait enfin imprimer ces divines lettres.
Marais, qui connaissait son homme, se hâte d'en faire
part à Bouhier. Celui-ci ne se tient pas de joie.

.... Mais je lirai les nouvelles lettres de Mme de Sévigné, si
on peut les avoir. Toutes celles que j'ai vues de sa façon sont
délicieuses. Quelle source inépuisable de beautés naturelles!
C'est un La Fontaine en prose.

Ce fut l'évêque de Luçon, l'un des fils de Bussy-Rabutin, qui fit cette première publication des lettres de
Mme de Sévigné. M. de Luçon était un homme d'esprit,
qui avait dans la conversation tout le sel, tout l'agrément
des Rabutin. Prélat plus que mondain, n'ayant guère
d'ecclésiastique que l'habit, il passait pour un des plus
charmants causeurs de son temps : on le proclamait, dit
Sainte-Beuve, « le Dieu de la bonne compagnie et plus
aimable que son père »[2]. Il tenait de Mme de Simiane, la
Pauline de Grignan de la correspondance, de nombreuses
copies des lettres de sa spirituelle tante, et se crut permis
de les faire imprimer subrepticement, et sans l'aveu de
sa famille. Dès que ces deux volumes, imprimés en Hollande, sans grand soin et hâtivement, furent parus, Marais,
qui n'est guère moins *sévignéromane* que Bouhier, les
lit et en est enchanté.

1. Lettres du président Bouhier à M. Marais, f. fr. 25 541, f. 81.
2. *Causeries du Lundi*, I, p. 106.

A Paris, ce 31 janvier 1726.

Voilà[1] donc une lettre de vous, monsieur, et de votre main ; j'en suis ravi et vous en remercie. Je voudrais bien avoir l'éloquence, l'élégance, la vivacité, le tour, la nouveauté de Mme de Sévigné, pour vous écrire et vous dire de ces choses qu'on ne dit point à d'autres. Avez-vous vu ses deux derniers volumes de *Lettres*? Si vous les avez, vous êtes bien heureux ; si vous ne les avez pas, vous le savez, elle est inimitable ; de rien elle fait quelque chose, et quelquefois de quelque chose, rien. Mais c'est un rien que l'on aime mieux que tout.

Ce sont des lettres à sa fille, où il y a plus d'amour que les amants n'en ont dit, depuis que l'on a commencé d'aimer ; enfin j'en suis enchanté, et je ne finirais point mes louanges, si je louais comme il faut. Il y a de bonnes petites anecdotes, des traits philosophiques, en un mot de tout ce qu'il faut pour plaire.

Les volumes contenant les inimitables lettres, et qu'on ne débitait encore que sous le manteau, tardèrent un peu à arriver à Dijon ; Bouhier s'en plaint et essaie de calmer la jalousie de Marais qui, tout à La Fontaine, dont il écrit la vie et rassemble avec soin les moindres œuvres, avait de la peine à admettre les jugements de Mme de Sévigné sur son poète favori.

.... Les [2] lettres de Mme de Sévigné, ou Sévigny (car il me semble qu'on prononce de cette dernière façon), n'ont point encore paru ici. Mais j'espère que nous les aurons bientôt. J'ai vu une personne d'esprit, qui les a lues manuscrites, et qui prétend qu'on y trouve des fadeurs pour sa fille, qu'on a peine à soutenir. Mais quand il y en aurait quelques-unes, il faudrait les passer en faveur de ces tours naïfs et inimitables, comme vous le remarquez fort bien, où elle me paraît originale. C'est ce je ne sais quoi qu'on ne peut exprimer. Ce sont des riens au-dessus de tout.

1. Bibl. nat., f. fr. 24 415, p. 123.
2. Bibl. nat., Lettres du président Bouhier à M. Marais, f. fr. 25 541, f. 88.

.... Je suis (mais n'en riez point) pour et contre le jugement de Mme de Sévigné sur La Fontaine. Je suis pour, en ce que je crois, qu'en effet, tout ce qu'il a composé, à l'exception de ses fables et de ses contes, ne se soutient point jusqu'au bout avec une certaine égalité qui fait l'excellence des bons ouvrages. Je suis contre, en ce qu'il semble que la dame aurait voulu supprimer toutes ses pièces qui ne sont ni fables ni contes, car, encore qu'elles ne soient pas parfaites, il y a pourtant des morceaux de grand prix, et où l'on reconnaît son élégant badinage. Ainsi, monsieur, ne rétractez point vos louanges. Le public sera pour vous contre cette dame, et je suis persuadé qu'elle se rangerait elle-même de votre côté si elle pouvait vous entendre.

Peu après, les volumes tant attendus finissent par arriver et le président écrit aussitôt dans un véritable accès d'enthousiasme qui le fait sortir de son calme habituel.

.... Les[1] nouvelles lettres de Mme de Sévigné me sont enfin venues. *Ut vidi! ut perii!* Je n'ai de ma vie rien lu qui m'ait plu davantage, malgré les petites négligences qui s'y trouvent quelquefois. Mais s'il n'y en avait point, ce serait des pièces d'éloquence, comme elle le dit fort agréablement. Enfin, j'en suis enchanté et enrage de me voir si tôt à la fin. Mais je compte bien de les lire plus d'une fois.

Il est curieux de constater ainsi, par des témoignages non équivoques, l'effet produit par la première apparition des lettres de Mme de Sévigné. Aujourd'hui qu'elles sont devenues classiques, qu'elles sont une des premières lectures des écoliers, qu'on les apprend par cœur, et que toute collection de morceaux choisis en contient quelques fragments, on ne peut s'imaginer l'espèce d'enchantement que devait causer dans la première fraîcheur de la

---

1. Bibl. nat., Lettres du président Bouhier à M. Marais, f. fr. 25 541, f. 98.

jeunesse cette série de pages charmantes qu'on a tant et si bien louées qu'il ne reste plus rien à en dire. Bouhier en est si ravi qu'il en perd tout son sang-froid de magistrat, revient sans cesse sur ce sujet, et nous le verrons plus tard en correspondance directe avec le chevalier Perrin, lorsque celui-ci fut chargé par Mme de Simiane de faire la première édition authentique des lettres de sa grand'mère.

Mais cette passion pour les lettres ne rendait nullement nos deux correspondants prêts à plaindre les gens de lettres maltraités, et la parfaite indifférence avec laquelle Marais raconte la terrible aventure de Voltaire et du chevalier de Rohan est bien significative à cet égard. On sait que le chevalier de Rohan croyait avoir à se plaindre de Voltaire, et lui attribuait des épigrammes sanglantes qui couraient sur son compte. Pour se venger, il ne trouva rien de mieux que de surprendre Voltaire dans un guet-apens et de le faire rouer de coups par ses gens.

A Paris, ce 6 février 1726.

Voltaire [1] a eu des coups de bâton. Voici le fait. Le chevalier de Rohan le trouve à l'Opéra et lui dit : Mons. de Voltaire, Mons. Arouet, comment vous appelez-vous? L'autre lui dit je ne sais quoi, sur le nom de *Chabot*. Cela en resta là. Deux jours après, à la Comédie, au chauffoir, le chevalier recommence; le poète lui dit qu'il avait fait sa réponse à l'Opéra. Le chevalier leva sa canne, ne le frappa pas et dit qu'on ne devait lui répondre qu'à coups de bâton. Mlle Le Couvreur tombe évanouie, on la secourt, la querelle cesse. Le chevalier fait dire à Voltaire, à deux ou trois jours de là, que le duc de Sully l'attendait à dîner. Voltaire y va, ne croyant point que le message vînt du chevalier. Il dîne bien, un laquais vient lui

1. Bibl. nat., f. fr. 24 415, f. 127.

diré qu'on le demande ; il descend, va à la porte et trouve trois
messieurs garnis de cannes qui lui régalèrent les épaules et
les bras gaillardement. On dit que le chevalier voyait ce frotte-
ment d'une boutique vis-à-vis. Mon poète crie comme un diable,
met l'épée à la main, remonte chez le duc de Sully, qui trouva
le fait violent et incivil, va à l'Opéra conter sa chance à Mme de
Prie qui y était, et de là on court à Versailles, où on attend la
décision de cette affaire, qui ne ressemble pas mal à un assas-
sinat. Mais les épigrammes assassines pourront faire excuser
le fait.

Quelques jours après, Marais ajoute des détails à son
récit et parle des « coups de bâton » avec le plus parfait
sang-froid.

A Paris, le 14 février 1726.

On [1] ne parle plus de ceux de Voltaire : il les garde : on s'est
souvenu du mot de M. le duc d'Orléans, à qui il demandait
justice sur pareils coups, et le prince lui répondit : *On vous l'a
faite.* L'Évêque de Blois a dit : *Nous serions bien malheureux si les
poètes n'avaient point d'épaules.* On dit que le chevalier de Rohan
était dans un fiacre *lors de l'exécution*, qu'il criait aux frappeurs :
Ne lui donnez point sur la tête, et que le peuple d'alentour disait :
Ah ! le bon seigneur ! Le pauvre battu se montre, le plus qu'il
peut, à la cour, à la ville, mais personne ne le plaint, et ceux
qu'il croyait ses amis lui ont tourné le dos. Le bruit court que
le poète Roy a eu aussi sa bastonnade, pour une épigramme
qu'il avait faite contre des gens avec qui il devait souper et qui
lui firent fermer la porte. Enfin voilà nos poètes :

Formidine fustis
Ad bene dicendum delectandumque redacti.

Ces plaisanteries sur une histoire de cette nature sont
bien de l'époque et font mieux comprendre les rancunes
sourdes qui couvaient depuis longtemps et devaient
éclater au grand jour avec tant de violence. Bouhier, qui,

---

1. Bibl. nat., f. fr. 2441, f. 128.

pour homme de lettres qu'il se fasse gloire d'être, n'en est pas moins président à mortier jusqu'au fond de l'âme et ne l'oublie jamais, s'amuse fort des coups de bâton donnés à un poète, et est tout aussi peu choqué du procédé que Marais.

.... Le[1] mot de l'évêque de Blois sur les poètes satiriques est fort agréablement tourné. Il m'a fait souvenir de la plaisante épitaphe que Chapelle s'était faite autrefois, et que je souhaite que vous n'ayez pas vue, afin que vous ayez le plaisir de la nouveauté.

> Ci-gît, qu'on arma comme quatre,
> Qui n'eut ni force ni vertu,
> Et qui fut soldat sans se battre
> Et poète sans être battu....

Quelque temps après, Voltaire, qui cherchait toujours à obtenir satisfaction de son agresseur, fut arrêté et mis à la Bastille, au grand contentement du chevalier de Rohan, « qui n'est pas si fâché qu'il soit là », ajoute malicieusement Marais. Il s'y trouva à côté de l'illustre Mme de Tencin, accusée faussement d'avoir empoisonné M. de la Fresnaye, un de ses admirateurs, histoire que le chroniqueur raconte, et qui, en occupant tout Paris, fit oublier l'aventure de Voltaire.

Ce qui acheva d'effacer le souvenir de ce triste incident, ce fut le changement brusque dans le gouvernement, amené par la disgrâce du duc de Bourbon, en juin de cette même année. Les lettres de Marais racontent naturellement avec détail les péripéties de cette révolution de cour, dont les incidents sont trop connus pour être répétés ici. L'avocat au Parlement fait son récit avec cette indifférence

---

1. Lettres du président Bouhier à M. Marais, f. fr. 25 541, f. 90.

un peu railleuse que provoquent les événements publics chez ceux qui n'y prennent aucune part, et qui sont simples spectateurs. Ce qui l'amuse surtout, c'est la vue de l'espèce de chassé-croisé de fonctionnaires qui résulte de l'avènement de Fleury au pouvoir. Les créatures du duc de Bourbon sont exilées, les créatures du Régent sortent de la Bastille et reviennent en place.

A Paris, ce 18 juin 1726.

Magnus ab integro Francorum nascitur ordo.

Voici [1], monsieur, un ordre nouveau de choses et d'affaires. Le roi a pris le gouvernement de son État et a supprimé le premier ministre, qui est à Chantilly de mardi dernier. Il ne s'y attendait pas, ni tous ceux qui le conseillaient.

M. le duc de Charost lui en annonça la nouvelle, et lui remit la lettre écrite de la main du roi, à laquelle il obéit sur-le-champ. En même temps il y eut un ordre à M. Le Blanc de revenir; il est revenu bien vite, et on lui a donné la place de ministre de la guerre, qui a été ôtée à M. de Breteuil; on donne à ce dernier 16 000 livres de pension. M. Dodun a été remercié, M. Pelletier-Desforts a le contrôle général des finances, et il l'a en plein, sans distraction de la dépense; le sieur Boulogne sera son commis. Mme de Prie est exilée en Normandie, et a eu ordre de se démettre de sa place de dame du palais de la reine, ce qu'elle a fait; on lui donne son mari pour compagnie dans son exil. Les Pâris sont tombés de leur haut, ils sont exilés tous quatre. L'aîné va à Périgueux; la Montagne, en Dauphiné dans une terre à lui; Montmartel, garde du Trésor royal, va à Saumur; son premier commis fera son exercice cette année. Et pour le célèbre du Verney, il a été exilé à 50 lieues, dès le commencement, et s'est démis par ordre de sa charge de secrétaire des commandements de la reine; il est en Champagne à une terre d'un de ses amis.

En homme prudent qui sait que les lettres sont lues, Marais se garde bien de raconter tout ce qu'on murmure

1. Bibl. nat., f. fr. 24 415, f. 157.

sur les divisions que la disgrâce du duc de Bourbon a
causées dans la maison royale, surtout sur la demi-défa-
veur et l'impuissance complète où elle met la reine, qui
devant tout au premier ministre, auteur de son mariage,
avait vainement et assez maladroitement essayé de le
sauver. Mais l'affectation avec laquelle les lettres rendent
compte des santés royales était comprise à demi-mot.

La Reine a été saignée du pied hier; Mme la duchesse
d'Orléans, la jeune, a été aussi saignée deux fois : voilà bien du
sang royal répandu.

Dans sa province, le président Bouhier ne suivait pas
avec moins de curiosité que son ami parisien ces grands
changements dans le gouvernement, et ne les prenait pas
avec moins de philosophie. Il y trouvait, du reste, l'occasion de placer à propos une belle phrase de Tacite, chose
à laquelle un lettré comme lui n'est jamais insensible.
Puis les entrées et les sorties des ministres, des commissaires, amusaient déjà beaucoup les bonnes âmes, tout
comme aujourd'hui. Cependant il a comme un regret
pour M. le Duc qu'il connaissait personnellement. Le duc
de Bourbon était, en effet, gouverneur de Bourgogne, province dont le gouvernement était héréditaire dans la
maison de Condé. Il venait donc à certaines époques
tenir les États de la province, où il était aimé et faisait
grande dépense.

.... Paris [1] du Verney est à Langres. Il a loué dans le voisinage une petite maison de campagne 1 500 livres. C'est une
bonne épave pour un Langrois. L'exilé a le train d'un petit

1. Bibl. nat., Lettres du président Bouhier à M. Marais, f. fr. 25 541,
f. 115.

ministre. J'ai vu une lettre du comte de Pescu, gouverneur de Langres, qui mande en plaisantant qu'il voudrait bien être habillé comme un de ses valets de chambre.

Peu après, Bouhier écrit encore à son ami :

M. le Duc [1] me paraît en tout cruellement traité. Il aurait de quoi s'en consoler, s'il avait mieux fait ses orges dans le ministère. Mais je sais qu'il a fait des dettes immenses. Du Verney a été arrêté à Langres, et on le conduit à la Bastille. Un homme qui a assisté à cette capture a dit qu'il l'avait vu pleurer amèrement. Mais que diable allait-il faire en cette galère, lui qui avait des biens par-dessus les yeux avant la mort de M. le Duc d'Orléans, et qui pouvait rêver la vie du monde la plus délicieuse ?

Ce qui fit bientôt regretter le duc de Bourbon, ce fut la réduction sur les rentes de l'Hôtel de Ville, que le nouveau ministre se vit obligé de faire pour boucher les trous laissés par son devancier. Marais est rendu éloquent par cette réduction qui, comme tous les bourgeois de Paris, le touchait au point le plus sensible, à cette bourse si chère qu'elle en était comme sacrée et inviolable.

A Paris, 4 décembre 1726.

L'édit [2] de la réduction des rentes viagères et l'arrêt portant réductions des charges employées dans les États du Roi, qui furent publiés hier, ont mis la consternation dans toutes les familles : chacun compte ce qu'il perd et ce qui lui est retranché sur sa vie. Vous finissez votre lettre, monsieur, par ces termes aimables : *Vivamus, mi Marœsi, atque amemus.* Mais comment vivre, au milieu de tant de raisons de mourir ? Le Parlement a mis une belle supplication au bas de l'édit, mais elle ne sera point exaucée.

1. Bibl. nat., Lettres du président Bouhier à M. Marais, f. fr. 25 541, f. 128.
2. Bibl. nat., f. fr. 24 415, f. 166.

Enfin, monsieur, il faut qu'on n'ait pas pu mieux faire, et que la nécessité de ces retranchements soit bien grande, puisqu'on en est venu là. Ainsi, je répète avec vous, après toutes ces inutiles réflexions : *Vivamus, mi Boeri, atque amemus*, et j'ai toujours trouvé que l'amitié console de tout, et déjà ce que je viens d'écrire, et cette plainte que j'ai versée dans votre sein, a adouci la douleur que j'avais des pertes que font mes parents et mes amis dans cette occasion.

Quand le président reçut les doléances, il était d'aussi méchante humeur que son correspondant et pour la même cause. Car la réduction des rentes atteignait toutes les classes de la société, surtout la bourgeoisie et la magistrature, qui se croyaient toujours tenues de venir en aide au pouvoir royal, mais espéraient bien ne pas y perdre. Aussi Bouhier écrit-il à son ami sur le même ton de doléance amère et impuissante.

La [1] consternation, monsieur, n'est pas moins grande ici qu'à Paris du retranchement des rentes. Est-ce notre faute si on nous a forcés d'avoir tout notre bien en papier, et si nous l'avons porté où on nous a prescrit de le placer? Mais il vaut mieux se taire, et se souvenir de ce vers d'un ancien comique : *Heu, quam miserum est ab eo lædi, de quo non possis quæri!* L'édit ne nous a pas encore été envoyé. Nous pourrons bien faire des supplications comme à Paris. Mais on ne peut guère en attendre de fruit. Revenons à notre *Vivamus*, etc. Heureusement je crois notre amitié à l'épreuve de tout retranchement.

Mais la mauvaise humeur ne dure pas; les bourgeois de Paris, après avoir bien crié contre la suppression d'un quartier, s'en consolaient en allant à l'Opéra entendre Mlle Le Maure, dont la voix était merveilleuse. « On court au spectacle comme si les rentes n'étaient point retran-

---

1. Bibl. nat., Lettres du président Bouhier à M. Marais, f. fr. 25 541, f. 137.

chées, dit Marais, le monde est toujours le monde et le
sera toujours. » Bouhier, lui, prenait son parti en lisant les
discours académiques, et en s'amusant fort des plaisanteries dont Caumartin, évêque de Blois, avait accablé M. de
Clermont-Tonnerre, évêque de Noyon, dont la vanité
était proverbiale. La scène avait fort diverti le public qui
avait ri aux plaisanteries de l'un et à l'aveuglement présomptueux de l'autre. Les rires du public avaient fini par
ouvrir les yeux de M. de Clermont-Tonnerre, et sa colère,
qu'il ne cachait pas, achevait de le rendre ridicule.

.... J'ai [1] le discours ironique de M. de Blois à la réception
de M. de Noyon à l'Académie. C'est un des discours des plus
agréablement tournés que j'aie jamais lus. Ce qui est de plaisant, c'est qu'il avait été communiqué à M. de Noyon qui s'y
trouva bien loué.

Malheureusement pour lui, quelque indiscret lui dessilla les
yeux. On dit aussi que le roi trouva mauvais qu'on eût parlé
de l'enjouement que lui causaient les propos du prélat.

Les élections de l'Académie jouent, on peut le croire,
un aussi grand rôle dans cette correspondance de Bouhier
que dans celles que nous avons essayé d'analyser dans les
autres parties de cette étude. Ce grand rôle joué par un corps
purement littéraire s'explique, comme nous l'avons déjà
indiqué, par ce fait, qu'on n'a peut-être pas assez remarqué :
l'Académie était alors le seul corps électif en France, et
aucune condition particulière n'était requise pour y siéger.

Tous les corps de l'État étaient, à cette époque, soit à
la simple nomination royale, soit des charges vénales
avec l'agrément du roi. Aussi le désir d'être admis dans
ce corps unique en son genre était-il plus grand alors

1. Bibl. nat., Lettres du président Bouhier à M. Marais, f. fr. 25 541,
f. 142.

peut-être qu'il n'a jamais été, et l'on se remuait beaucoup
pour y parvenir. Ce fut le rêve, toujours caressé et jamais
atteint, du pauvre Mathieu Marais. Sortant peu, d'un caractère assez âpre, ne sachant nullement faire sa cour aux
personnages influents, il n'avait rien de ce qu'il fallait
pour réussir, et était destiné à nourrir dans le secret une
stérile ambition d'être admis au nombre des quarante
immortels. A plusieurs reprises, Bouhier l'exhorte à se
mettre sur les rangs, à chercher à se créer des appuis,
surtout à se faire bien voir du salon de Mme de Lambert, le rendez-vous des gens de lettres et des aspirants
académiciens. Marais, qui se moque toujours de la marquise et de son affectation de bel esprit, ne peut prendre
sur lui de se contraindre et d'aller faire des courbettes
au *palais Lambertin*. Lors de la candidature de Montesquieu, qui fut un instant sur le point d'être abandonnée
devant l'opposition de la cour, Marais eut une lueur
d'espérance : aussi son ami le pressa-t-il plus que jamais
de courir la chance et de faire ce qu'il fallait pour réussir.
Bouhier lui écrivait, en apprenant que Montesquieu se
proposait aux suffrages de la compagnie.

Dijon, 1er décembre 1727.

Le [1] président de Montesquieu ne doit pas laisser d'être
embarrassé de la difficulté qu'on lui fait. Il n'est pas aisé de
répondre au dilemme. Cependant je crois qu'il l'emportera, à
moins que le cardinal ministre ne soit prévenu. Au bout du
compte, un homme qui fait pour l'Académie ce qu'on faisait
autrefois pour l'Évangile, c'est-à-dire qui quitte femme, enfants,
charge et patrie, mérite bien quelque faveur.

1. Bibl. nat., Lettres du président Bouhier à M. Marais, f. fr. 25 541,
f. 174.

Un moment cependant on crut que l'auteur des *Lettres persanes* serait obligé de se retirer, et Marais écrivait assez drôlement à Bouhier.

A Paris, ce 17 décembre 1727.

M. [1] le P. de Montesquieu a remercié l'Académie, le jour même qu'elle était assemblée pour l'élire. C'est M. le maréchal d'Estrées qui a apporté le remercîment. Je sais certainement qu'il a été tracassé pour les *Lettres persanes*, que le Cardinal a dit qu'il y avait dans ce livre des satires contre le gouvernement passé et la Régence, que cela marquait un cœur et un esprit de révolte, qu'il y avait aussi de certaines libertés contre la religion et les mœurs et qu'il fallait désavouer ce livre. Le pauvre père n'a pu désavouer ses enfants, quoique anonymes; ils lui tendaient leurs petits bras persans, et il leur a sacrifié l'Académie.

La nouvelle du désistement du Président de Montesquieu était fausse, mais, dès qu'il la reçut, Bouhier taille de nouveau sa plume et exhorte Marais à tenter l'aventure.

Le [2] remercîment forcé du pauvre président de Montesquieu est bien mortifiant pour lui. On m'avait assuré qu'il désavouerait les *Lettres persanes*, s'il était pressé sur ce point. Mais je vois bien qu'il n'en a pas eu la force. Je m'imagine que la cour Lambertine est en grande rumeur à ce sujet.

Aussitôt que j'ai eu des nouvelles de son exclusion, j'ai écrit à MM. de Valincourt et d'Olivet pour les engager à vous mettre sur les rangs. Mais j'ai peur que mes lettres ne soient arrivées trop tard.

L'Académie ne pourrait faire un meilleur choix, ni qui me fût plus agréable. Si ce n'est pas pour cette fois-ci, je vous prie d'y songer pour une autre. On pourra prendre de loin des mesures pour cela.

1. Bibl. nat., f. fr. 24 415, f. 237.
2. Bibl. nat., Lettres du président Bouhier à M. Marais, f. fr. 25.541, f. 178.

Quelques jours après, le président revient encore à la charge avec une insistance affectueuse.

L'abbé [1] d'Olivet vous contera par quelle porte le président de Montesquieu est entré *in nostro docto corpore*. Il en a toute l'obligation à la *case Lambertine*. Elle a furieusement de crédit parmi nos frères.

.... A [2] propos de la Marquise, je viens de recevoir son livre que Ganeau a imprimé. Comme j'ai déjà vu l'*Avis à son fils*, j'ai d'abord jeté les yeux sur l'*Avis à sa fille* et j'y ai trouvé de très jolis endroits. La fin entr'autres m'en a paru très bien. Quelques louanges sur cet ouvrage, qui en mérite assurément, pourraient tout naturellement procurer l'entrevue dont je viens de vous parler et que je souhaite ardemment.

Et Bouhier ne s'en tient pas aux paroles, il écrit une longue lettre à d'Olivet pour le prier de penser à leur ami commun dès qu'il y aura une vacance.

D'Olivet lui répond rudement que personne ne connaît Marais, et qu'on ne peut songer à le faire nommer quoiqu'il en soit fort digne. Le président, ainsi rebuté, empoche la rebuffade et n'a garde de la faire passer à son correspondant. Celui-ci, qui ne cache pas ses désirs, mais en connaît l'inanité, se dispense de suivre un conseil qui lui eût valu un échec fort peu agréable. Mais il est très touché de l'insistance de son ami. Il remercie Bouhier de sa bonne volonté, et il le fait dans des termes émus qui donnent à sa plume une grâce dont elle est d'ordinaire fort dépourvue.

Vous [3] me comblez, monsieur, de toutes sortes d'honnêtetés, et je ne sais quelles grâces vous en rendre. Vous me mettez

---

1. Bibl. nat., Lettres du président Bouhier à M. Marais, f. fr. 25 541, f. 180.
2. *Ibid.*, f. 182.
3. Bibl. nat., f. fr. 24 415, f. 245.

sur les rangs à l'Académie, vous me donnez votre voix, vous
écrivez pour moi, il ne tient pas à vous que je ne sois votre
confrère. J'accepte, monsieur, cette nomination, qui me vaut
une élection dans les formes, et comme la plus grande joie que
j'aurais serait d'être d'un corps dont vous êtes, j'en suis dès que
vous m'avez nommé, et cet *in petto* me plaît plus que la chose
même. Vos lettres ne manqueront pas de faire du bruit; mon
nom sera mêlé avec le vôtre, on dira que vous m'avez jugé
digne d'être un jour académicien; n'en est-ce pas plus cent fois
que je ne mérite?

Le pauvre Marais dut se contenter de cette nomination
« in petto » à l'Académie dont il affectait du bout des
lèvres d'être satisfait. Il n'essaya même pas de se faire
admettre dans la *case Lambertine*[1], où l'on eût sans doute
trouvé qu'il sentait terriblement ses dossiers d'avocat. Il
ne parla plus de l'Académie pour lui-même, mais les sarcasmes dont, à tout propos, il poursuit Mme de Lambert
et les Lambertins montrent combien il avait peine à pardonner l'oubli dont il se croyait victime.

Il avait d'ailleurs un esprit singulièrement en éveil sur
tout ce qui regardait les lettres, et les éloges de Fontenelle à l'Académie des sciences ne piquent pas moins sa
curiosité que les satires ou les petits vers.

A Paris, le 21 janvier 1728.

J'ai[2] lu depuis peu l'*Éloge* du Czar, par M. de Fontenelle; le
commencement est une cruelle satire de la Moscovie et la nation
y est terriblement abaissée, pour relever l'empereur, qui y est
bien lavé. Il y a un beau trait sur le roi de Suède Charles XII.
« C'était Alexandre, s'il eût eu des vices et plus de fortune. »
Je viens de lire l'*Éloge de M. Newton*, qui est merveilleux, et

1. On avait donné à Paris, dans les cercles littéraires, ce surnom au
salon de Mme de Lambert, où l'on s'occupait beaucoup des élections
de l'Académie.
2. Bibl. nat., f. fr. 24415, f. 248.

qui ne pouvait être fait que par un aussi grand mathématicien
que M. de Fontenelle, qui a su donner une idée nette d'une
matière aussi inconnue. Le parallèle de Descartes et de
M. Newton est de main de maître. J'admire et je n'aime pas
trop qu'il dise que les affaires politiques consistent en des *cul-
culs fins*; cela nous ramène le malheureux Système; et il aurait
pu se passer de dire aussi, sur la mort de M. Newton, « que
les facultés de son âme étaient sujettes à s'éteindre *totalement*,
plutôt que de s'affaiblir »; cette extinction totale ne veut rien
dire de bon, il laisse entrevoir du mortel, et on lui dira :

> Toujours souvient à Robin de ses flûtes.

Il faut bien un petit mot de mon ami La Fontaine, pour finir
et pour vous embrasser.

Le président Bouhier qui, lui, avait franchi le seuil de
ce paradis que Marais devait toujours regarder de loin,
et était tranquillement assis dans un fauteuil académique,
n'est cependant ni moins curieux ni moins alerte dans sa
correspondance. Mais il a le goût plus fin et l'esprit plus
délié, et surtout plus de perspicacité dans le jugement. Il
prend Bayle pour ce qu'il est, pour un sceptique agressif,
qui commence à petit bruit la lutte contre la religion. Les
hardiesses philosophiques de Fontenelle, pour enveloppées
qu'elles soient, ne le trompent pas davantage et lui plaisent
aussi peu. Il le dit sans détour, comme quelqu'un dont la
réputation est faite, et qui n'a personne à ménager.

M. ! de Fontenelle m'a envoyé les Éloges de M. Newton et
du Czar. Le premier m'a paru, comme à vous, merveilleux. On
sent bien que la matière lui plaisait. Aussi me mande-t-on qu'il
vient de donner au public un gros livre, et qu'on vante beaucoup, sur la doctrine des *infiniment petits* : *Non equidem invideo :
miror magis*. Il est, en effet, admirable de pouvoir faire un pareil

___

1. Bibl. nat. Lettres du président Bouhier à M. Marais, f. fr. 25 541,
f. 185.

livre après avoir composé *la Comète, Aspar*, etc. Votre réflexion
sur l'extinction totale des facultés de l'âme de M. Newton est
d'un homme bien clairvoyant pour un aveugle. Pour moi, je
suspends mon jugement. Mais il m'a paru que ces idées deve-
naient furieusement à la mode.

Même franchise lors de la mort du cardinal de Noailles
en mai 1729. Les éternelles tergiversations du cardinal
entre les jansénistes et leurs adversaires qui avaient fait
le désespoir de la cour, et l'avaient déjà fait surnommer
par Bouhier « une éminente girouette », ne sont pas
appréciées par lui avec une tolérance vraiment philosophique, et nul doute que la lettre qu'il écrit à Marais ne lui
eût attiré les sarcasmes des philosophes s'ils en eussent
eu connaissance.

.... Je [1] ne doute pas que votre Archevêque ne soit regretté
dans son diocèse. C'était un bon et vertueux Prélat, et qui
aurait passé une vie fort heureuse s'il ne s'était pas sottement
fourré dans ces affaires de constitution qui l'ont tracassé les
quinze dernières années. Je souhaite que l'exemple qu'il a
donné de vouloir mourir au giron de l'Église soit suivi de tout
son clergé. Mais il est resté beaucoup d'entêtés, que son successeur aura bien de la peine à convertir. C'est un très honnête
homme, et dont les gens modérés seront contents. Mais il est
bien âgé pour une telle place.

Bouhier va plus loin encore dans une autre lettre à
propos d'un procès que les Jésuites venaient de perdre. Il
a l'audace de défendre les bons Pères, et de le faire avec
chaleur. Cela seul aurait suffi pour le faire périr sous le
ridicule s'il eût eu un correspondant moins discret.

.... Les [2] Jésuites sont fort à plaindre de voir le public aussi
prévenu contre eux. Il paraît qu'on les cherche en tout et par-

1. Bibl. nat., Lettres du président Bouhier à M. Marais, f. fr. 25 541, f. 259.
2. *Ibid.*, f. 275.

tout, et qu'on les condamne sur l'étiquette du sac. Si c'est avec
raison, je m'en rapporte. Mais il me semble que les services
qu'ils rendent au public par l'éducation des enfants mériteraient
plus de reconnaissance. C'est cependant ce qu'on ne peut guère
attendre dans un siècle de cabales comme celui d'aujourd'hui.

Mathieu Marais, lui, n'a pas l'esprit aussi large et il est
rempli des préjugés de son temps. Il est janséniste et gallican ; il déteste les Jésuites sans bien savoir pourquoi,
il dit du mal des moines presque autant que des grands
seigneurs ou des belles dames de la cour. Il fronde les
ministres et croit sincèrement que tout financier est un
fripon, un partisan, comme on disait encore. Enfin, c'est
un vrai bourgeois de Paris en 1730. Son goût pour les
lettres et sa grande culture littéraire n'ont pas changé le
fond de sa nature et ne lui ont pas ouvert l'esprit. C'est
ce qui rend plus remarquable encore ce jugement sur le
Paradis perdu de Milton qu'on venait de traduire en
français.

L'enthousiasme du Parisien à l'esprit exclusif, uniquement formé par les études classiques les plus étroites,
montre à lui seul combien le goût a changé et s'est étendu
depuis cinquante ans, depuis le jour où Boileau daignait
à peine faire mention du poète anglais dans son *Art poétique.*

Avez-vous [1] ouï parler du poème de Milton, *le Paradis perdu?*
On nous a donné une traduction en trois tomes, qui est certainement un chef-d'œuvre entre les traductions; l'auteur est
M. Dupré de Saint-Maur, trésorier de France à Paris, et on
n'aurait été jamais chercher dans cette compagnie un si savant
homme, qui a eu le courage de nous donner le poème, inconnu
presque aux Anglais même. Vous y trouverez des beautés sans

---

1. Bibl. nat., f. fr. 24413. f. 337.

nombre, de la magnificence poétique, des grâces, de la tendresse
où il en faut, des pensées justes en même temps que sublimes;
enfin c'est le divin Homère, et bien plus que cela, puisque le
fond du poème n'est point pris dans les fables, mais dans la
révélation. Si on en retranchait quelques endroits un peu trop
déclamateurs, je ne crois pas que l'esprit humain puisse aller
plus loin.

Bouhier est moins enthousiaste, il admire aussi, mais
il fait des réserves, et, pour une fois, on sent un peu
qu'il est de province.

.... J'ai [1] lu enfin *le Paradis perdu*. Il est difficile de voir plus
de feu et d'imagination dans un poème. Mais il y a trop de
diables et de diableries. Il y a d'ailleurs un trop grand étalage
de science et de choses pédantesques. Le poème, à mon avis,
ne commence à devenir gracieux que quand on voit Adam et
Ève. Rien n'est plus joli que le dialogue entre elle et le serpent,
et l'endroit où elle fait succomber le bon Adam.

Mais cela demanderait bien du temps pour en discourir
comme il faudrait.

Quelques jours après, Bouhier revient encore sur
Milton et complète ainsi son jugement :

.... Il [2] est sûr que le livre neuvième du *Paradis perdu* est
d'une beauté parfaite. Il y a aussi dans le reste des endroits
admirables, et beaucoup de feu, de génie et même de savoir.
Mais ce sont presque partout de ces beautés noires, semblables
aux peintures du Guerchin, qui n'ont pas assez d'agrément.
Les derniers livres ne renferment qu'une prédiction trop vraie
de l'Histoire des Juifs, et il semble que le poète était rendu.
Mais on doit rendre au traducteur cette justice que sa version est un chef-d'œuvre, et j'y vois très peu de chose à
reprendre.

1. Bibl. nat., Lettres du président Bouhier à M. Marais, f. fr. 25 541,
f. 290.
2. *Ibid.*, f. 280.

Lorsque, le 4 septembre 1729, la reine mit au monde un fils depuis longtemps attendu, cette naissance, qui assurait la succession directe de la couronne, causa une joie universelle dans toutes les classes de la société.

L'allégresse fut si vive que la vie sociale en fut comme suspendue pendant quelques jours, et qu'on ne pensa qu'à donner des témoignages publics de la joie causée par un événement qui semblait devoir assurer le bonheur du pays.

Dijon, 20 septembre 1729.

Nos [1] Dijonnais, monsieur, ne sont pas moins enivrés de joie que vos Parisiens sur la naissance du Dauphin. C'est peu des fêtes publiques de M. le Comte de Tavannes, de notre Premier Président, et des autres publiques qui ont été magnifiques. Il n'y a fils de bonne mère dans la bourgeoisie qui ne se soit signalé ici pour marquer son contentement. Depuis huit ou dix jours, ce ne sont tous les soirs dans nos rues qu'illuminations, festins, tentes de verdure, hautbois, tambours, violons, salves de mousqueterie, etc. Jamais on ne vit rien de pareil, et quand la taille et la capitation seraient levées, on ne verrait pas de plus grandes réjouissances. S'il est vrai que le peuple soit le *Pindare des bons rois*, suivant l'expression neuve de notre orateur académique (dont vous avez vu sans doute la prose et les vers), on peut dire qu'il n'y a rien de si pindarique que notre Bourgogne.

Malgré tout leur royalisme très sincère, les deux correspondants ne parlent guère des affaires publiques que pour médire des gouvernants. Si l'on a dit que l'ancien régime était une monarchie absolue tempérée par des chansons, on pourrait aussi ajouter par la liberté des conversations. Le président à mortier et l'avocat parisien aiment cependant sincèrement le roi, et n'ont pas encore

---

1. Bibl. nat., Lettres du président Bouhier à M. Marais, f. fr. 25 541, f. 281.

en 1730 l'idée qu'on puisse changer la forme du gouvernement traditionnel, ils ne l'imaginent seulement pas.
C'est ainsi qu'à l'occasion d'une des nombreuses querelles
du Parlement avec l'autorité ecclésiastique et le pouvoir
royal que Marais, en sa qualité de robin, raconte avec
une abondance de détails devenus insipides, Bouhier place
ce jugement sur le respect dû à l'autorité qui montre bien
que nous ne sommes qu'en 1730. Marais parlait dans sa
lettre, pour couvrir un peu ses confrères, des ouvrages
des deux jurisconsultes Hotman et Languet, célèbres au
XVIᵉ siècle pour la hardiesse de leurs opinions plus que
libérales, où ils défendaient les droits des peuples contre
les rois. Languet est surtout connu pour son livre intitulé *Vindiciæ populi contra tyrannos*, qu'il signa du nom
de Junius Brutus.

Le Président bourguignon répond :

.... Je.[1] pense comme vous sur votre Hotman et votre Languet. Mais souvenez-vous du temps où ils vivaient et de la religion qu'ils professaient. Il y a des doctrines de mode, et qu'y
a-t-il de plus fort que l'Arrêt que le Parlement de Paris osa
donner alors contre Henri III? Des officiers qui tiennent tout
leur pouvoir du Roi, déclarer ce même roi déchu de la couronne,
quels monstres ! Cependant cela était loué et applaudi dans la
plus grande partie de la France. C'était bien là se donner pour
le *Sénat de la nation*, quoique cette expression pouvait être susceptible d'un assez bon sens, si on ne voyait pas où tend le tout
ensemble. Je suis fort aise que vos confrères soient retournés
au Grand Conseil et au Châtelet. Il est dangereux d'irriter l'autorité royale et de prendre l'air de séditieux.

On voit que nous sommes loin encore des idées de
liberté, d'indépendance qui vont commencer bientôt à se

1. Bibl. nat., Lettres du président Bouhier à M. Marais, f. fr. 25 541,
f. 363.

répandre et à préparer la voie aux idées révolutionnaires.
Dans une lettre adressée par Bouhier à un autre de ses
amis, nous trouvons pourtant, à propos d'un livre nouveau, les lignes suivantes qui révèlent l'existence d'un
courant d'opinion anti-royaliste, qui, caché et comme
sous-marin, continua pourtant à couler pendant tout le
xviii° siècle, sans bruit, et relie, pour ainsi dire, la
Fronde à 1789. Il s'agissait d'un ouvrage de Ramsay,
l'ami et l'élève de Fénelon, sur la vie de Turenne où,
à propos des troubles de la minorité de Louis XIV, l'auteur blâmait constamment le Parlement et sa rébellion ;
« chose, dit Bouhier [1], qui ne plaît pas aux Parisiens et
à ceux qui aiment le gouvernement républicain ».

Si le Président au Parlement de Bourgogne n'a rien de
révolutionnaire et déteste jusqu'au souvenir de la Fronde,
une fois son royalisme sauf, et son dévouement absolu
mis hors de question, la liberté de la critique reprenait
chez lui, comme chez tout bon Français, tous ses droits.
Ministres, grands personnages, maréchaux, chanceliers,
magistrats, ambassadeurs, princes du sang, tout ce que,
dans notre langue du jour, nous serions tentés d'appeler
le personnel gouvernemental d'alors, est passé au crible
avec une tranquillité parfaite. Le vieil édifice est encore
debout et imposant, mais il commence à se crevasser,
et chacun s'amuse à regarder les fissures, à les agrandir
sans songer qu'il ne faut pas très longtemps pour
ébranler d'abord, puis pour renverser, le plus solide
bâtiment, lorsqu'on ne s'emploie pas à en boucher tous
les trous.

Mais, malgré tout le plaisir, qu'alors, comme aujour-

---

1. Bibl. nat., n. a. fr. 4384, f. 128.

d'hui, tout Français bien élevé éprouvait à dire du mal
de ceux qui le gouvernaient, nos deux correspondants
étaient trop de leur temps pour ne pas revenir toujours à
la littérature. Après tout, elle fut la grande passion des
générations qui se succédèrent pendant le demi-siècle qui
suivit le règne de Louis XIV.

Les lettres qu'échangent Bouhier et Marais sont bien
significatives à cet égard. Ils reviennent toujours aux
livres et aux idées, bien qu'ils ne soient ni l'un ni l'autre
écrivains de profession : là, on le sent, est au fond le
grand, le principal intérêt de leur vie. Si on le leur ôtait,
leur existence serait décolorée, vide et sans prix. Ce que
la liberté politique était à la même époque pour les
Anglais, la littérature l'était pour les Français, et l'on
peut dire que le siècle en a vécu. Aussi un nouveau livre
est-il un événement pour nos deux amis, et les *Lettres* de
Pélisson, voir même l'Histoire de l'Académie, par Pélisson, continuée par d'Olivet, malgré sa sécheresse, les
occupe comme ayant de l'importance, bien que Marais
se montre sévère pour la partie de l'ouvrage due à la
plume de d'Olivet.

A-Paris, le 10 octobre 1729.

Les[1] *Lettres* de Pélisson sont très bien goûtées par les grands ;
les sots disent que c'est une gazette! Voilà comme César les
faisait.

J'ai[2] aussi lu la nouvelle *Histoire de l'Académie* en deux tomes,
dont le premier est de M. Pélisson, qui m'a fait dire en voyant
le second : *Cattiva vicinia*. Il y a deux morceaux excellents dans
ce 2ᵉ tome, l'un de M. de Fontenelle sur Corneille, l'autre de
M. de Valincourt sur Racine, et cela augmente encore la *Cattiva
vicinia*; le surplus est moins l'histoire de l'Académie que des
académiciens.

1. Bibl. nat., f. fr. 24 415, f. 528.
2. *Ibid.*, f. 527.

Bouhier répond, non sans une certaine froideur qui, sans doute, eût fait jeter les hauts cris à son ami d'Olivet.

.... La [1] nouvelle Histoire de l'Académie ne m'est point encore arrivée. Je l'attends ces jours-ci. Mais j'ai toujours craint ce que vous en dites. Il est dangereux de marcher à la suite d'un écrivain tel que Pélisson. D'ailleurs il y a plus d'art qu'on ne pense à dire noblement des minuties.

Tout ce goût pour la littérature la plus élevée n'empêchait nullement Marais d'avoir, comme tout vrai bourgeois de Paris, la passion des commérages. Ses lettres en sont pleines. Il va se promener au cours et recueille avec soin les moindres « on dit ». Bien que sa santé l'oblige à sortir peu le soir, on l'entraîne parfois à la Comédie ou à l'Opéra.

A Paris, le 18 décembre 1729.

On [2] ne parle plus que de guerre après avoir fait la paix. Ces deux extrémités se touchaient trop ; on ne parle presque plus de la Constitution, la légende va toujours son train, et au milieu de tout cela l'Opéra va aussi le sien. On joue *Thésée*, où on s'étouffe et où on m'a mené malgré moi. J'ai été bien aise d'entendre Lully et Quinault, mais ce n'est plus dans ces belles bouches d'autrefois qui perçaient les cœurs et qui enlevaient les âmes.

Sur quoi, Bouhier lui fait cette jolie réponse qui a une pointe de mélancolie rare à cette date :

1. Bibl. nat., Lettres du président Bouhier à M. Marais, f. fr. 25 541, f. 285.
2. Bibl. nat., f. fr. 24 416, f. 520.

Dijon, 27 décembre 1727.

.... Je [1] suis bien aise que vous alliez quelquefois à l'Opéra, et que vous y preniez du plaisir quoique vous disiez que vous n'y trouvez plus de ces voix *qui perçaient les cœurs*. Ce n'est pas la faute des voix modernes, mais de nos cœurs qui ne se laissent plus percer si facilement.

Dans la lettre suivante, Bouhier parle à son correspondant des regrets que lui cause la mort du pauvre Valincourt, que Marais ne semble pas avoir connu. Car ce qui donne une valeur particulière, comme documents, aux lettres de Marais, c'est la modeste situation de leur auteur qui n'est, à aucun degré, du grand monde, ni même de la haute bourgeoisie, qui n'y était pas admis comme les gens de lettres de profession, et qui, s'il y comptait des amis et même des amies très haut placés, regardait les choses en simple spectateur, en « bayeux », comme on disait autrefois, et d'un œil assez peu bienveillant. Le président, tout à son chagrin, s'épanche dans sa lettre, sans trop s'apercevoir, ou se soucier, qu'il parle à un indifférent, à quelqu'un qui n'a jamais vu Valincourt, l'homme de cour par excellence, que de très loin, et ne l'a connu que par intermédiaire.

Dijon, 10 janvier 1730.

.... Dans [2] ce moment, j'apprends par la *Gazette* la mort du pauvre Valincourt, mon ami, dont je suis affligé au dernier point. On dit qu'il est mort le 5. Cependant j'ai reçu une lettre datée du même jour, de M. d'Héricourt, son frère, qui me marquait, à la vérité, qu'il en espérait peu, mais qui ne le croyait pas si près de sa fin. Il faut qu'il soit mort le soir du même

1. Bibl. nat., Lettres du président Bouhier à M. Marais, f. fr. 25 541, f. 292.
2. *Ibid.*, f. 294.

jour. C'est une grande perte pour ses amis, et surtout pour
notre Académie. Vous verrez qu'ils iront encore choisir quelque
cuistre pour mettre en sa place. Deux jours avant sa mort,
j'avais reçu une lettre de sa main, très gaie, et assez longue.
C'est ainsi qu'en vieillissant il faut se résoudre à perdre des
amis, qu'on ne remplace plus guère, et qu'on apprend par là à
voir arriver la mort avec plus de résignation....,

Marais, du reste, accomplit en conscience son métier
de nouvelliste, il raconte à Bouhier tout ce qu'il sait,
aussi bien les plaisanteries malsonnantes des jansénistes
sur leurs adversaires que les nouvelles politiques ou
étrangères. Ce qui se passait en Moscovie, comme on
disait, l'intéressait vivement. Le récent voyage en France
de Pierre le Grand avait établi une sorte d'alliance incon-
sciente entre les deux pays, et déterminé un très vif mouvement de curiosité, pour tout ce qui se passait dans ces
régions lointaines et encore si peu connues. C'est ainsi
qu'il raconte à sa manière l'avènement de l'impératrice
Anne, la nièce de Pierre le Grand, qui par des intrigues
de cour, trop longues à raconter ici, monta sur le trône
en 1730 à la mort prématurée de Pierre II, le fils du
malheureux Alexis.

A Paris, le 27 février 1730.

On pleure [1] ici la mort du czar : il devait se marier; il était
fiancé à la princesse Dolgorouki qu'il avait choisie; il avait
remis son mariage à quelques jours; la mort est venue entre
deux et l'a enlevé. Les états ont nommé unanimement la
duchesse de Courlande pour lui succéder, et c'est le prince
Dolgorouki, père de la fiancée, ministre vertueux et sage, qui a
été lui en porter la nouvelle. Vous savez les instructions qu'il
avait données à sa fille quand il lui apprit qu'elle était destinée à être impératrice et comment le czar la lui demanda; il y

1. Bibl. nat., f. fr. 24 415, f. 421.

a de quoi en mourir, et voilà le sujet d'une belle pièce de théâtre; plutôt que d'aller chercher *Callisthènes*, pour faire des remontrances à Alexandre sur ce qu'il voulait être Dieu, à lui qui se sentait au-dessus de l'homme.

Le président s'amuse de toutes les nouvelles que lui envoie son chroniqueur. Il est ainsi tenu au courant de ce qu'on dit à Paris, ce à quoi il tient beaucoup, quoi qu'il en ait. Aussi lorsque les États de Bourgogne ramenaient à Dijon toute la noblesse de la contrée et les grands seigneurs de la cour, l'hôtel de la rue Saint-Fiacre faisait-il, par son animation et la parfaite bonne grâce de celui qui y recevait, penser aux grands hôtels de Paris, et Bouhier y tenait-il grand état.

Dijon, 6 mai 1730.

..... La [1] présence de M. le Duc a attiré à nos États la plus grosse noblesse de la province. Il a été plus gracieux qu'on ne l'avait encore vu. Tout est de tables et de fêtes. Mme de la Vrillière... est restée ici pour y faire sa cour au prince, et voir nos États dont elle a été très contente. Elle a aussi charmé tout le monde par ses manières ainsi que par sa figure.

Quoiqu'elle nous menace de partir, j'espère que nous la garderons jusqu'à la fin des États....

Lorsqu'en 1730 le roi de Sardaigne, Félix-Amédée, abdiqua pour faire un mariage morganatique, cette étrange aventure mit tous les nouvellistes d'Europe en rumeur, et l'on chercha sous cette fantaisie romanesque les intentions les plus machiavéliques.

1. Bibl. nat., Lettres du président Bouhier à M. Marais, f. fr. 25 541, f. 320.

A Paris, le 9 septembre 1730.

La [1] nouvelle de l'abdication du roi de Sardaigne est très vraie ; il se retire à Chambéry : il a écrit une belle lettre ici à son ambassadeur, et le Roi d'aujourd'hui en a écrit une pour dire qu'il est roi, et continuer l'ambassade. Si les souverains sont las de couronnes et aiment à devenir particuliers, nous sommes donc plus heureux qu'eux ; cependant c'est une belle chose que de commander à des hommes. Nous verrons les motifs de l'abdication. On dit que c'est qu'il a envie d'être pape, et je crois qu'alors la monarchie de Sicile et les jansénistes auraient beau jeu.

31 septembre 1730.

On [2] ne se serait pas imaginé que le roi de Sardaigne aurait abdiqué pour se marier ; cependant il épouse ou a épousé Mme de Sébastien, qui va lui servir de compagne dans sa solitude. Ordinairement on voudrait avoir une couronne pour mettre sur la tête de sa maîtresse : ici c'est le contraire, et les hommes sont bien bizarres. Les politiques veulent qu'il y ait quelque finesse ; ce qui est sûr, c'est qu'il ne sera ni pape ni antipape, comme son prédécesseur Félix, et qu'il ne vérifiera point le proverbe de Ripaille, dont Monstrelet a parlé et qui est contredit par d'autres auteurs.

Le président répond avec une spirituelle indifférence.

Dijon, 14 septembre 1730.

.... L'abdication [3] du roi de Sardaigne est une chose bien surprenante. Ne pourrait-on pas appliquer à une action pareille ce mot, que : *c'est acheter bien cher un repentir*? Il a dans sa maison un beau modèle en la personne de l'antipape Félix. Vous savez l'étymologie du proverbe : *faire ripaille*.

---

1. Bibl. nat., f. fr. 24 415, f. 436.
2. *Ibid.*, f. 435.
3. Bibl. nat., Lettres du président Bouhier à M. Marais, f. fr. 25 441, f. 349.

.. Quelques jours après, Marais complète la nouvelle qui
défraya un moment les conversations des salons et des
cafés. Elle fut même criée dans les rues, tout comme elle
l'eût été aujourd'hui, et les *aboyeurs* d'autrefois ne devaient
pas avoir la voix plus harmonieuse que celle de leurs
imitateurs modernes.

On [1] crie dans les rues : *L'abdication du duc de Savoie, à un liard!*
et ce sont les ramoneurs, ses anciens sujets, qui la crient. Je
veux vous l'envoyer.

Cette abdication étrange, qui occupa toute l'Europe,
devait aboutir à une tragédie de famille. Le roi Félix-
Amédée ne tarda pas, en effet, à regretter amèrement sa
détermination, et à essayer de remettre la main sur un
pouvoir qu'il avait librement déposé. Il fit tant et si bien
que son fils, Victor-Emmanuel, dut le faire enfermer, et
qu'il mourut interné dans un château fort où on le traita
très mal. Bouhier avait eu raison de dire qu'il allait acheter bien cher un repentir, et servir d'exemple aux générations futures. Mais alors, comme aujourd'hui, on ne
parlait pas huit jours de suite de la même chose, et la
querelle de la duchesse de Gontaut avec l'abbé d'Olivet
vint bien vite faire oublier l'abdication du roi de Sardaigne.

La duchesse de Gontaut, qui avait été célèbre par sa
beauté sous la Régence, avait un salon littéraire où les
gens de lettres à la mode tenaient le haut du pavé. Voltaire en faisait les beaux jours lorsqu'il était à Paris, mais
la duchesse n'était pas exclusive, elle recevait aussi bien
les amis des Jésuites ou de la constitution que les acadé-

1. Bibl. nat., f. fr. 24 415, f. 432.

miciens. Le poète Roy lui-même, la bête noire des littérateurs, l'horreur du genre humain, comme on l'appelait,
aussi décrié pour ses mœurs que pour ses pamphlets,
était reçu et fort bien traité dans cette maison ouverte à
toutes les Muses. Mme de Gontaut voulut faire entrer à
l'Académie le chevalier de Ramsay, le disciple et l'admirateur de Fénelon, qui avait été converti au catholicisme
par les exhortations de l'illustre prélat, et avait voué un
véritable culte à sa mémoire. Bien qu'Anglais de naissance, Ramsay écrivait agréablement en français, et
venait de publier une *Vie de Fénelon* qui contenait des
détails curieux et d'intéressants documents.

C'était, de plus, un homme du monde accompli, d'un
commerce sûr et d'un esprit cultivé. La duchesse se mit
donc en campagne, et recueillit nombre de bonnes
paroles, qu'elle prit ou voulut prendre pour des engage-
ments formels. En 1730, elle crut le terrain assez bien
préparé, et poussa Ramsay à solliciter la place que venait
de laisser vacante l'évêque d'Angers, Poncet de la Rivière.
La duchesse ne négligea rien pour réussir dans son entreprise et imposa le choix de son candidat aux académiciens
qui fréquentaient son salon. La marquise de Lambert
travaillait dans le même sens.

Malgré tous les efforts de ces deux grandes dames, le
pauvre Ramsay échoua piteusement et Hardion, littérateur
assez connu à cette époque, l'emporta de quatre voix.

Marais, qui, en sa qualité de bourgeois de Paris, détestait toutes les grandes dames beaux esprits, et ne perdait
pas une occasion de s'en moquer, annonce ainsi l'élection :

C'est [1] M. Hardion qui a la place, monsieur, et non Ramsay; me voilà content. On dit que cet Écossais se servit du mot *d'obéissement* dans une de ses sollicitations, et par ce mot il s'exclut lui-même.

Mais la duchesse de Gontaut se crut outragée personnellement par l'échec de son protégé : elle jeta feu et flammes, accusa ouvertement ses amis de l'avoir trahie et d'avoir manqué à des promesses formelles. L'abbé d'Olivet, qui était un de ses familiers, eut l'extrême maladresse de lui écrire pour se justifier. La duchesse lui retorqua une lettre fort impertinente, et tout Paris s'amusa de cette belle querelle très divertissante pour la galerie.

Marais envoie les deux épîtres à Dijon : en voici deux courts extraits, ils donneront l'idée de l'embarras du littérateur accusé d'infidélité et de la hauteur assez ridicule de la grande dame qui craint, par-dessus tout, d'avoir été dupée. Ces petites querelles littéraires, qui paraissent aujourd'hui si frivoles, avaient alors un retentissement qui étonnerait, si le silence universel ne l'expliquait suffisamment. Voici un passage de la lettre de l'abbé d'Olivet, qui a l'air fort empêtré et ne sait évidemment comment se tirer de cette tracasserie sans y laisser de plumes.

Je [2] sais très bien, madame, que vous avez des soupçons qui ne me font pas honneur dans votre esprit; agréez que je me dispense par cette raison d'aller vous rendre aujourd'hui mes devoirs : je ne me flatterais point de pouvoir vous persuader que je n'ai pas tort, et je ne me sens pas assez intrépide pour aller, de gaieté de cœur, me faire quereller par la personne du monde dont la colère me paraîtrait la plus redoutable.

1. Bibl. nat., f. fr. 24 451, f. 438.
2. *Ibid.*, f. 425, 426.

A ces excuses entortillées, la duchesse répond par des impertinences, qui n'ont pas pour se faire pardonner le tour spirituel et la grâce aisée qu'on eût pu attendre d'une duchesse doublée d'une précieuse.

Monsieur Roy, ayant été témoin, monsieur, des paroles que vous m'aviez données, ne pouvait se persuader que vous y eussiez manqué; pour le convaincre, je consentis qu'il vous proposât de vous justifier, sans quoi je n'aurais pas imaginé de vous mander de venir chez moi. Je suis ravie que vous soyez embarrassé de me voir, c'est une preuve que vous n'êtes pas habitué de manquer à votre parole; je vous en fais mes compliments, mais je puis vous assurer que vous n'avez tout au plus à craindre de moi que des plaisanteries; j'avais déjà trouvé assez plaisant de solliciter pour une place à l'Académie, je ne me serais jamais doutée d'être à portée de donner cette preuve de mon amitié, car je croyais qu'il fallait même avoir de l'esprit pour proposer des sujets, et je m'en trouverais avec raison très indigne; mais n'importe, quoique nous n'ayons pas réussi, j'ai donné du moins des preuves de bon cœur, c'est à quoi je me dois borner. Je vous souhaite, monsieur, un bon voyage et vous honore très parfaitement.

LA DUCHESSE DE GONTAUT.

Le président qui, dans sa retraite de Bourgogne, prétendait regarder de haut toutes ces petites intrigues, dont il ne se mêlait qu'autant qu'il lui plaisait, répondit ces quelques lignes assez méprisantes qui eussent sans doute mécontenté tout le monde.

Dijon, 21 octobre 1730.

Vous [1] m'avez fait, monsieur, un vrai plaisir de m'envoyer une copie des lettres de Mme de Gontaut et de l'abbé d'Olivet. Celle de la Dame à bien la mine, comme vous l'observez fort bien, de n'être pas de sa façon. Je plains notre ami de s'être

---

1. Bibl. nat., Lettres du président Bouhier à M. Marais, f. fr. 25 541, f. 359.

attiré une dame qui a deux courtisans tels que Voltaire et Roy. Gare les épigrammes. L'abbé aurait aussi bien fait de ne point écrire. S'il a manqué de parole, il ne pouvait se justifier, et s'il n'en a pas manqué, il n'avait pas besoin de justification : ces tracasseries me consolent de n'être point à portée d'assister aux élections.

Malgré cet échec, les dames beaux esprits n'en continuèrent pas moins à avoir des candidats à l'Académie. Elles s'avisèrent l'année suivante de faire présenter un homme de cour qui avait la réputation d'être un grand joueur, bien que le nom qu'il portât eût été celui d'un des hommes d'esprit fameux du règne précédent.

M.[1] le comte de Gramont se présente pour remplir la place de M. de la Faye. Mme de Gontaut, Mme de Rupelmonde et d'autres dames veulent avoir un résident à l'Académie, et il en servira. Il joue bien au piquet et décidera s'il faut dire en jouant *une levée* ou *un lever*. Les harangues nous apprendront quel est son mérite d'ailleurs.

Bouhier répond :

.... Je[2] n'ai point l'honneur de connaître M. le Comte de Gramont. Mais son nom est beau et illustrerait fort nos fastes. Je laisse à Messieurs mes confrères à juger de ses autres qualités académiques. Je dirais volontiers comme le rat de votre ami La Fontaine : *Les choses d'ici-bas ne me regardent plus.* Vous savez le reste. Le retour si prompt de Voltaire ne vous fait-il pas soupçonner qu'il a quelques vues de ce côté-là? Sa lettre sur Campistron est d'un caractère singulier, et m'a paru pleine d'une orgueilleuse modestie. Elle se fait lire néanmoins avec plaisir, et on y trouve de bonnes observations sur ce qui rend les vers forts ou faibles. On ne saurait nier qu'il n'ait de grands talents, et qu'il ne soit né pour faire d'excellentes choses, s'il les précipitait un peu moins.

1. Bib. nat., f. fr. 24 414, f. 85.
2. Bibl. nat., Lettres du président Bouhier à M. Marais, f. fr. 25 541, f. 424.

Quelque temps après, Crébillon, le poète tragique, était nommé membre de cette Académie, objet de tant d'ambitions. Sa réception fut remarquable parce qu'en sa qualité de poète, Crébillon se hasarda à faire son discours en vers, audace qui réussit comme Marais n'a garde de le laisser ignorer à son ami, doublement intéressé dans la circonstance et comme académicien et comme Bourguignon. Crébillon était né en effet dans la bonne ville de Dijon, aussi écrit-il avec une satisfaction toute patriotique.

Dijon, le 6 octobre 1731.

Vos[1] deux lettres, monsieur, arrivées tout à la fois, m'ont fait un plaisir plus que double, en me marquant de plus en plus votre attention obligeante à me régaler de vos agréables nouvelles et à multiplier mes plaisirs. Tout ce que vous me dites de la gloire que notre compatriote Crébillon s'est acquise à sa réception à notre Académie, m'en fait infiniment. J'ai grand regret de n'en avoir pas été témoin et j'ai impatience d'en être dédommagé par la lecture de ses beaux vers. Voilà de sa part un genre de licence poétique qu'on ne connaissait pas encore, et dont vraisemblablement l'exemple sera peu suivi. Mais j'aurais bien voulu, pour la rareté du fait, que la réponse eût été faite par quelqu'un de nos poètes. Car il y aura un contraste singulier entre un compliment en vers et une réponse en prose. C'est à peu près comme si le complimenteur était à cheval et le complimenté à pied. Mais cela ne vient peut-être pas mal à propos dans un temps où l'on voit bien d'autres choses renversées. Vous m'entendez....

C'est vers cette époque que Voltaire commença à passer tout à fait au premier rang et à exercer cette sorte de royauté littéraire qu'il garda pendant plus d'un demi-siècle. Il revenait d'Angleterre, et préparait en secret les

---

1. Bibl. nat., Lettres du président Bouhier à M. Marais, f. fr. 25 541, f. 447.

Lettres philosophiques, tandis qu'il faisait représenter *Brutus, Eryphile*, et enfin *Zaïre*. L'*Histoire de Charles XII*, imprimée clandestinement à Rouen, parut en décembre 1731, et produisit un immense effet.

Il est curieux de prendre sur le vif l'impression causée par ce morceau, qui a fait date dans l'histoire littéraire sur deux esprits cultivés et très propres à en saisir tous les mérites. Marais, subjugué par le talent d'écrire, est vif dans l'expression de son admiration, mais il fait des réserves sur les jugements politiques de l'auteur qui se met au-dessus de tout, et tranche de l'Aristarque infaillible.

A Paris, le 22 décembre 1731.

Je [1] suis à présent bien savant sur la *Vie du roi de Suède*, par Voltaire. Je l'ai lue avec étonnement; elle est pleine de faits rares, surprenants, qui passent le vraisemblable et même le merveilleux. Le style est accommodé à tous ces grands événements, par une diction plus poétique qu'historique et par des traits de feu et de hardiesse qui ne peuvent partir que d'un très beau génie. — On y est souvent ému de terreur, de pitié, d'indignation, et les larmes vous coulent des yeux malgré vous: du moins c'est ce que j'ai ressenti. L'historien n'est pas ami des rois, c'est un anti-monarque, et il ne paraît pas respecter beaucoup les puissances de la terre, ni tout ce qui peut dominer. Si le poème dont on vous a parlé est vrai, les puissances célestes ne l'embarrassent guère, et voilà sans doute un homme aussi singulier et aussi *unique* que son héros, à qui il donne ce nom d'unique, et qui n'est pourtant point son héros. Au reste, je n'ai rien trouvé contre la France, sinon que dans un petit discours qui est à la fin, où il méprise l'histoire en général, il donne au feu Roi la *magnificence* pour toute vertu et tout talent; ce qui est bien fou et bien hardi à ce petit homme qui juge les rois et les dieux et qui distribue ses grâces comme il lui plaît. Je prévois une mauvaise fin à tout cela. L'Empereur d'*Allemagne* ne sera pas content non plus que les autres princes, et quelque Italien vengera Rome.

1. Bibl. nat., f. fr. 24 413, f. 78.

Le président est plus réservé dans son admiration :
comme il n'a pas les idées de scepticisme que Bayle a
données à Mathieu Marais, il démêle avec plus de finesse
que lui les tendances rationalistes qui se dissimulent sous
la prose étincelante de Voltaire, en voit tout le péril pour
la religion, et ne craint pas de le dire avec une franchise
qui lui eût attiré bien des sarcasmes si elle eût été
ébruitée.

.... Je [1] n'ai encore lu que le premier volume de la vie du Roi
de Suède, qui m'a fait grand plaisir. Quoique les faits en soient
assez récents, et presque connus de tout le monde, on les lit
encore avec plaisir, écrits dans un style mâle et vigoureux, et
qui a l'air original. On ne saurait pourtant l'excuser sur plusieurs traits. Pour ne pas parler de ce qu'il y dit sur la Cour de
Rome, n'êtes-vous point indigné de ce qu'il dit de la religion de
la reine Christine, qu'il ne fait que philosophe, n'osant pas la
dire athée, comme si elle n'avait pu demeurer telle, étant luthé-
rienne, et comme si on quittait un royaume pour la religion,
quand on n'a point de religion? Il y avait assez d'autres choses
répréhensibles en elle, sans l'attaquer par cet endroit. Mais
j'entends bien qu'il n'a pas voulu dire cela pour la reprendre. Du
reste, il a assez bien conduit jusqu'à Bender son *fougueux l'An-
gely*. J'ai impatience de voir la suite. On m'a dit qu'il y avait à
la fin un fort joli discours sur l'Histoire, dont vous me dites
des choses qui augmentent mon impatience.

Marais ne se rend pas, et en annonçant à son ami la
mort de La Motte, il défend vivement son Voltaire et se
moque fort spirituellement du défunt ennemi du vieil
Homère.

A Paris, le 31 décembre 1731.

.... J'ai [2] un compliment à vous faire sur la mort de M. de la
Motte, votre confrère. Mme de Tencin a eu la précaution de

1. Bibl. nat., Lettres du président Bouhier à M. Marais, f. fr. 25 541,
f. 476.
2. Bibl. nat., f. fr. 24 414, f. 80.

retirer tous les papiers et mandements qu'il faisait pour l'archevêque d'Embrum : il emporte avec lui la réputation du *Lucain*
et du *Sénèque français* et nous laisse en possession d'admirer
Homère et Virgile, de penser qu'il y a un langage poétique différent de la prose, d'estimer Malherbe et La Fontaine, et de ne
point goûter les odes mesurées et les fables métaphysiques :
il n'a pas tenu à lui que nous ne perdions notre langue, notre
goût et notre poésie, mais nous en voilà délivrés ; on lui désigne
pour successeur M. de Moncrif, qui a fait les *Chats*. J'aimerais
bien mieux notre Voltaire, poète, historien, orateur, critique et
tout ce qu'il lui plaît d'être. Je pense de son *Histoire* tout comme
vous ; il a vraiment l'air mâle et original et traite cavalièrement
les souverains. Ce qu'il dit de la reine de Suède ne regarde que
son amour pour les belles-lettres et les sciences, qu'il appelle
Philosophie, et ce nom en cet endroit n'est point pris au criminel
à ce qu'il me semble.

Bouhier, qui était un habitué du salon de Mme de
Lambert lorsqu'il était à Paris, ne laisse pas que de
défendre la mémoire du pauvre de la Motte. Il le fait
avec esprit, et rend à Marais la monnaie de sa pièce en
se moquant des prétentions de Voltaire à une autre sorte
de royauté littéraire qu'il n'est nullement disposé à lui
reconnaître. On voit, par ces discussions, combien le
règne incontesté de l'auteur de la *Henriade* fut long à
s'établir, et que les meilleurs esprits savaient fort bien
garder leur indépendance.

Je[1] ne laisse pas de regretter le pauvre La Motte, notre confrère. Il avait les mœurs douces, et le commerce aimable. On
ne saurait nier qu'il n'eût beaucoup d'esprit et qu'il abondât en
vices séducteurs qui lui avaient fait trouver l'art de plaire à la
cour et à la ville. Malheureusement son esprit novateur a voulu
renverser les idées reçues en beaucoup de choses, aussi bien
que les expressions. Ainsi, à force de vouloir être original, il

1. Bibl. nat., Lettres du président Bouhier à M. Marais, II, f. fr. 25 542,
f. 1.

n'a pas même le mérite des bonnes copies. Cependant vous verrez qu'on aura peine à le remplacer. Croyez-vous qu'il eût un digne successeur dans l'historien *des chats*, quoique son ami et son disciple? Voltaire serait un sujet très digne, sans tous les travers qu'il s'est donnés surtout dans son histoire du roi de Suède. Un catholique, un homme sage peut-il dire de sang-froid, que *le roi Jacques a quitté mal à propos un royaume pour sa religion*? On ne peut parler ainsi sans être protestant ou aussi philosophe qu'il suppose la reine Christine.

Au bout du compte, dit encore Bouhier dans une autre lettre [1], La Motte avait su faire aimer ses défauts. Je ne sais si Voltaire fera aimer ses vertus.

Ce qui donne de l'intérêt et du mouvement à cette sorte de conversation à deux, c'est qu'elle peint à merveille l'état des esprits : littérature, jansénisme, convulsionnaires, histoires du jour, Marais raconte tout au président qui, grâce à cette gazette, est aussi au fait des grands comme des petits événements que s'il passait toute son année entre la rue Saint-Jacques et la rue Montmartre. Un jour, c'est la fermeture du cimetière de Saint-Médard où l'autorité du roi veut faire cesser les convulsions. Bouhier, qui a l'esprit libre et aime les jésuites, n'a, au contraire, aucun goût pour les jansénistes. Malgré son gallicanisme parlementaire, il ne manque pas l'occasion de dire du mal des anti-constitutionnaires que Marais défend timidement. Il trouve même que la cour est trop douce à leur égard.

.... Plus [2] on enlève d'imprimeries aux anti-constitutionnaires, plus il en revient, c'est le cas de dire : *uno avulso non deficit alter.* On ne viendra pas à bout de l'hydre, si on ne s'y prend comme Hercule. Nous verrons ce que dira la cour sur la demande du concile provincial de Narbonne.

1. Lettres de Bouhier à M. Marais, II, f. fr. 25 542, f. 4.
2. Bibl. nat., Lettres du président Bouhier à M. Marais, f. fr. 25 541, f. 354.

Après les affaires du jansénisme, ce sont les démêlés
du chancelier avec les gens du roi, avocats et notaires
au Parlement, qui cessent d'expédier les affaires parce
qu'on a manqué à leurs privilèges. Puis, Marais raconte
les procès célèbres, et comme il parle à un magistrat, il
ne cache aucun détail. Tout à côté, ce sont des appréciations littéraires qui caractérisent bien celui qui tient la
plume. Ainsi voilà des admirations sans restriction pour les
Relations sur le quiétisme de Phélyppeaux; ce livre, tout
rempli de calomnie contre Fénelon, est « divin » parce
qu'on y dit du mal des mystiques, qu'en sa qualité de
bourgeois de Paris Marais n'aime guère, tandis qu'il s'af-
flige de la suppression de l'Histoire de Mézeray où il y a
des traits en faveur du Parlement.

Lorsqu'en août 1732, Voltaire fit jouer *Zaïre*, l'effet
que produisit cette pièce si nouvelle sur un public aussi
peu habitué aux nouveautés que l'était alors le parterre
de la Comédie est curieux à constater et fut très divers.
Cette fois, le jugement est tout différent de celui de Le
Blanc, que nous avons cité plus haut.

A Paris, le 22 août 1732.

Voltaire fait jouer une tragédie qu'il a placée dans le temps
des Croisades, où les Mahométans sont galants, doux, ne
veulent qu'une femme, où les chrétiens sont acteurs, où la
vraie croix est sur le théâtre; enfin, on dit que pour éviter le
reproche de ne s'arrêter qu'aux vers dans ses pièces, il a voulu
une fois en sa vie travailler à la conduite; mais qu'il a raté la
conduite et que les vers ne valent rien. Tous les grands seigneurs de France qui sont nommés dans cette pièce et qui en
sont les comédiens sont admirés par ceux qui s'en croient les
descendants.

Quelques jours après, Marais revient encore sur *Zaïre*;
il est obligé de constater le succès de la pièce, qui manque

aux règles, mais fait verser des larmes. C'était là un argument décisif en faveur des hardiesses du drame qui faisaient alors beaucoup d'effet.

Voltaire[1] a retouché sa pièce, et on s'y étouffe : on pleure et on rit aux mêmes endroits; il croit avoir trouvé la purgation d'Aristote; il manie la religion chrétienne et la mahométane à son gré, lui qui n'en connaît aucune.

Ailleurs il dit encore, à propos de la même pièce : « On en est fou et on aime à y pleurer ».

Le président, dans le calme de son cabinet, se montrait moins indulgent à la lecture pour la tragédie nouvelle, et en saisissait tous les défauts que le jeu des acteurs et l'illusion de la scène masquaient aux spectateurs. Ce qui acheva de l'indisposer fut l'étrange préface que Voltaire avait d'abord mise à sa pièce où il injuriait grossièrement l'Académie. Ce morceau, qui ne parut pas, et que l'auteur eut le temps et le bon goût de supprimer, fut envoyé à Bouhier avec la tragédie qui souffrit un peu dans son esprit de cet étrange avant-propos.

J'ai[2] lu enfin *Zaïre*. Il y a quelques beaux endroits et des situations touchantes. Mais depuis le commencement à la fin, tout est presque contre la vraisemblance; et d'ailleurs j'y trouve des expressions louches et des constructions vicieuses sans nombre. Ce qui est insupportable à ceux qui sont un peu plus délicats sur cet article.

J'ai grande impatience de voir la parodie qu'on en a faite aux Italiens et qu'on dit être très jolie.

.... Au[3] reste, non seulement j'ai l'épître dédicatoire de *Zaïre*, telle qu'elle a été imprimée, mais on m'a encore envoyé depuis les endroits supprimés de cette épître.

1. Bibl. nat., f. fr., 24416, 152.
2. Bibl. nat., Lettres du président Bouhier à M. Marais, II, f. fr. 25 542, f. 106.
3. *Ibid.*, f. 110.

Ainsi, je suis en état de vous en régaler, si vous ne pouvez les recouvrer d'ailleurs. Ce qu'il y a de plus fort et de plus impertinent, ce sont des invectives grossières contre notre Académie où il dit que *le frelon prend trop souvent la place de l'abeille.* Après beaucoup de belles choses pareilles, il ajoute qu'il semble que pour y avoir place, il faille être plus accablé de la risée publique qu'*honoré des applaudissements.* Enfin, que *les têtes qu'on y couronne de lauriers, n'en sont pas à tel point couvertes qu'on n'y découvre encore les restes de chardons qui ceignaient leur front sacré.*

Ne faut-il pas avoir perdu l'esprit pour parler de la sorte?

Marais est tout aussi indigné que Bouhier de l'insolence de Voltaire et ne le ménage pas : on n'est pas arrivé au moment où personne n'osera plus toucher au grand homme. Il n'est encore qu'un fou impertinent pour bien des gens, pour tous ceux qui sont restés les dévots du siècle précédent.

A Paris, le 30 janvier 1733.

J'ai [1] aussi vu *Zaïre* avec l'*épître*; mais on a retranché l'éloge de la Le Couvreur et le parallèle de ses tristes obsèques avec celles de la comédienne anglaise Oldfied. La suppression de cette épitre vient d'un autre parallèle tacite du règne dernier avec celui-ci, sur la protection donnée aux gens de lettres; en quoi l'auteur a tort, car le roi fait beaucoup de choses pour les sciences, et les livres qu'on a été chercher en Orient le prouvent bien. Mais V. voudrait qu'on le récompensât à chaque sottise qu'il fait, sans quoi il tient le siècle pour un ingrat. J'irai voir la *Bagatelle,* dont tout le monde dit du bien; il y a un endroit où la Bagatelle dit à son auteur : « Est-ce que vous n'aimez pas *Zaïre?* » l'autre répond : « Si je l'aime; elle a de si beaux yeux. »

Marais est si en colère contre l'impertinence « du Voltaire » qu'il va jusqu'à se réjouir du succès de *Gustave*

---

1. Bibl. nat., f. fr. 24 415, f. 584.

Vasa de Piron et à mettre cette tragédie si oubliée au-
dessus de *Zaïre*.

Il[1] avait encore amassé une cabale pour faire tomber *Gustave
Vasa*, qui est une tragédie de M. Piron, mais malgré sa cabale
que l'on a fait taire, la pièce a été très applaudie et on va être
honteux des éloges larmoyants qu'on a donnés à cette folle de
Zaïre, qui n'a ni religion, ni mœurs, ni vraisemblance. J'ai
toujours bien regret aux larmes que j'ai versées.

Le président, qui restait, malgré tout son esprit, un
admirateur un peu exclusif du siècle de Louis XIV, dont
il avait vu le glorieux déclin, qui avait connu Bossuet,
Racine, et surtout Boileau, est fort satisfait de cette vive
sortie contre le nouveau maître du Parnasse. Les lettres
qu'il écrit sur ce sujet à son correspondant sont comme
l'écho des conversations littéraires du temps, où le parti
de ce qui était déjà devenu classique grondait sourdement contre les témérités de la nouvelle école littéraire.
Puis, en véritable Bourguignon, il se réjouit du succès de
la pièce de Piron, « pour[2] l'honneur de la patrie ». Il
parle à cœur ouvert avec Marais, sûr d'être compris, sûr
peut-être aussi de ne pas être trahi.

Dijon, 12 février 1733.

.... J'aime[3] votre indignation contre l'insolence dont Voltaire
a osé parler contre l'Académie. Elle est bien justifiée par là du
refus qu'elle a toujours fait de l'admettre en son corps.
.... Je suis ravi du triomphe de Piron qui est, non le bâtard,
mais le fils de mon apothicaire, que j'aimais beaucoup. On m'a
envoyé une analyse de sa pièce, qui m'en donne une bonne

---

1. Bibl. nat., f. fr. 24 415, f. 586.
2. Lettre de Bouhier au président de Buffey. Lettres inédites de
Buffon, etc., publiées par Girault, Paris, 1812, p. 70.
3. Bibl. nat., Lettres du président Bouhier à M. Marais, II, f. fr. 25 542,
f. 114.

idée. Je craignais pour lui la cabale de Voltaire, et j'ai une vraie joie qu'elle n'ait pas réussi. Ce dernier mérite bien cette mortification, aussi bien que celle que lui procure l'indiscrétion de l'ami de Rousseau. Cela donnera sans doute quelque scène agréable au public. Ce sera le cas de dire *corsaires attaquant corsaires*, etc.

A côté de ces jugements littéraires, il y a dans ces lettres des observations morales ou sociales curieuses à noter. Ainsi, à tout propos, Marais revient, en s'en moquant, sur les mariages d'argent que les grandes familles mettent comme une sorte de vanité à conclure. Ce sont surtout les établissements des filles et petites-filles de Samuel Bernard, le fameux financier, qui ont le don d'allumer sa colère. Les plus grands noms du Parlement se disputaient l'alliance du fastueux partisan dont l'insolente opulence avait résisté à toutes les vicissitudes ordinaires aux fortunes subites et exagérées. Après avoir épousé lui-même en secondes noces une personne de condition, Mlle de Saint-Chamans, bien marié ses fils, accordé sa fille à neuf ans et demi au président Molé, il maria en août 1732 sa petite-fille au président de Lamoignon :

Je[1] vous garde pour la bonne bouche le mariage qui va se faire de M. de Lamoignon le jeune, président à mortier, avec Mlle Bernard, fille du maître des requêtes, et petite-fille de M. Bernard. L'entrevue est faite, les conditions acceptées, et voilà le deuxième président à mortier dans cette famille.

La[2] dot de Mlle Bernard est de 800 000 liv. comptant, 200 000 liv. d'assurés et un présent de 40 000 écus pour le gendre, sans compter 10 000 écus pour le linge et habits, et de beaux diamants que la mère donne. *Auri sacra fames!*

1. Bibl. Nat., f. fr. 24 414, f. 152.
2. *Ibid.*, f. 154.

Dijon, 9 septembre 1732.

Un [1] million était autrefois, ce me semble, répond Bouhier, la dot des filles de France. Elle est devenue celle des filles de Bernard. Que diraient sur cela les L'Estoile?

L'année suivante, Samuel Bernard fit faire un mariage plus brillant encore à sa petite-fille. Le président de Rieux, l'un de ses fils, maria sa fille au marquis de Mirepoix, héritier de la maison de Lévis. Être à la fois beaupère du président Molé, grand-père du président de Lamoignon, et grand-père du futur duc de Lévis, ce n'était pas mal pour le fils d'un portefaix de Lyon, qui était entré dans le monde sans avoir un sou vaillant. Il faut dire que le mariage fit scandale.

A Paris, le 11 mars 1733.

La [2] folie de la France est d'entrer dans la famille (ou dans la caisse) de M. Bernard, et voilà encore M. le marquis de Mirepoix qui épouse la petite de Rieux, âgée de onze ans, jolie comme un ange, la fille du président et de mademoiselle de Boulainvilliers; elle ne risque que d'être duchesse et d'avoir tous les biens de la maison de Lévis. Au siècle prochain, on cherchera la famille de Bernard pour le nom, et il y aura quelque riche qui sera bien aise d'y entrer. M. le comte du Luc a marié sa petite-fille à M. de Nicolaï, qui a la survivance de premier président de la Chambre; cela est bon pour tous deux; la demoiselle est fille du marquis du Luc et on lui donne 450 000 liv.; mais Bernard fait de plus beaux mariages.

Le maréchal d'Alègre est mort; le gouvernement de Metz est donné à M. de Belle-Isle, le petit-fils de M. Fouquet; et qui aurait dit cela il y a soixante ans?

Il [3] ne faut pas seulement dire, répond Bouhier, qui aurait

1. Bibl. nat., Lettres du président Bouhier à M. Marais, II, f. fr. 25 542, f. 69.

2. Bibl. nat., f. fr. 24 414, 464.

3. Bibl. nat., Lettres du président Bouhier à M. Marais, II, f. fr. 25 542, f. 122.

pensé il y a soixante ans que M. de Belle-Isle aurait le gouvernement du Messin, qui l'aurait pensé il y a huit ans?

La roue de fortune n'a pas mal tourné en sa faveur. Mais il
semble que cette roue est devenue immobile pour S. Bernard
tant la fortune est constante à le favoriser en tout sens. Mais
quel beau-père aura là M. de Mirepoix! Quand on voit tout
cela, n'a-t-on pas raison de dire avec l'homme d'Horace : *Et
rem, quocumque modo rem.*

-M. [1] de Nicolaï me paraît avoir mieux pensé que M. de Mirepoix. Vous savez le conte de l'image de la Vierge qui est peinte
en quelqu'un des châteaux de la maison de Lévis, avec un rou-
leau sortant de sa bouche, et où sont ces mots adressés à un
de cette maison qui est peint à genoux devant elle : Couvrez-
vous, mon cousin. Dira-t-elle : *ma cousine* à la nouvelle marquise?

Mais les faits et gestes du Bernard, comme l'appellent
nos correspondants, qui occupaient si fort le public, pâli-
rent bientôt devant les discussions passionnées que pro-
voqua un nouvel ouvrage de Voltaire : *le Temple du goût*;
il est difficile de se rendre compte de l'effet que produisait à cette époque l'apparition d'une œuvre littéraire et
des controverses qu'elle suscitait. Dans le silence universel qu'entretenait l'absence presque complète de journaux, le moindre ouvrage un peu remarquable avait, au
milieu d'une société infiniment plus restreinte, un retentissement que nous ne pouvons plus comprendre. Qui
croirait, en effet, que *le Temple du goût* causa un véritable
scandale et valut à son auteur d'ardentes inimitiés? Bouhier
écrit à Marais :

.... On [2] me vient d'apporter *le Temple du goût* de Voltaire. Je
n'en ai lu encore qu'une petite partie. Jusqu'à présent, je ne lui

1. Bibl. nat., Lettres du président Bouhier à M. Marais, II, f. fr. 25 542,
f. 125.
2. *Ibid.*, f. 124.

ai ouï dire que du mal de tout le monde. Peut-être finira-t-il
par dire du bien de quelqu'un? Laisserait-il bien ce *Temple*
aussi désert que celui de l'amitié? Celui qui me l'a envoyé l'a
accompagné de cette épigramme :

> Voltaire veut parler de tout,
> Et croit parler de tout en maître :
> C'est ainsi qu'au Temple du goût,
> Il en parle sans s'y connaître.

Quoi qu'il en soit, voilà donc la guerre déclarée entre lui et
Rousseau. Il n'y a pas d'apparence que ce dernier demeure
dans le silence. Ainsi nous allons voir de belles joutes.

Marais n'est pas moins sévère, et ses jugements ont
même une âpreté à laquelle il ne nous avait pas encore
habitués.

A Paris, le 29 mars 1733.

J'aime [1] votre indignation contre *le Temple du goût* ou du
dégoût. On le vend publiquement à Paris et on n'en saurait
fournir. Que dites-vous du pas de trois qu'il fait danser par
M. Rolin avec la Pellissier et la Sallé, de l'air qu'a l'âme d'être
immortelle, de cette matière qui est renvoyée aux bancs de
Sorbonne, du cardinal de Richelieu, traité comme un pédant en
présence de son neveu qui apparemment y a consenti, de Pélisson traité comme un polisson, de l'*Histoire de l'Académie*, si
déshonorée après avoir eu toutes les voix jusqu'à présent, de
La Fontaine qui accourcit ses contes, de Bayle réduit à un tome?
et voilà un petit vilain auteur, à qui on devrait faire passer la
mer et l'envoyer *ultra sacramenta*. J'ai relu la *Guerre des auteurs*,
de M. Guéret, dont il a pillé plusieurs traits, car ce n'est qu'un
plagiaire. Est-il possible que le cardinal de Polignac et l'abbé
de Rothelin protègent un tel imprudent, et qu'il s'en vante ?

Le [2] *Temple du goût* est détesté et lu de tout le monde; on le voulait jouer aux Marionnettes, la police l'a empêché.

Les discussions sur *le Temple du goût*, qui choqua si
fort les contemporains, se prolongèrent quelque temps.

1. Bibl. nat., f. fr. 24 414, f. 466.
2. *Ibid.*, f. 472.

Bouhier continue à blâmer Voltaire dont l'outrecuidance
lui paraît insupportable.

Loin [1] que le cardinal de Polignac protège *le Temple du goût*,
on me mande, au contraire, qu'il le blâme publiquement, et dit
qu'il s'est fait à son insu. On dit aussi que l'autre éminence est
fort choquée du terme de *Maître de tout*, qui peut le commettre
avec le véritable *Maître*, et qui a peut-être été glissé maligne-
ment dans cette vue. On m'ajoute que M. de Caylus, l'un des
héros du poète, lui a envoyé un louis, connaissant son goût
pour l'argent, avec une épigramme dont on n'avait retenu que
cette fin :

> Voltaire, accepte ce louis,
> Et laisse-moi racheter, à ce prix,
> La liberté de mon suffrage.

Cela m'a paru fort plaisant.

.... Je [2] trouve la police bien bonne d'empêcher Polichinelle
de tourner en ridicule *le Temple du goût*. Mais si on a empêché
les Marionnettes de donner ce divertissement au public, comment avez-vous été si bien instruit de ce qu'il contenait?

Quelque mépris qu'on ait pour l'auteur de ce *Temple*, on ne
laisse pas d'acheter et de lire l'ouvrage, tant on aime la satire
bonne ou mauvaise.

A ce moment, la correspondance des deux amis, si
régulière, subit non pas un arrêt, mais une épreuve dont
elle se tire cependant à son honneur. Au commencement
de l'année 1733, le président dut aller passer quelque
temps à Montpellier pour y faire soigner sa femme.

La Faculté de Montpellier jouissait alors d'une réputation européenne. Mais, dans ce temps-là, aller de Dijon à
Montpellier, c'était un événement important, une décision
qu'on ne prenait qu'après de longues et mûres réflexions.

---

1. Bibl. nat., Lettres du président Bouhier à M. Marais, II, f. fr. 25 542,
f. 129.
2. *Ibid.*, f. 131.

Bouhier annonce ce grand parti, non sans une certaine solennité qui étonne un peu la facilité moderne à se déplacer.

Dijon, 16 avril 1733.

Ma [1] main, monsieur, commence un peu à griffonner; je m'en sers avec plaisir pour vous annoncer que je me porte un peu mieux. Aussi me faut-il faire provision de santé, étant sur le point de faire un assez grand voyage. Des incommodités fâcheuses, qui reviennent à ma femme tous les ans, l'ont déterminée, après bien des consultations de médecins, d'aller enfin se mettre entre les mains de ceux de Montpellier. Je ne puis me résoudre à l'y laisser aller seule et quelque dérangement que cela me cause, j'ai pris mon parti de l'y accompagner. Nous comptons de partir au commencement de mai. Ainsi vous n'avez qu'à préparer vos commissions pour le Languedoc. C'est un beau et bon pays, mais, à vous dire vrai, j'aimerais mieux rester chez moi. Je compte que c'est un voyage de trois ou quatre mois.

1. Bibl. nat., Lettres du président Bouhier à M. Marais, II, f. fr. 25 542, f. 135.

CHAPITRE V

NOUVELLISTE JUSQU'A LA MORT.
FIN DE LA CORRESPONDANCE DE MATHIEU MARAIS.

« Je[1] suis encore plus fâché que vous, monsieur, de votre éloignement et de la privation de vos lettres, puisque c'est moi qui y perds », gémit tristement Mathieu Marais, lorsqu'il apprend le voyage du président dans le Midi. Mais cette correspondance était devenue le grand intérêt de sa vie. Aussi rien ne fut-il changé de son côté, et il continua à expédier au président ses longues missives qui mirent un peu plus de temps à arriver à leur destination, mais n'en étaient que mieux reçues puisqu'elles apportaient les nouvelles de Paris à deux cents lieues et plus. Le président hors de chez lui, loin de sa chère bibliothèque et de ses amis, se trouvait assez désœuvré, et écrivait plus souvent et plus longuement. Puis, il est partout si bien reçu par ses confrères des Parlements d'Aix et de Marseille, on lui rend de si grands honneurs, qu'il ne peut résister au plaisir de conter ses satisfactions de vanité, avec une naïveté qui fait sourire.

1. Bibl. nat., Correspondance littéraire du président Bouhier, V.I, f. fr. 24 414, f. 186.

A Aix, le 2 juillet 1773.

La [1] date de ma lettre, monsieur, vous apprendra la petite
course que je suis venu faire en Provence. Il y a quinze jours
que j'y suis ayant été faire un tour à Toulon et à Marseille.
J'ai la tête pleine de vaisseaux, de galères, et de tout ce qui
s'en suit. Cela mérite fort la curiosité des voyageurs. Mais il
faudrait que les chaleurs y fussent un peu moins grandes. J'ai
vu à Marseille, avec grand plaisir, le bon comte de Roannès,
qui a quatre-vingt-six ou quatre-vingt-sept ans, se porte à merveille, et ne se sent en rien de la vieillesse. Il fait à merveille les
honneurs de cette belle ville où il représente comme général
des galères. L'Académie de Marseille y a rendu en ma personne
hommage à la nôtre, comme à sa sœur aînée, m'ayant député
quatre de ses membres pour me faire compliment et m'inviter
à aller présider chez eux; ce que j'aurais fait si j'y avais fait
plus de séjour. Ici, messieurs du Parlement m'ayant invité à y
aller prendre séance, je n'ai pas cru devoir refuser cet honneur
qui a été accompagné de toutes sortes de politesses. Car, outre
qu'on m'y a accordé la seconde place, on y a envoyé au-devant
de moi jusqu'au bas de l'escalier un Président et un conseiller
qui m'ont accompagné jusqu'en la chambre. J'assistai en robe
rouge aux conclusions d'un des avocats généraux dans une
cause fort importante, dont je pourrai vous parler une autre
fois, car aujourd'hui je n'en ai pas le loisir, étant pressé de
mille affaires, ou plutôt devoirs.

J'oubliais de vous dire que j'ai vu ici Mme la marquise de
Simiane, qui m'a assuré que dans le courant de cette année,
nous aurions le grand Recueil des lettres de Mme de Sévigné,
sa grand'mère, dont elle m'a fait voir divers originaux. De
plus, elle y joint un journal de la façon de la même, de ce qui
s'est passé pendant le procès de M. Fouquet, dont elle était
intime amie, et à qui elle rendit de grands services pendant
cette affaire. Je n'ai pas voulu différer davantage à vous
donner cette bonne nouvelle....

On voit, par cette lettre, que la passion du président
pour les lettres de Mme de Sévigné durait toujours et que

---

1. Bibl. nat., Lettres du président Bouhier à M. Marais, II, f. fr. 25 542,
f. 149.

le bonheur de toucher les originaux de ses mains, jouissance que tous les amateurs comprendront, ne fit que rendre plus ardent encore son culte pour la divine marquise. Il eut même pendant son séjour à Montpellier une de ces émotions joyeuses suivies d'une amère déception, comme les chercheurs seuls en connaissent.

.... Mais [1] voici une découverte qui vous fera grand plaisir. J'ai trouvé par hasard, chez des demoiselles d'ici, plusieurs lettres originales de Mme de Sévigné, écrites à un président de la Cour des Aides d'ici, nommé M. de Mousseau, qui était homme de beaucoup d'esprit, à ce qu'on dit, et qui avait été attaché autrefois au prince de Conti, frère du grand Condé. Il paraît avoir été fort bon ami de Mme de Sévigné et du Corbinelli, qui lui écrivaient souvent en grande familiarité. Je travaille actuellement à déterminer les demoiselles en question à me laisser tirer des copies de ces lettres. Je ne sais si j'en pourrai venir à bout, car vous connaissez les défiances du sexe féminin.

La joie du président ne fut pas de longue durée. Après de fausses espérances données et entretenues, les demoiselles finirent par se montrer inflexibles et le chasseur s'en revint bredouille et de fort mauvaise humeur.

.... Croiriez-vous [2] que je quitte Montpellier avec le chagrin de n'avoir pu tirer les lettres de Mme de Sévigné des mains des deux bégueules qui m'avaient promis de m'en laisser prendre des copies! Après m'avoir longtemps amusé de leurs belles paroles, elles m'ont enfin manqué tout net, et je les ai envoyées *où je crois qu'elles iront fort bien sans moi.* Vous connaissez sans doute ce style d'un des bons amis de Mme de Sévigné.

Au mois d'octobre, le président était de retour à Dijon et la correspondance, toujours un peu gênée par la distance, reprit de plus belle.

1. Bibl. nat., Lettres du président Bouhier à M. Marais, II, f. fr. 25 542, f. 155.
2. *Ibid.*, f. 168.

Pendant le séjour de Bouhier hors de Dijon, la guerre connue sous le nom de guerre de la succession de Pologne, avait éclaté et occupait fort les esprits. Louis XV ne pouvait y rester indifférent et laisser le roi Stanislas, le père de sa femme, essayer de reconquérir sa couronne sans l'aider et lui prêter appui. C'était du reste une bonne occasion de faire échec à l'empire, et de rejeter dans l'oubli, sans courir de grands risques, les désastres de la guerre de la succession d'Espagne. Le cardinal de Fleury sut saisir avec prudence et habileté cette conjoncture inespérée, afin de porter un coup à la puissance impériale, cette fois-ci isolée, privée de l'appui de l'Angleterre et de la Hollande, fort indifférentes à la question et décidées à ne risquer ni un homme ni un écu pour maintenir l'électeur de Saxe sur le trône de Pologne. Le roi Stanislas paya bravement de sa personne et quitta le repos de sa retraite de Chambord en août 1732 pour aller encore une fois courir les chances de la guerre. Les lettres de Marais et de Bouhier s'occupent naturellement beaucoup de cette campagne, la première véritable guerre, depuis les dernières de Louis XIV, qui excitât vivement l'amour-propre national.

Le [1] roi Stanislas a dîné le 22 à Meudon, et en est parti en poste pour aller à Brest joindre l'escadre qui le doit mener en Pologne; la reine s'est arrêtée à la Norville près Chartres et chez Mme de Sabran, et a continué sa route vers Chambord. Leur sort est entre les mains de Dieu et des électeurs. Vous souvenez-vous d'avoir lu l'*Histoire de la scission de la Pologne de 1697*, par la Bizardière? Cela est instructif pour ce temps-ci. Dans l'évangile du jour de Saint-Louis, indiqué pour l'élection, il y a : *Homo quidam abiit in regionem longinquam ut acciperet regnum*.

1. Bibl. nat., f. fr. 24 414, f. 510.

Les habitants disaient : *Nolumus hunc regnare super nos*. Belle matière pour les spéculateurs. Enfin, il faut y être, car faute de cela, M. le prince de Conti fut roi et ne le fut pas.

Lorsqu'on apprit le malheureux résultat de l'entreprise du roi Stanislas qui avait d'abord semblé marcher à souhait, la colère fut grande surtout parce que la guerre générale devenait imminente, et que les troupes commençaient à passer en Italie et en Lorraine, ce qui annonçait une campagne sérieuse et probablement meurtrière.

A Dijon, le 10 octobre 1733.

.... C'est[1] aussi une énigme de savoir si le pauvre roi Stanislas s'est retiré à Dantzick, comme on l'avait dit d'abord, ou sur les frontières de Turquie, comme on le dit à présent. Que dites-vous de ce malheureux prince, qui pouvait vivre très content comme particulier, et à qui la fortune semble n'avoir présenté deux fois la couronne que pour la lui ravir aussitôt. Je suis dans une si grande colère de la perfidie ou de la lâcheté de ceux qui l'ont si vilainement abandonné, que j'endosserais volontiers les armes, je pense, pour aider à punir ces vilaines gens, qui nous tournent le dos après avoir pris notre argent. Il faut espérer que le ciel ne laissera pas une telle action impunie....

Marais, lui, en sa qualité de robin de robe courte, est beaucoup moins belliqueux que son ami qui était d'une famille noble ayant compté plus d'un soldat. La différence de ton est sensible.

Je[2] ne croyais prendre part à la guerre qu'en général, mais je m'y intéresse de cœur, parce que M. le prince Charles, que je croyais fixé dans sa charge de grand écuyer de France, vient d'être nommé, comme ancien lieutenant général des armées du

1. Bibl. nat., Lettres du président Bouhier à M. Marais, II, f. fr. 25 542, f. 172.
2. Bibl. nat., f. fr. 34 414, f. 508.

roi, pour joindre les troupes qui sont en Dauphiné et de là passer en Italie, où le roi de Sardaigne nous donne passage. C'est M. le maréchal de Villars qui a demandé ce prince, connaissant sa valeur et sa vertu ; et aussitôt le voilà qui part, qui court à la gloire, qui quitte la Cour et qui me laisse très affligé de ce départ. Car, quand le reverrons-nous ? Je vous assure, monsieur, que je suis très fâché contre la guerre : on n'en sait pas trop le sujet.

Le président ne respire d'abord que le combat, et il embouche la trompette avec un lyrisme qui ne lui est pas ordinaire.

.... Que [1] dites-vous de la rapidité de nos progrès en Italie ? Je ne vous promettais que pour Noël la prise de Milan, et nous y voilà dès le commencement de novembre. Ne croyez-vous pas revoir Charles VIII et Louis XII s'emparer de la Lombardie ? Mais si nous commençons aussi bien qu'eux, Dieu veuille que nous finissions mieux. Ce qui m'étonne, c'est la léthargie de l'empereur qui ne nous oppose rien d'aucun côté. Veut-il exciter la pitié de l'Angleterre et de la Hollande ? Ce serait une ruse qui pourrait lui coûter cher. On n'est pas moins surpris de l'inaction de l'Espagne. Le temps dévoilera tous ces mystères. Cependant nos guerriers me paraissent très contents des Italiens, et encore plus des Italiennes, dont les jalousies étaient toutes levées à leur entrée dans Pavie et dans Milan, suivant ce que mande l'un d'eux ; qui ajoute que le pays marque une grande joie de se voir délivré des Allemands.

La guerre n'interrompait pas alors la vie sociale comme elle le fait de nos jours où, malgré nos prétentions à la civilisation, elle suspend tout, et ramène pour un moment la barbarie après elle. En ce temps de petites armées, recrutées par l'engagement volontaire, la masse de la nation ne s'apercevait pas beaucoup des effets de la guerre, surtout lorsqu'elle était lointaine, et qu'elle respectait le

---

1. Bibl. nat., Lettres du président Bouhier à M. Marais, II, f. fr. 25 542, f. 184.

territoire. Tout suivait à peu près sa marche ordinaire,
et la littérature allait son train. C'est ainsi que quelques
jours après le morceau tout belliqueux du président Bouhier, voici une lettre où, à propos d'une critique de Voltaire sur un des ouvrages d'érudition du président, la campagne des troupes françaises semble aussi complètement
oubliée que si elle n'existait pas. Il est vrai qu'en hiver les
armées restaient campées dans leurs retranchements sans
en sortir.

.... J'admire [1] votre complaisance d'avoir bien voulu jeter les
yeux sur ma lettre, qui est à la fin de cet ouvrage. Suivant
M. de Voltaire, ce ne sont que de *doctes fadaises*, et peut-être
a-t-il raison. Mais en aurait-on moins si on disait de ses vers
que ce sont de *brillantes fadaises*? Je m'en rapporte à Malherbe
lui-même, qui disait, à ce qu'on assure, qu'un bon poète
n'était pas plus nécessaire dans un État qu'un bon joueur de
quilles. Il nous faut bien des amusements, et chacun les prend
à sa manière.

Entre deux campagnes, on revenait à la cour, on allait
au bal, on se mariait, puis on s'en retournait bien vite au
camp pour y risquer sa vie, le tout avec une bonne grâce
dont le secret semble perdu.

Le [2] duc de Richelieu vint souper ici samedi, et en partit le
lendemain pour aller à Autun épouser Mlle de Guise. Il y mène
Voltaire qui n'a pas trop un visage de noce. C'est sans doute
pour faire l'épithalame. Mais il n'aura pas de quoi s'étendre
beaucoup sur les plaisirs des mariés, car ils ne seront que
deux jours ensemble, le duc de Richelieu étant pressé de se
rendre à l'armée d'Allemagne.

1. Bibl. nat., Lettres du président Bouhier à M. Marais, II, f. fr. 25 542,
f. 189.
2. *Ibid.*, f. 212.

Voltaire avait raison de suivre son ami le duc de Richelieu en Lorraine, car il venait de s'exposer à un orage, au
moins apparent, en publiant ses lettres philosophiques qui
portaient le titre plus modeste de *Lettres sur les Anglais*.
Le scandale causé par la hardiesse des idées contenues
dans cet ouvrage fut très vif. Marais, qui, cependant, ne
manque pas une occasion de dire du mal des prêtres et
qui, pour employer une expression très moderne, n'est
nullement clérical, se déclara comme terrifié des témérités du poète qui veut tout savoir.

Voilà [1] un homme étrange. Je n'ai pas encore vu ses *Lettres*
philosophiques; on en parle comme d'une chose abominable, et
dont le tiers est employé à réfuter les pensées de M. Pascal. Il
y a encore de lui une pièce intitulée *la Calomnie*, dont on répand
quelques fragments dans Paris. J'ai ces fragments que je vous
ferai copier, et vous y verrez Rousseau bien accommodé; ce ne
sont pas deux ânes qui se grattent, ce sont deux diables qui
s'écorchent et qui s'égratignent jusqu'au sang.

Et quelques jours après il ajoute :

J'ai [2] vu les *Lettres philosophiques* de Voltaire. Il n'y a point
de termes pour exprimer l'insolence de cet ouvrage qui attaque
tout depuis le cèdre jusqu'à l'hysope. Le ciel, la terre, les
nations, les conditions, tout passe par ses mains impies et
imprudentes. Il veut parler de géométrie, d'astronomie et
rejette bientôt notre Descartes pour lui préférer Newton. C'est
là le moindre. Il a voulu critiquer Pascal pour se donner un
relief, et il tombe dans une irréligion continuelle.

Le président se montre, comme il est naturel, très
curieux du livre qui fait tant de bruit. Mais comment

---

1. Bibl. nat., Corr. litt. du président Bouhier, VI, f. fr. 24 414, f. 512.
2. *Ibid.*, f. 518.

l'avoir? on l'a supprimé et on ne peut le faire circuler librement. Cette difficulté même augmente son désir et sa curiosité.

.... Tout [1] le monde a écrit des *Lettres philosophiques* de Voltaire sur le même ton que vous faites. Cela me donne grande envie de les voir, mais on ne saurait les recouvrer. Apparemment, on les réimprimera bientôt en Hollande, et nous les aurons par Genève. Notre Intendant avait reçu ordre de le faire arrêter à Montjeu, pour le conduire au château d'Auxonne. Mais notre philosophe en ayant été averti, heureusement pour lui, avait déjà pris le large, quand le hoqueton, qu'on avait chargé de cette commission, arriva pour l'exécuter. Je ne sais où il se sera réfugié. Je m'imagine qu'il aura gagné Genève, pour de là aller rejoindre ses bons amis les Anglais, où il pourra dire et écrire tout ce qu'il voudra. C'est, en vérité, grand dommage qu'avec autant d'esprit et de talents il en fasse un aussi mauvais usage.

Enfin, un mois après sa publication, Bouhier trouve moyen d'avoir le nouveau livre de Voltaire. Il est plus indulgent que Marais, et le provincial qui, malgré tout, s'ennuie parfois dans son bel hôtel de la rue Saint-Fiacre, pardonne à l'auteur ses hardiesses en faveur de l'amusement qu'elles lui causent.

.... J'ai [2] vu les *Lettres philosophiques*; véritablement, elles sont un peu folles en quelques endroits. Mais il y a aussi bien de bonnes choses, et agréablement écrites, qui m'auraient fait demander grâce pour le reste. On sent un homme enivré de l'Angleterre, de Locke, de Newton, de Pope, etc.; mais qui, dans son ivresse, nous débite des saillies heureuses. Il a touché des cordes qui, véritablement, sont délicates. Mais un poète tire-t-il à conséquence? Quoiqu'il critique Pascal, il lui rend

---

1. Bibl. nat., Lettres du président Bouhier à M. Marais, II, f. fr. 25 542, f. 217.

2 *Ibid.*, f. 224.

d'ailleurs justice, et paraît persuadé que s'il avait publié ses
pensées, il en aurait beaucoup retranché. Je l'ai pensé avant lui,
et je ne m'en repens pas. Il est surprenant qu'un esprit aussi
juste ait raisonné quelquefois aussi faiblement et soit tombé
dans tant de paralogismes. On veut pourtant dans le monde
que Voltaire ait été sacrifié à l'honneur de Pascal. Disons la
vérité. N'aurions-nous pas un peu honte que nos yeux s'ou-
vrent sur bien des choses de la façon de l'auteur de ce misérable *Temple du Goût*?

Il faut remarquer encore une fois, en passant, l'art singulier avec lequel Voltaire sut, pendant près de soixante ans,
rester sans cesse sur le devant de la scène et occuper les
esprits. Il n'y a peut-être pas dix lettres de Marais ou de
Bouhier où on ne parle de lui en mal ou en bien, enfin où
il ne tienne une place. Ce fut là son grand art et le secret
de son influence : jamais homme ne sut mieux tenir la
scène et attirer continuellement l'attention. Sans avoir
été un de ces hommes de génie qui s'imposent de haute
lutte et forcent pour ainsi dire l'admiration, n'étant même
tout à fait supérieur que dans la poésie légère et la narration historique, il eut la singulière adresse de toujours
faire parler de lui. Ce fut là son génie particulier, et ce
qui explique sa prodigieuse influence grâce à laquelle, pendant tant d'années, il mina sourdement l'édifice social, et
sapa, par la base, l'ancien ordre de choses, tout en pré-
tendant le respecter. Comme Newton, suivant sa célèbre
réponse, trouva le système du monde « en y pensant toujours », Voltaire fut l'une des puissances, et peut-être la
plus grande puissance de son temps en parlant toujours
avec une verve intarissable sur tout et sur toute chose.

Cependant l'admiration que Marais professait si ouvertement pour Voltaire quelques années plus tôt ne résiste
pas à ses nouvelles œuvres où il laissait percer ses idées

philosophiques. Il va même jusqu'à s'en moquer tout
comme son ami et ne le ménage pas davantage.

.... On [1] ne voit point encore Voltaire, sa lettre de caisse (sic)
est, dit-on, révoquée. Il a du crédit parmi les femmes, il babille,
il est hardi, il parle de tout ce qu'il sait et de ce qu'il ne sait
point. Les Pope, les Locke, les Newton, tous ces gens-là sont
ses familiers. Qui ne dirait pas que c'est là un grand homme?

Malgré tout, lorsque les armées françaises combattaient
sur le Rhin et en Italie, il fallait bien y penser un peu,
et tout l'esprit de Voltaire ne pouvait étouffer le bruit du
canon. La mort des deux derniers héros de la guerre de
la succession d'Espagne, Villars et Berwick, vient, en
effet, défrayer nos correspondants. Ce mélange de nouvelles littéraires, données presque sur le même ton, et
comme ayant la même importance, est bien caractéristique de l'époque. Un livre et une bataille, c'est presque
la même chose. Marais annonce ainsi la nouvelle de la
mort de Berwick devant Philipsbourg, mort glorieuse qui
donnait un glorieux couronnement à toute une carrière
d'honneur et d'éclatants succès.

A Paris, ce 15 juin 1734.

On [2] ne sait plus, monsieur, de quel côté tourner pour penser,
pour parler, pour écrire. Nous attendions tranquillement des
nouvelles du siège, et voilà un courrier fatal qui nous apporte
la mort de M. le maréchal de Berwick, notre général, tué dans
la tranchée d'un boulet de canon. C'est un second Turenne. On
dit qu'un ingénieur, déserteur de la place, l'a engagé à l'attaque
d'un ouvrage, et c'est dans la tranchée ou ligne disposée pour
cette attaque qu'il a été tué. Du même coup, M. le duc de
Duras a été blessé légèrement à la jambe d'un éclat de pierre.

1. Bibl. nat., Corr. litt. du président Bouhier, VI, f. fr. 24 414, f. 279.
2. Ibid., f. 282.

D'un autre côté, nous apprenons aussi la mort de M. de Plélo, qui a voulu aller à Dantzig avec les vaisseaux et les troupes de renfort, et qui y a été tué en voulant pénétrer dans la ville. On ne dit pas si les troupes sont entrées. Voilà les fruits de la guerre.

Bouhier, qui avait le sens plus calme, répond ces quelques lignes un peu sèches à la prose émue de son interlocuteur.

La [1] mort de M. de Berwick, monsieur, est un événement qui serait peut-être unique sans l'exemple de M. de Turenne. Il est beau de lui être accolé, et si le maréchal de Villars vit encore, ce dont je doute, il doit envier le sort de son confrère. Tout le monde le blâme d'avoir voulu quitter l'Italie dans le temps qu'on avait le plus besoin de lui. Cela ne s'appelle pas bien finir. On assure qu'il en rapporte des sommes immenses, et que depuis qu'il est arrivé à Turin, le change y est haussé de 4 p. 100, à cause des lettres de change qu'il a tirées sur Paris. Voilà un vilain article pour les mémoires de sa vie, qu'on dit que prépare l'abbé Houteville. Mais que dites-vous des deux maréchaux qui sont sortis de la tête du Berwick? On en donne aussi deux à l'armée d'Italie. Je le souhaite pour M. de Broglie, que j'ai vu commander un camp sur la Saône, où tout le monde était charmé de lui. Pour M. de Plélo, chacun dit : Qu'allait-il faire en cette galère? S'il eût réussi, il aurait pu faire une grande fortune et chacun aurait applaudi. Ainsi va le monde.

Revenant sur la mort de Berwick, Marais racontait à Bouhier une version de la mort du maréchal que nous n'avons vu rapporter nulle part. Il est vrai qu'il la dément lui-même quelques jours après, mais elle est curieuse et courut évidemment tout Paris puisque le fidèle chroniqueur la fait passer à Dijon. Si le fait rapporté eût été vrai, jamais il n'y aurait eu plus cruelle ironie du sort, ni plus beau texte à réflexions philosophiques.

1. Bibl. nat., Lettres du président Bouhier à M. Marais, II, f. fr. 23 542. f. 224.

Je [1] vous ai mandé, monsieur, la mort de M. le Maréchal de Berwick, mais je ne vous ai pas dit que ce coup est venu d'une de nos propres batteries, et vous le verrez dans l'extrait de lettre que je vous envoie.

Voilà une disposition bien malheureuse. Ce ne peut pas être une consolation de dire qu'au moins nos ennemis ne l'ont pas tué; il est certain qu'ils ont cette gloire de moins, mais toujours notre général est perdu et nous regretterons longtemps cette perte.

12 juin 1734, camp de Philipsbourg.

Tout serait le mieux du monde sans l'étrange et funeste aventure qui est arrivée il y a vingt-cinq jours. M. le Maréchal de Berwick étant allé, selon sa coutume, à la tranchée, et s'étant arrêté à la tête de la sape à considérer les ouvrages des ennemis, un premier boulet de canon *d'une de nos batteries*, qui avait été achevé hier au soir, est venu donner à un pied et demi de sa personne, ce qui l'ayant obligé de se retourner pour voir d'où il partait, *lui en a attiré un second* qui lui a emporté toute la partie supérieure de la tête depuis le nez.

Trois jours plus tard, Marais court après la nouvelle qu'il a envoyée à Dijon et qui a fait le tour de Paris avant d'être démentie.

C'est [2] quelque chose de beau que la physionomie historique, monsieur; nous ne savons pas si M. le maréchal de Berwick est mort de notre canon ou de celui des ennemis. Un lieutenant général des armées du Roi était dernièrement dans mon cabinet et me montra géométriquement qu'il était impossible que ce fût du nôtre parce que l'épaulement était tombé dans la tranchée sur M. de Duras, au lieu que venant de nous il serait tombé dehors. On m'écrit que le maréchal visitant la tranchée, alla jusqu'à la sape, et vit mettre le feu à une batterie et cria sur le champ : A bas la tranchée! Tout le monde se baissa, lui seul resta debout et le boulet l'emporta. Il s'était familiarisé avec le canon et ne croyait pas qu'il pût le toucher. Mais la guerre dit : « Attends-moi, je t'aurai... ».

1. Bibl. nat., Corr. litt. du président Bouhier, VII, f. fr. 24 414, f. 292.
2. *Ibid.*, VI, f. fr. 24 414, f. 295.

Les nouveaux événements de la guerre firent bien vite oublier la mort des deux vieux maréchaux. La bataille de Parme, gagnée par les deux successeurs de Villars, Broglie et Coigny, ne tarda pas à occuper tous les esprits.

Le [1] *monde ne se divise-t-il plus qu'en régiments et en compagnies, tout est-il devenu bataillon ou escadron ?* s'écrierait La Bruyère s'il vivait encore. Nous attendions, monsieur, des nouvelles du siège. Le courrier arrive. L'ouvrage à couronne est pris. M. de Belle-Isle l'a attaqué en plein jour. Les eaux se retirent et favorisent l'assiégeant. Le prince Eugène vient et nous alarme, mais il ne fait que voir, et le siège continue, et voilà tout d'un coup une bataille qui nous vient d'Italie où nous ne pensions presque pas. M. le maréchal de Coigny a bientôt payé le bâton qui lui a été donné. A peine l'a-t-il qu'il gagne une bataille sanglante, un combat d'infanterie où l'on était l'un sur l'autre dans un défilé de 150 toises de large, et où il est resté tant de part que d'autre 15 000 hommes sur la place. Le champ de bataille nous est resté. Nous avons beaucoup moins perdu que l'ennemi, mais il y a bien de la noblesse jeune et brave qui y a péri. Et demandez-vous pourquoi? Que gagnons-nous à cette Italie? L'Empereur devrait bien être dégoûté de guerre. Le voilà battu à Bitonto, à Tortone, sur la Parma, et partout. Il va être encore battu à Philipsbourg, s'il nous attaque. Tout cela est bien horrible pour lui. Mais l'épée est hors du fourreau. Or, revenons à notre bataille d'Italie, c'est M. de Coigny fils qui en a apporté la nouvelle.

L'État est en joie, et bien des familles sont en larmes. Les généraux de l'Empereur sont tués, pris ou blessés. M. de Mercy, qui a attaqué, est tué; le P. de Wittemberg bien blessé; vous verrez le reste dans la feuille ci-jointe. On ne sait encore des nouvelles que comme d'un incendie, on secourt ses blessés, on enterre ses morts, on entend les cris des mourants, on écrit à travers tout cela, et en un mot, c'est une bataille gagnée. M. de Bonas est détaché pour courir après les vaincus. Pour moi, je me réfugie dans mes procès qui est une autre guerre, mais on n'y meurt pas. En voilà assez pour aujourd'hui, monsieur, je vous embrasse. Au milieu de cela on joue une pièce de Didon

---

1. Bibl. nat., Corr. litt. du président Bouhier, IV, f. fr. 24 414, f. 288.

qui a grand cours, et une comédie d'une petite pupille amoureuse de son tuteur. Et voilà tout Paris au spectacle comme
s'il n'y avait ni bataille ni siège. O temps, ô mœurs!

Cette fois, le calme du Président ne tient pas devant
les détails du combat qui avait été meurtrier, et il écrit
avec émotion :

> Nous[1] avions su, monsieur, par Lyon, aussitôt que vous, la
> nouvelle de la victoire de Parme. Mais quelle victoire, bon
> Dieu! Je me souviens d'avoir lu quelque part que *victoria magno
> pretio empta, non est victoria, sed calamitas*. Perdre six ou sept cents
> officiers, ce n'est pas un combat, mais une boucherie. Et quelle
> cruauté de se voir canarder à coups de fusil, comme des
> oisons! Cela fait frémir. On attend avec impatience le détail des
> capitaines, lieutenants, etc., et on va trembler en ouvrant ses
> lettres.

Le pacifique Marais, au contraire, devient épique et il
est presque éloquent en parlant du triomphe de nos
armes.

> On[2] ne dira plus, monsieur, que les Français gagnent des
> batailles, mais qu'ils ne les poursuivent point. Depuis le
> combat de la Parma, qui a tant coûté de peines et de sang,
> Messieurs les maréchaux de Coigny et de Broglie ont poursuivi
> les Allemands qui, n'ayant plus de généraux, ont quitté Guas-
> talla que nous avons pris en un instant, au lieu que M. de Ven-
> dôme y avait été huit jours. Nous y avons fait 15 ou 1 600 pri-
> sonniers. On a apporté les drapeaux ici, le roi de Sardaigne
> en a gardé deux. Nous avons pris toutes les munitions qu'ils
> avaient amassées pour faire le siège de Parme; ils ont passé la
> Lenza, le Crostole, la Secchia, ils courent encore et nous cou-
> rons après eux. Voilà l'armée impériale presque détruite. C'est
> à présent que l'on peut dire que la victoire est complète. La

---

1. Bibl. nat., Lettres du président Bouhier à M. Marais, II, f. fr. 25 542,
f. 230.
2. Bibl. nat., Corr. litt. du président Bouhier, VI, f. fr. 24 414,
f. 284.

nouvelle vient d'arriver, cela a réjoui tout Paris qui était bien
affligé des morts du combat où l'infanterie française a fait
des merveilles qui n'ont point d'exemple depuis la monarchie.
On demandait l'année passée où étaient nos généraux, on
croyait qu'il n'y avait que des Villars et des Berwick et nous
voyons bien qu'il y 'a de grandes ressources dans notre
nation.

On chante, demain, un *Te Deum* pour le combat, et on y peut
bien ajouter par apostille quelques versets pour cette dernière
affaire, qui y tient et qui en est la suite. Je vous envoie la
lettre de M. de Coigny sur le combat, qui est très bien écrite,
et qui serait digne d'un César. Celui qui écrit sur le champ de
bataille, d'aussi grand sang-froid, une pareille dépêche, est
bien capable de ce qu'il a fait depuis; les envieux disent qu'elle
n'est pas de lui, et qu'elle a été faite chez le ministre. Si cela
est, nous avons d'aussi bons secrétaires que de bons généraux....

Le président est moins enthousiaste que son ami. Les
horreurs de la guerre, qui autrefois passaient presque ina-
perçues, commençaient à balancer la gloire militaire chez
bien des esprits. La lettre de Bouhier n'est cependant que
de 1734. Elle fait penser à la célèbre épître de d'Argenson sur la bataille de Fontenoy, dont la phrase finale sur
le plancher de sang et de cadavres qui forme le fond
d'une bataille, a été remarquée comme donnant une
date dans l'histoire des sentiments moraux.

C'est[1] véritablement à présent, monsieur, que nous devons
nous regarder comme victorieux en Italie. Suivant une lettre
que j'ai reçue de ce pays-là, l'armée ennemie est à demi ruinée,
tant par les morts que par la désertion, et je ne vois pas grande
apparence qu'elle puisse se rétablir. Cela ne ressuscitera pas
nos officiers morts, qui montent à environ cinq ou six cents,
sans compter les blessés. Ce qui est affreux pour ces derniers,
c'est que la plupart manquaient de secours.

1. Bibl. nat., Lettres du président Bouhier à M. Marais, II, f. fr. 25 542,
f. 232.

Mais pour moraliser avec une émotion sincère, nos deux correspondants n'en étaient pas moins de vrais hommes du xviiie siècle, et toute leur tristesse philosophique ne tient pas devant un livre nouveau. L'apparition d'un nouvel ouvrage leur fait tout oublier.

Le livre de Montesquieu, qui parut au même moment, occupa autant leur attention et l'attention du public que les actions militaires des armées d'Italie ou d'Allemagne.

Je [1] n'ai pas encore vu le livre de M. le P. de Montesquieu qui est au-dessous des *Lettres persanes*; et ce n'est pas là un premier étage. Ce sont des *Réflexions ou Considérations sur la décadence de l'empire romain*. On dit qu'il y a du machiavélique, qu'on y a mis des cartons, que le peuple romain y est fort mal traité, qu'il y fait passer ces anciens maîtres de l'univers pour des fripons, des gens sans vertu; et où en sont les Tite-Live et les Corneille? Pour moi, je n'y craignais que le trop d'esprit, et je ne m'attendais pas à une satire historique. Cependant il faut voir!

Lorsqu'il a enfin le livre entre les mains, l'avocat parisien, qui a appris dès sa jeunesse à admirer les Romains, est fort scandalisé des jugements de l'auteur de la *Grandeur et Décadence des Romains* et son indignation est assez comique.

Il [2] y a un chapitre six : *De la Conduite que les Romains tinrent pour soumettre tous les peuples.* J'ai cru lire l'histoire des larrons, j'y ai eu peur, et j'ai pensé crier au guet. C'est une vraie décadence des lettres d'écrire ainsi. Cela aurait été permis tout au plus du temps qu'on dégradait Homère. Le style est sec, il y a de l'esprit certainement. Mais on n'aime pas à se voir dépouiller de toutes ses idées, et n'avoir plus rien à soi. Ce n'est ni du Saint-Réal, ni du Saint-Évremond, c'est du persan, et l'entre-

1. Bibl. nat., Corr. litt. du président Bouhier, VII, f. fr. 24 414, f. 302.
2. *Ibid.*, VI, f. fr. 24 414, f. 306.

prise est bien grande de mettre en un in-douze les commence-
ments de Rome et ses guerres et finir par la destruction de
l'Empire d'Orient.

Le président Bouhier est plus méprisant encore que
Mathieu Marais, et ni l'un ni l'autre ne semblent s'être
doutés de l'étonnante fortune de ce petit volume devenu
classique, et qu'on apprend encore aujourd'hui par cœur
au collège.

On est rarement bon prophète, et ni Bouhier ni Marais
n'étaient assez partisans de la naissante philosophie pour
goûter le charme ni mesurer la portée des allusions politiques sur l'état du gouvernement de la France dont four-
millaient les Considérations, en apparence uniquement
historiques. Montesquieu peut passer, en effet, pour l'un
des inventeurs de cette méthode, si fort suivie depuis, qui
consiste à dire le mal que l'on pense des institutions pré-
sentes de son pays, qu'on n'ose attaquer en face, en le
portant, pour ainsi dire, au compte d'un passé que personne ne défend : on vise le présent en parlant des temps
anciens, on dit du mal des Romains pour médire de
Louis XV et de ses ministres.

J'ai [1] enfin le livre du président de Montesquieu, et j'ai commencé à le lire. Il prouve qu'il a lu l'Histoire romaine avec
assez d'attention. Mais c'est moins un tableau du sort de cet
empire qu'une esquisse assez mal dressée. A vrai dire, c'est
arena sine calce, et je m'étonne que ses amis ne l'en aient pas
averti.

Il [2] y a, par ci par là, quelques endroits assez jolis. Mais le
reste n'est que croqué, et la matière d'un livre plutôt qu'un
livre.

1. Bibl. nat., Lettres du président Bouhier à M. Marais, II, f. fr. 25 542,
f. 242.
2. *Ibid.*, f. 244.

Malgré l'effet produit par le livre de Montesquieu, effet que tous les mémoires du temps constatent, les nouvelles de la guerre reprirent cependant le dessus et firent oublier les Lettres. La surprise de la Secchia, promptement réparée par la brillante affaire de Guastalla, occupa un moment tous les nouvellistes, et donna matière à tous les faiseurs de couplets.

A Paris, le 26 septembre 1734.

C'est[1] cette fois-là, monsieur, qu'on peut dire : Je l'ai vu vif, je l'ai vu mort, je l'ai vu vif après sa mort. Je vous envoie la relation d'une surprise et d'une déroute du 15 septembre en Italie, où tout était perdu, et le maréchal de Broglie réduit à s'enfuir en chemise. Mais aujourd'hui tout est réparé. Nous avions été à Guastalla. Les Impériaux sont allés se camper à Luzzara, et comme ils nous ont crus tout déroutés et hors d'état de nous défendre ils sont venus nous attaquer le 19. Mais ils ont trouvé à qui parler. Nous avons gagné une bataille complète qui a duré depuis dix heures du matin jusqu'à cinq heures. Ils ont laissé sur le champ de bataille huit pièces de canon, des étendards, des drapeaux, des timbales, et un nombre considérable de morts qu'on ne dit point encore. Leurs corps étaient rangés comme en bataille, et il paraît qu'ils avaient bien combattu. Il y a six généraux de l'Empereur tués et on dit même M. de Wittemberg blessé.

Les carabiniers ont fait merveille à cette dernière bataille. Il y a un M. de Valençay qui les commandait; il a battu les cuirassiers de l'Empereur; après les avoir battus, il a trouvé de l'infanterie à la suite, il a fait mettre pied à terre à ses carabiniers, il s'est mis à pied à leur tête et a défait cette infanterie. Ce n'est pas tout; de la cavalerie s'était ralliée derrière cette infanterie, il a remonté à cheval, a encore battu ce ralliement, et a ainsi donné trois combats pendant que la grande bataille se donnait. On dit 7 ou 8 000 hommes sur le champ, peut-être plus, peut-être moins, mais cela n'est pas fini, et nous attendons ce que produira la poursuite. Imaginez-vous l'état où sont toutes les familles qui s'intéressent à la perte ou au gain et

1. Bibl. nat., Corr. litt. du président Bouhier, VI, f. fr. 24 414, f. 307.

combien on déteste la guerre. Il ne faut pas oublier le roi de
Sardaigne qui a fait, et ses troupes, tout ce qu'on peut attendre
de leur valeur.

Bouhier, qui perdait un neveu très cher dans ces sanglantes affaires, répondait à son ami sur un tout autre
ton, et la guerre lui paraissait cette fois beaucoup trop
sérieuse pour donner lieu à de petits vers ou à des airs
d'opéra. Ces batailles du xviiie siècle qui, dans les récits
contemporains, ont un air d'opéra-comique et font penser
aux gardes françaises poudrés, revêtus de jolis uniformes
portés avec une élégante désinvolture, n'étaient, en
effet, ni moins meurtrières, ni moins horribles par les
morts et les blessés que les combats du siècle précédent qui ont l'air plus sérieux. Le contraste même entre
l'atmosphère de frivolité qui enveloppait tout alors et la
terrible gravité de la réalité devait peut-être donner aux
horreurs d'un champ de bataille quelque chose de plus
saisissant et de plus poignant.

Ce[1] n'est pas sans raison, monsieur, que je craignais pour
les carabiniers, puisque nous venons d'apprendre que mon
neveu de Rouvray avait été tué dans la malheureuse boucherie
de Guastalla. Car je ne saurais lui donner un autre nom. C'était
un jeune homme de vingt-sept ans, très bien fait, et de la plus
belle espérance, d'ailleurs fils unique, et le dernier de sa
maison. Car ni ma sœur, ni son mari, qui a autrefois com-
mandé une brigade de carabiniers, et qui est maréchal de
camp, ne sont plus en état d'avoir des enfants. Et voilà ce que
c'est que d'avoir des généraux endormis. Car, sans cela, nous
n'aurions pas eu cette malheureuse affaire. Je n'ai pas la force
de vous en dire davantage pour aujourd'hui, ni de répondre au
reste de votre lettre du 4. Ce sera pour une autre fois....

1. Bibl. nat., Lettres du président Bouhier à M. Marais, II, f. fr. 25 542,
f. 252.

Marais revient encore avec détail sur la surprise de la Secchia et la bataille de Guastalla qui étaient, en effet, le sujet d'une foule de chansons, de petits vers, d'épigrammes comme on les aimait si fort au siècle dernier.

Je[1] reçois votre lettre du 2 octobre, à Paris, monsieur, et il faut bien garder Paris de peur des surprises. Je dis comme vous, il n'y a point d'exemple de cela dans l'histoire. Nous avons chanté un *Te Deum* hier, mais je ne sais pas si M. le premier président qui a son gendre prisonnier, d'autres disent tué, est bien content de cette cérémonie. Il y a une relation imprimée de la bataille, qui est très bien faite, on croit y être, et on ne s'imagine pas que ce soit des hommes qui aient fait tout cela. On nous assure aujourd'hui que les ennemis ont repassé le Pô et c'est la nouvelle.

L'hiver revenu, les opérations militaires cessent, et les deux correspondants recommencent à parler uniquement de littérature. On s'occupa fort des oraisons funèbres du maréchal de Villars et de son testament.

.... Est-il[2] vrai que le testament du maréchal de Villars a été cassé parce que personne n'a pu le lire? Est-ce par arrêt du Parlement? Si cela est, voilà une chose bien singulière. J'ai ouï dire que le vieux connétable de Montmorency ne savait pas écrire. Cela valait mieux.

Puis, c'est l'élection du fils du maréchal, le duc de Villars, à l'Académie. Il fit demander la place de son père à l'illustre assemblée, qui s'empressa de l'admettre. Marais trouve le fait tout naturel, et accuse seulement de néologisme un mot employé par le récipiendaire, mot qui, depuis, a eu une grande fortune et bien des adorateurs, celui de *popularité*.

---

1. Bibl. nat., Corr. litt. du président Bouhier, VI, f. fr. 24 414, f. 317.
2. Bibl. nat., Lettres du président Bouhier à M. Marais, VIII, f. fr. 25 542, f. 346.

.... L'Académie [1] vient de recevoir M. le duc de Villars; on a
été très content du discours et du récit. M. l'abbé de Houteville y a répondu par un journal historique de toutes les actions
du maréchal, tant grandes que petites, qui était pourtant
éloquent, et avec un peu de néologisme tel qu'est le mot de
popularité, et il l'a appelée *militaire*. La popularité militaire a
déplu aux grammairiens et encore aux gens de guerre qui ne
regardent point comme populaire l'affabilité qu'ils ont pour le
soldat, qu'ils appellent : *mon camarade* et *mon ami*. Et sur cela un
officier nous disait que les soldats nommaient M. de Vendôme
leur *caporal*, et qu'un de ceux-là mourant, blessé, lui dit : *Mon
caporal, vous perdez un bon ami....*

Une aventure qui arriva à cette époque et défraya toute
la société littéraire du temps, amusa aussi beaucoup
Bouhier et son ami. Des sonnets portant une signature
féminine inconnue, Mlle de la Vigne Malcrais, parurent
tout à coup dans le *Mercure*, et excitèrent la curiosité
générale. On les loua, les admira, et ce fut à qui célébre-
rait cette inconnue qui, faisant de si jolis vers, ne pouvait manquer d'être charmante. Des Touches loua la
flamme de ces yeux qu'il n'avait pas vus, et Voltaire
envoya à l'auteur mystérieux son ouvrage sur Charles XII
en l'accompagnant d'une épître enflammée, qui se terminait par une véritable déclaration :

> J'ose envoyer aux pieds de ta muse divine,
> Quelques faibles écrits, enfants de mon repos;
> Charles fut seulement l'objet de mes travaux,
> Henri Quatre fut mon héros,
> Et tu seras mon héroïne.

Là-dessus, la nouvelle Sapho se démasqua, et il se
trouva qu'au lieu d'être une héroïne aux beaux yeux,
l'auteur des sonnets tant admirés n'était autre qu'un
petit littérateur bas-breton qui, n'ayant pas réussi dans

1. Bibl. nat., Corr. litt. du président Bouhier, VI, f. fr. 24 414, f. 330.

ses premiers essais, avait inventé ce moyen de se faire connaître. On juge du dépit de ceux qui s'étaient laissés prendre à cette mystification et des rires de la galerie. Mais du coup les vers tant admirés perdirent tout leur mérite, Voltaire fit cependant bonne contenance et affecta d'offrir sa protection à la pseudo Mlle de la Vigne, dont la retraite devint le seul refuge. On accorda à Desforges-Maillard une maigre place de commis aux gabelles à Montbrison et il ne fit plus parler de lui.

.... Mais [1] il faut que je vous parle d'un phénomène qui se passa chez moi avant-hier. C'est l'apparition de Mlle Malcrais de la Vigne sous la figure de M. Desforges-Maillard, qui me présenta le volume de ses poésies avec une lettre de M. Titon du Tillet, son patron. Vous pouvez juger de ma surprise. C'est un jeune homme de trente-cinq ans, mais dont l'accent breton, un peu bretonnant, joint à un habit vraiment poétique, m'aurait fait soupçonner tout autre chose que ce que je trouvai dans le porteur de la lettre. Il va à Montbrison exercer un emploi misérable de contrôleur du dixième. Voilà de quoi faire une belle complainte aux Muses.

C'est le cas de dire, écrivait encore le président :

> J'ai vu l'élève de Clio
> *Sedentem in Telonio.*

Le pauvre poète bas-breton, dont les beaux yeux célébrés par Voltaire « ne sont rien moins que tels », ajoute Bouhier dans une autre lettre, après avoir eu un jour de gloire, disparut sans retour, dans un coin de province. Mais l'aventure à laquelle il avait été mêlé servit de thème à la pièce de Piron, *la Métromanie*, et sauva son nom d'un complet oubli. La colère de Voltaire et des autres habitants du Parnasse, lorsqu'ils découvrirent leur

---

1. Bibl. nat., Lettres du président Bouhier à M. Marais, II, f. fr. 25 542, f. 291.

erreur, lui valait bien, du reste, cette mince fiche de consolation.

Bouhier, qui n'avait pas été sa dupe, fut plus généreux, il resta en correspondance avec la pseudo Mlle de la Vigne, par pure charité littéraire sans doute, et l'on peut voir pendant de longues années des lettres signées Des-forges-Maillard conservées avec soin dans les recueils du Président, qui ne pouvait cependant retirer ni gloire ni profit de ce commerce avec un obscur commis aux gabelles.

Après les sonnets de Mlle de la Vigne, ce qui occupait le plus le public oisif et lettré de Paris, c'étaient les épi-grammes, les libelles, les satires anonymes qui naissaient chaque jour. Personne n'était épargné et il n'y a presque pas de semaine où il n'y ait échange de coups entre deux poètes, ou entre un poète et celui qu'il avait maltraité. L'aventure de Voltaire et du chevalier de Rohan avait fait école. Les choses vinrent si loin que le gouvernement s'en émut, et que le lieutenant de police fit une ordonnance que le Parlement laissa passer malgré son habitude de contrecarrer toujours l'administration civile de la ville.

... Il[1] y a une ordonnance de police contre les libelles scan-daleux qui se distribuent aux promenades publiques, aux portes des spectacles, aux cafés et à l'entrée des églises. C'est sur la plainte du procureur du roi. Il est permis d'informer et défendu de distribuer à peine de prison. Le parlement a laissé faire cette fois-là M. Héraut. Il y a une plaisante clause dans ce réquisitoire. C'est que : « les auteurs de pareils ouvrages ont déjà essuyé de la part du public les reproches que mérite une semblable conduite »; cela veut dire en bon français *des coups de bâton*. Et les voilà approuvés et enregistrés. Les poètes devraient appeler de ce jugement comme d'abus.

1. Bibl. nat., Corr. litt. du président Bouhier, VI, f. fr. 24 414, f. 395.

Le Président aimait fort à être tenu au courant de toute cette littérature clandestine, qui pouvait avoir quelque intérêt, alors que les personnages qu'elle atteignait étaient connus. Mais, s'il était trop de son époque sur ce point, et pardonnait trop facilement une licence qui n'avait même pas toujours l'excuse de l'esprit, il en sentait le péril et comprenait très bien qu'elle minait sourdement les mœurs publiques, et avec elles l'ancien édifice politique.

.... On[1] m'a étrenné de l'*Almanach du Diable*, avec la clef. Ce que j'y ai trouvé de mieux est le titre. Car c'est un ouvrage vraiment diabolique, et qui mériterait de faire subir à son auteur, s'il était découvert, une punition exemplaire. Mais je ne vois pas que dans ce siècle on s'empresse de faire des exemples, quoiqu'on en eût plus besoin que jamais. Dieu veuille que cette impunité ne nous attire pas de plus grands maux.

Un autre côté par où cette correspondance entre deux Français pur sang nous semble remarquable, c'est le progrès dans l'étude et l'intelligence des littératures étrangères. On a vu plus haut les jugements si nouveaux sur Milton, voici tout à coup, au milieu des petites nouvelles du jour ou des conjectures sur la paix prochaine, un jugement sur le Camoëns qui est curieux à ce point de vue. Il n'y a peut-être pas, aujourd'hui que nous sommes si fiers de notre connaissance des littératures étrangères, beaucoup de lettrés qui sachent du poète portugais autre chose que le nom.

.... Avez-vous[2] lu la traduction du poème portugais de Camoëns? Il est difficile de trouver un homme qui ait plus d'esprit

1. Bibl. nat., Lettres du président Bouhier à M. Marais, II, f. fr. 25 542 f. 405.

2. *Ibid.*, f. 312.

et plus de feu poétique. Cela, et le temps où il a vécu, font excuser bien des irrégularités dans cet ouvrage. Je suis aussi fort content du traducteur, mais assez peu des notes. Il se moque de nous quand il veut nous persuader que Vénus et les Néréides, dans le IXᵉ chant, sont la piété et les vertus. Il aurait mieux fait d'appeler un chat, un chat, que de se donner la torture pour trouver des allégories chimériques.

Le goût très vif alors pour la littérature anglaise impatiente cependant un peu Bouhier, qui reste fidèle au vieux goût français.

Dijon, 9 janvier 1731.

.... Le [1] roman de *Rosalinde* m'est absolument inconnu. Depuis quelque temps, on ne fait plus cas que de ce qui nous vient des Anglais. Je crois qu'on ne tardera pas à en revenir. Tous leurs livres de morale ne valent pas une page de Montaigne, ni tous leurs poèmes et romans un livre du *Télémaque*.

Marais, qui connaissait l'universelle curiosité du président, la flattait de son mieux, sachant bien que le fournir de nouvelles ou de livres nouveaux, c'était satisfaire sa passion dominante, et se maintenir dans ses bonnes grâces. Un jour, entre autres, il lui offre un manuscrit qui devait être fort curieux, si on en juge par le nom de l'auteur. Ce n'était rien moins, en effet, qu'un recueil inédit d'anecdotes sur le règne de Louis XIV et les premières années de Louis XV par le fameux abbé de Saint-Pierre, l'inventeur de la paix perpétuelle, l'inventeur de la philanthropie, du mot de bienfaisance, le chimérique abbé de Saint-Pierre que l'Académie avait banni de son sein, par ordre de la cour, pour avoir vivement censuré le gouvernement de Louis XIV dans un de ses écrits. Ce qu'il y a de singu-

---

1. Bibl. nat., Lettres du président Bouhier à M. Marais, f. fr. 25 544, f. 376.

lier, c'est que l'abbé vivait encore et se montrait prêt à se défaire pour de l'argent de son manuscrit qu'il n'osait sans doute faire imprimer.

.... Je [1] me suis amusé ces jours-ci à lire un long manuscrit de M. l'abbé de Saint-Pierre, qui contient les Annales de Louis XIV, annales très satiriques où il n'y a pas une action qui ne soit blâmée, tant en guerre qu'en paix, où les ministres sont déchirés, hors M. Colbert, où il y a des idées politiques d'une ligue européenne à laquelle il rapporte tout, et où il se trouve des faits anecdotes de temps en temps. Vous connaissez son style qui est assez bon et sa manière de penser. Il n'en reste pas là, il entame le règne du roi, et assez avant.
Il y a des choses très sensées sur le gouvernement présent d'Angleterre et sur la dernière médiation. Le mariage de Mme de Maintenon y est donné comme certain, et c'est un endroit assez bien travaillé. Enfin ce manuscrit pourrait être curieux s'il n'était pas cher. Il y a plus de vingt gros cahiers. Celui qui l'a et qui est intelligent, dit qu'il y a pour un mois à écrire, et il le vendrait, un peu, je crois, du consentement de l'abbé.

Cet ouvrage de l'abbé de Saint-Pierre qui, si nous ne nous trompons, est resté inconnu, à moins que ce ne soit celui qui fut plus tard publié sous le titre d'*Annales politiques*, devait contenir des particularités intéressantes ; peut-être est-il dans quelque coin d'une bibliothèque de province, car rien n'indique que cette fois le président se soit laissé tenter, ou peut-être le prix demandé était-il trop considérable.

A la fin de cette même année 1735, le cardinal de Fleury conclut avec l'empereur et la Sardaigne la paix de Versailles qui mit fin à la guerre de la succession de Pologne. Ce traité, le seul vraiment avantageux de tout le long règne de Louis XV, valut à la France la possession certaine de la Lorraine, cédée en viager au roi Stanislas,

---

1. Bibl. nat., Corr. litt. du président Bouhier, VI, f. fr. 24 414; f. 400.

tout en assurant notre prépondérance en Italie. Comme
tous les avantages réels qui ont plus de solidité que d'éclat,
la conclusion de cette paix, pourtant si favorable à la
France, fut assez froidement reçue par le public. La perte
du trône de Pologne par le roi Stanislas faisait oublier
tout ce que le pays gagnait à l'annexion graduelle de la
Lorraine, qui achevait de relier l'Alsace à la France et
réalisait le rêve de Richelieu et de Louis XIV. Il fallut
du temps pour qu'on rendît justice à ce traité qui est la
vraie gloire de Fleury, heureux s'il n'en eût pas compro-
mis les résultats en se laissant entraîner, malgré lui, dix
ans plus tard, à la guerre de la succession d'Autriche, qui
ne rapporta rien à la France qu'une gloire aussi brillante
que stérile, achetée au prix de flots de sang. Le chroniqueur rapporte à Bouhier ces mille « on-dit » que fait
naître le bruit de la conclusion de la paix. Comme toujours, les petits vers et les plaisanteries ne font pas défaut.

A Paris, le 6 novembre 1735.

. Nous[1] voilà donc, monsieur, dans un vrai phénomène de paix
et de guerre tout à la fois. Les *Articles préliminaires* sont signés
d'un côté et de l'autre. Un Seckendorf entre presque dans notre
royaume, et ne nous veut point quitter qu'il ne nous ait fait
contribuer au moins. Tous les pays du monde annoncent cette
paix, et il n'y a que nous qui ne la savons pas.

Le président, qui est devenu tout aussi peu belliqueux
que Marais, témoigne également d'un vif désir de voir
enfin conclue la paix qui devait faire cesser les malheurs
d'une guerre qui venait de le toucher au vif dans ses plus
chères affections. Mais il n'a pas la même patience que
son correspondant. L'ignorance absolue dans laquelle on

---

1. Bibl. nat., Corr. litt. du président Bouhier, VI, f. fr. 24 414, f. 433.

tenait le public commençait à être assez mal supportée;
on n'en était plus au temps où on eût cru manquer au
respect dû à l'autorité suprême en lui demandant un
compte quelconque de ses actes.

..... Attendons [1] patiemment que le temps nous dévoile le
mystère des Préliminaires, et souvenons-nous du trait de
Rousseau : *Pour nous, vil peuple, etc.* Il nous suffit que la paix
paraisse comme assurée. C'est là notre grand objet, et ce qu'il
y a de singulier, c'est que je la vois désirée même par tous
les officiers que nous voyons revenir en grand nombre, et qui
nous apprennent bien des choses qu'on n'ose écrire.

Notons encore cette phrase tirée d'une autre lettre de
Bouhier, qui a un accent assez amer et témoigne d'une
animosité sourde contre la haute noblesse, étonnante chez
un personnage constitué en dignité comme l'était le président à mortier au parlement de Bourgogne.

Je [2] ferais volontiers avec vous, monsieur, un sacrifice à la
déesse santé pour le retour de celle de M. le Prince Charles, à
laquelle je m'intéresse vivement, et pour lui et pour vous, et
pour tous les honnêtes gens de France, qui doivent faire des
vœux pour la conservation d'un prince aussi aimable, et aussi
humain, chose rare en ceux de son rang.

Il faut encore relever dans les lettres de Bouhier le
passage suivant. On y voit que la consigne de laisser les
ennemis tirer les premiers, consigne qui a été l'origine
du célèbre : « Messieurs les Anglais, tirez les premiers »,
de Fontenoy, était déjà imposée dix ans auparavant durant
la guerre de la succession de Pologne.

1. Bibl. nat., Lettres du président Bouhier à M. Marais, f. fr. 25 542,
f. 341.
2. *Ibid.*, 1, f. fr. 25 541, f. 379.

Dijon, 14 novembre 1735.

.... Je[1] viens de voir un officier venant de la Moselle, qui m'a dit une chose bien singulière. C'est qu'on avait publié dans le camp défense sous peine de la vie de tirer sur les Allemands les premiers, quand même ils se mettraient en devoir de passer cette rivière à notre barbe. Il faut que la Cour ait envoyé sur cela des ordres bien précis.

Enfin, après bien des semaines d'attente, le bruit de la conclusion prochaine de la paix se confirme et Marais se hâte d'en informer Bouhier. Il n'a garde d'oublier les couplets que cet événement a fait éclore et qu'on chante dans les rues. C'était alors l'accompagnement obligé de tout incident grand ou petit : il en fallait à tout prix, pour toute chose, bons ou mauvais, n'importe.

A Paris, le 1ᵉʳ décembre 1735.

.... Tout[2] Paris est plein d'officiers revenus de Kehl, cela s'appelle les officiers de la paix, et la chanson grivoise le dit :

> Les officiers de la paix (*bis*)
> Ont donc perdu leur procès (*bis*),
> Car j'allons sans plus attendre
> Dans tous nos quartiers nous rendre,
> Lampons, etc.

> Le fusil et le canon (*bis*)
> Leur font faire le plongeon (*bis*),
> La poudre couleur d'ivoire
> Leur plaît bien plus que la noire,
> Lampons, etc.

Notre ami La Fontaine a mieux dit cela en écrivant à une abbesse :

> Votre séjour sent un peu trop la poudre,
> Non la poudre à têtes friser,
> Mais la poudre à têtes briser,
> Ce que je crains comme la foudre....

1. Bibl. nat., Lettres du président Bouhier à M. Marais, f. fr. 25 542, f. 337.

2. Bibl. nat., Corr. litt. du président Bouhier, VI, f. fr. 24 414, f. 484.

On voit avec quelle singulière légèreté cette paix, qui mettait fin à une guerre très meurtrière, était accueillie par ce public parisien incapable de penser deux jours de suite à la même chose. Marais s'étendait même dans la lettre suivante avec beaucoup plus de détails sur le poème de Gresset intitulé *la Chartreuse*, dont les vers faciles lui plaisaient beaucoup. Puis, ce fut la tragédie nouvelle de Voltaire qui occupa tous les beaux esprits de Paris, et acheva de rejeter dans l'ombre les traités diplomatiques dont la France avait su cette fois tirer des avantages solides, avec une mesure et une habileté qui rappelaient les temps d'Henri IV et de Richelieu. *Alzire* est un bien plus grand événement, et on en parle bien davantage.

Paris, 20 février 1736.

.... La [1] tragédie de Voltaire continue toujours à être si suivie que je n'en ai pu encore aborder. L'avis de Paris, qui y court néanmoins, est qu'il y a beaucoup d'esprit sans jugement, de la piété sans religion et de l'amour sans intrigue. Mais cela n'empêche pas qu'il n'y ait beaucoup d'argent à la porte, et voilà ce que l'auteur aime plus que sa réputation....

A propos d'une autre tragédie de Voltaire, *la Mort de César*, qui ne devait pas non plus tarder à voir le jour, Bouhier écrivait à Marais ce jugement assez remarquable pour le temps sur le préjugé français qui imposait à toute œuvre, même tragique, une intrigue amoureuse.

.... Nous [2] n'avons point encore vu *la Mort de César* par Voltaire. Est-il vrai qu'il l'ait fait jouer dans un collège? Cela ravale bien la majesté de son cothurne. Une tragédie sans

1. Bibl. nat., Corr. litt. du président Bouhier, VI, f. fr. 24 414, f. 453.
2. Bibl. nat., Lettres du président Bouhier à M. Marais, f. fr. 25 542, f. 327.

femme ne saurait guère réussir sur notre théâtre. C'est peut-
être notre faute, car, après tout, n'est-il pas ridicule qu'on soit
obligé de faire intervenir des femmes dans les plus grandes
intrigues d'État? Mais enfin, c'est une mode invétérée dont il
est bien périlleux de s'écarter. Voltaire devrait aller faire jouer
sa pièce en Chine, où l'on fait des tragédies de cette façon.

N'avez-vous pas lu celle dont le P. du Halde nous a donné
une traduction dans le troisième tome de son grand ouvrage
sur ce royaume? Cela mérite d'être vu pour la singularité et
pour détromper ceux qui se persuadent que les Orientaux ont
plus d'esprit que les autres hommes....

Il faut citer encore un fragment de Marais où paraît
pour la première fois un nom destiné à une célébrité
d'un tout autre genre. C'est à propos des querelles de
Voltaire et de Rousseau, et, en général, des discussions
interminables des gens de lettres que nous relevons cette
mention qui nous a paru digne d'être citée :

.... Toute [1] cette race poétique ne vaut rien. Il y a une *Épître
aux penauds* d'un jeune poète qui s'appelle l'abbé de Berny qui
est bien plus courte et bien plus poétique, où Rousseau est
traité comme un dieu et Voltaire comme un poète baissé.
Berny est homme de condition du Périgord....

Cet abbé de Bernis, et non de Berny, comme l'écrit
Marais, débutait ainsi modestement comme faiseur de
petits vers aimables en 1736, et personne ne se doutait
que l'auteur de l'*Épître aux penauds* serait un jour premier ministre et cardinal. En ce temps-là, les petits vers
menaient à tout, et les choses n'ont peut-être pas autant
changé qu'elles paraissent : un article de journal a remplacé le bouquet à Chloris, voilà tout.

Tout à coup, au milieu de ces lettres toutes remplies

1. Bibl. nat., Corr. litt. du président Bouhier, VI, f. fr. 24414, f. 258.

des mille petites nouvelles du jour, le président reçut de
son ami, qui se plaignait depuis longtemps de sa santé,
les lignes suivantes, dont l'accent fait un étrange contraste avec le ton des lettres précédentes. Il vient un jour,
en effet, où tout le factice de la vie, toutes les habitudes
d'esprit tombent devant la terrible réalité de la souffrance
et de la mort. Mais, jusque sur son lit de douleur, et
bientôt d'agonie, Marais reste fidèle à son métier de nouvelliste : rien ne peut le guérir de son innocente manie;
dans sa lettre, dictée, et signée d'une main tremblante, il
trouve encore moyen de parler de la disgrâce de Chauvelin, garde des sceaux, que Fleury venait de faire exiler.

A Paris, le 24 février 1737.

Monsieur,

Mon [1] âme vous cherche partout; monsieur le président, c'est
l'effort unique de la volonté d'un cœur qui est encore à vous.
J'ai passé par bien des pays. Oh! quelle différence de la vie à la
mort, de la nuit au jour, de l'amitié à l'indifférence! J'ai une
maladie qui arrête presque toutes les fonctions de mon corps,
et je ne sais quand elle finira. On m'a fait une incision pour
faire couler des eaux du côté, on veut qu'elle serve pour
l'autre; je trouve plus de mort que de vie à tout cela, et je fais
des cris vers vous pour me plaindre et obtenir votre pitié au
milieu de tous ces maux. Voilà la chute entière de M. le garde
des sceaux qui change la face de bien des choses, et cela fait
bien peu à un pauvre malade qui prend les choses comme elles
sont, et qui est encore heureux de vivre où il se trouve. Ce
ministre tombé a vu bien du monde, il n'en verra plus guère
apparemment. Je ne voudrais pas le suivre dans cette route. Il
est à sa terre exilé, occupé de sa fortune passée. Les sceaux
sont retournés à M. le chancelier. J'ai été bien aise de retrouver cet ancien état que mon cœur aimait. M. Amelot a la place
étrangère. C'est encore une autre joie pour le petit morceau de
vie où je me trouve, et dont les sentiments sont si peu humains.

1. Bibl. nat., Corr. litt. du président Bouhier, VII, f. fr. 24444, f. 274.

Je ne sais ce que je dis. Je ne sais où je reprends. Vous sentez bien la difficulté de cet état qui n'a presque point d'exemple. M. Douffy m'a dit qu'il vous avait écrit deux ou trois fois pour moi. Il est mon ami. Recevez ses lettres, et donnez-leur quelque place parmi les miennes. Voilà toute l'invention d'une amitié qui ne peut se passer de vous, et s'anime toujours autant qu'elle peut. Adieu, monsieur, je vous aime, je vous embrasse, et je regarde encore derrière moi pour savoir où vous êtes, et je signe

MARAIS.

A ces lignes, vraiment touchantes par la profondeur du sentiment qu'elles révèlent, le président Bouhier répondit par une lettre qui témoigne, elle aussi, d'une vive et sincère émotion. La suscription même montre combien l'heure était émouvante pour les deux amis. Le solennel « monsieur », toujours en usage au siècle dernier, et dont jusqu'alors Bouhier ne se départait en aucune occasion, fait place à un « mon cher ami », qui jamais jusque-là n'avait figuré à la tête d'aucune lettre.

La [1] lettre que vous avez eu la bonté de dicter pour moi, mon cher ami, m'a pénétré de reconnaissance, de tendresse et en même temps de douleur de la cruelle situation où vous vous trouvez. Je sens d'ici toutes vos souffrances, et donnerais toutes choses au monde pour les racheter. On ne peut être plus sensible que je le suis à la bonté que M. de Ressye a eue de me donner souvent de vos nouvelles. Je vous prie de le remercier pour moi quand vous le verrez et de continuer à souffrir courageusement les tristes opérations qu'on vous fait pour vous procurer une guérison qui est la chose du monde que je désire le plus. Écartez ces horribles idées de la mort qui ne sont bonnes qu'à l'avancer. J'ai un vrai chagrin de n'être pas auprès de vous pour tâcher de les dissiper et de me réjouir avec vous du rétablissement de M. le Chancelier dans tous ses droits. Voilà de grands événements. Mais je ne m'intéresse

---

1. Bibl. nat., Lettres du président Bouhier à M. Marais, II, f. fr. 25 542, f. 409.

qu'à ce qui vous regarde, et ne suis pas capable de penser à autre chose. Ne vous donnez pas la peine de dicter des lettres. Mais faites-moi écrire un mot de vos nouvelles par quelqu'un, et comptez toujours, mon cher ami, qu'on ne peut vous être plus tendrement ni plus essentiellement attaché que je le suis.

Afin d'avoir plus souvent des nouvelles de son ami malade, Bouhier se mit en correspondance avec le P. Fabre, oratorien distingué qui était intimement lié avec Marais, et l'assista à ses derniers moments. Les lettres que celui-ci écrit sont touchantes, et d'une naïveté aimable. Sous la plume du bon oratorien, on voit l'avocat parisien, jusqu'alors si narquois, si acerbe même parfois, prendre une physionomie toute différente. Le Parisien d'autrefois cachait avec tant de soin sa sensibilité qu'on est souvent tenté de douter s'il en avait véritablement. Le P. Fabre nous montre que, sous son enveloppe railleuse, Marais cachait un cœur tendre, plein de sentiment contenu.

En [1] arrivant de la campagne, monsieur, où j'ai été passer quelques jours, mon premier soin a été d'aller savoir des nouvelles de la santé de M. Marais. Je l'ai trouvé plus tranquille, ayant rattrapé le sommeil, et pouvant demeurer couché à plat dans son lit.

Je lui portai la dernière lettre que vous m'avez fait l'honneur de m'écrire ; quelle joie ne montra-t-il point ! Que je suis heureux, me dit-il, que ne pouvant écrire à M. le Président Bouhier, j'aie trouvé quelqu'un qui le fasse pour moi et qui reçoive de ses lettres ! C'est la plus grande consolation que je puisse avoir en l'état où je me trouve. Cela fut accompagné de quelques larmes de joie.

Dans le temps que j'allais finir cette lettre, on est venu me dire qu'on s'était déterminé tout à coup à faire la ponction. J'y ai d'abord couru, et c'est la cause que ma lettre qui devait partir le vendredi, ne partira que par le prochain ordinaire.

1. Bibl. nat., Corr. litt. du président Bouhier, f. fr. 24411, f. 158.

D'ailleurs, le malade se trouve plus tranquille. Il m'a dit avec un air de sérénité : Ils m'ont escroqué la ponction, sans m'en avoir dit un mot auparavant. Je lui ai dit que j'avais interrompu ma lettre pour venir savoir des nouvelles de sa santé, il m'a prié de la venir continuer et de vous apprendre cette nouvelle qui fait pour lui un nouvel état.

FABRE.

A Paris, le 18 mai 1737.

M. Marais [1] a été plus mal, monsieur, depuis la dernière lettre que j'ai eu l'honneur de vous écrire. Les eaux étaient remontées si haut du côté où on lui a fait la ponction qu'il avait à craindre qu'elles n'allassent jusque dans la poitrine. Les médecins jugèrent à propos de lui faire recevoir de nouveau les sacrements lundi passé. Depuis ce jour-là, il est mieux, parce qu'un gros rhume qui s'était venu joindre à ses autres maux commença dès ce jour là même à diminuer.

Je le vis hier et le trouvai assez tranquille, considérant les maux qu'il souffre comme une nécessité à laquelle la nature l'a soumis, et que la religion l'oblige de supporter. Il me pria de vous écrire l'état où il se trouvait, et d'y ajouter de sa part des témoignages du plus parfait et du plus tendre attachement.

Enfin, malgré tous les soins, Mathieu Marais mourut le 21 juin de cette même année 1737. La fin de l'ancien ami de Bayle fut simplement et sincèrement chrétienne : il mourut comme on mourait autrefois, sans aucune ostentation, mais avec cette foi vive qui demeurait entière au fond de l'âme, même chez les plus libres esprits. Le P. Fabre annonce ainsi à Bouhier la mort de son plus fidèle correspondant, qui l'avait aimé, la plume à la main, pour ainsi dire, jusqu'à son dernier soupir.

---

1. Bibl. nat., Corr. litt. du président Bouhier, f. fr. 24411, f. 160.

22 juin 1737.

Cette [1] lettre, monsieur, vous apprendra une triste nouvelle : M. Marais mourut hier vers les six heures du soir, fort regretté de tout le monde, et particulièrement de ses amis. Après ma dernière lettre écrite, j'allai à la campagne seulement pour trois jours, car depuis sa maladie j'y faisais des voyages fort courts pour ne pas trop le perdre de vue. En arrivant, je trouvai qu'on lui avait fait une incision à la cuisse. Les eaux en sortaient avec abondance, et il me dit qu'il s'en trouvait fort bien. Je fus obligé d'aller le lendemain à Versailles pour quelques affaires, ce qui m'empêcha de vous donner de ses nouvelles. A mon retour, je le trouvai expirant. Quelle perte, monsieur! Tout le monde la sent, mais il n'y a que ceux qui le fréquentaient qui la connaissent bien. Vous étiez, monsieur, toujours présent à son esprit. La dernière fois que je l'ai vu, il me parla beaucoup de la douceur qu'il avait trouvée dans votre commerce et du grand profit qu'il y avait fait. Il avait redoublé d'amitié pour moi depuis que j'avais le bonheur de recevoir de vos lettres; et je vous dois, monsieur, la préférence qu'il m'avait donnée par dessus beaucoup d'autres durant sa maladie, car j'étais presque le seul qu'il voulût voir parce que, disait-il, il savait être malade devant moi. Il est mort très résigné. Comme il s'était préparé à mourir, il a vu arriver ce moment d'un œil tranquille et a fait la mort la plus douce qui se soit peut-être vue encore.

Le président Bouhier, en apprenant la mort de Mathieu Marais, fut vivement affligé, et ne cacha pas sa douleur. Il perdait un ami fidèle, et aussi le plus fidèle des correspondants. C'était beaucoup à la fois. Ce double sentiment est même assez naïvement exprimé dans ce passage d'une lettre à un ami, où, après avoir parlé de la mort du cardinal de Bissy, avec qui il était lié, Bouhier continue :

La [2] perte que j'avais faite, peu auparavant, de M. Marais, mon ami intime, m'avait infiniment touché, et cette affliction

1. Bibl. nat., Lettres au président Bouhier, f. fr., nouv. acq., 1212, f. 88.
2. Bibl. nat., Corr. litt. du président Bouhier, I, f. fr. 24 409, f. 148

durera autant que ma vie. Il est bien rare de trouver des hommes en qui la bonté du cœur et l'excellence de l'esprit se trouvent réunis si parfaitement. D'ailleurs, il m'a donné en mourant une marque bien précieuse de son amitié, en me laissant des manuscrits de sa façon qui sont infiniment curieux.

Et afin que l'amateur passionné de littérature ne perde pas ses droits, Bouhier ajoutait aussitôt avec un soupir mal étouffé : « C'est bien dommage qu'il m'ait défendu de les communiquer à personne! »

CHAPITRE VI

UN PROVINCIAL COURTISÉ PAR DES PARISIENS.
LES LETTRES DE PARIS.

A côté des correspondants en titre qui entretiennent un commerce régulier avec le président Bouhier, on trouve dans les recueils que nous étudions un très grand nombre de correspondances moins volumineuses qui, sans être toujours d'un grand intérêt, contiennent cependant çà et là des passages dignes de remarque. Toutes offrent ce caractère particulier de déférence qui n'est guère de mise qu'envers un personnage dont le suffrage compte, et dont on veut gagner les bonnes grâces..

Du fond de son hôtel de la rue Saint-Fiacre, auquel il resta obstinément fidèle, le vieux président était courtisé comme il eût pu l'être en plein Paris, et demeurait l'un des derniers, sinon le dernier des représentants de ces grands littérateurs de province qui luttaient sans désavantage contre la prédominance toujours plus absolue de la capitale. On lui demande son suffrage, on sollicite son approbation, on lui envoie des livres, on se recommande à son indulgence avec un empressement respectueux qui n'est employé qu'auprès de ceux qui sont en crédit, et dont le jugement fait autorité sur le Parnasse, comme on eût dit alors. Et ce n'est pas seulement de Paris que viennent ces témoignages de singulière considération, mais de tous les coins de la France et de tous les grands centres littéraires d'Europe.

Il serait à la fois difficile et assez fastidieux d'analyser complètement toute cette série de correspondances secondaires du président. En citant quelques extraits, qui donneront une idée de leur variété et de leur valeur, du reste fort inégale, nous en dirons assez, ce nous semble, pour achever notre revue de ces nombreux recueils qui gardent dans la paix de l'oubli tant de feuilles où la vanité des passions humaines se manifeste avec plus de vivacité encore par la force même du contraste et de l'ardeur évanouie qui s'y révèle et de l'obscurité qui les environne.

– Commençons par les Parisiens; le tour des provinciaux viendra dans le chapitre suivant et terminera ce travail. C'est ainsi que nous jetons tout d'abord par hasard les yeux sur les lettres de Gédoyn, l'un des plus aimables collègues de Bouhier à l'Académie.

Il se fait volontairement, et de la meilleure grâce du monde, « le gazetier du docte corps », pour tenir le président au courant de ce qui s'y passe.

Érudit superficiel, traducteur agréable et peu fidèle, mais homme de la meilleure compagnie, admis partout, chez les savants, à l'abbaye de Saint-Germain-des-Prés, comme dans les salons parlementaires ou aristocratiques, l'abbé Gédoyn était l'un de ces hommes de lettres, hommes du monde comme il y en avait tant alors, qui étaient fort recherchés dans une société où la littérature tenait une si grande place. Causeur aimable, écrivain dont les tra-

vaux littéraires alors fort estimés donnaient de l'autorité à
son jugement, Gédoyn était une sorte de personnage dans
le monde du temps. Pourvu de bons bénéfices qui lui
assuraient une honorable indépendance, bien vu à la cour,
où il avait de puissants amis, il n'avait besoin de personne, et n'aspirait à rien qu'à conserver sa situation.
Il n'en écrit pas moins au président des lettres fort
empressées et d'un tour très agréable.

Il est vrai qu'il y parle beaucoup de lui; ce qui a toujours de l'agrément, même pour des académiciens qui se
croient hors pair.

Gédoyn avait pris ouvertement parti pour les anciens
dans la querelle des anciens et des modernes, que La Motte
et Fontenelle venaient de renouveler. Aussi n'aime-t-il
guère ni l'un ni l'autre de ces deux coryphées de la nouvelle école, l'un impétueux et souvent ridicule, l'autre la
mesure et la discrétion même, dont l'alliance formait le
plus bizarre assemblage de défauts et de qualités con-
traires. Lorsque La Motte mourut en 1732, Gédoyn écrit
à Bouhier cette oraison funèbre peu flatteuse :

> Nous[1] avons fait aujourd'hui de nouveaux officiers. M. de
> Fontenelle est directeur et M. l'archevêque de Sens chancelier.
> Ainsi M. de Fontenelle recevra M. de Luçon, et fera l'éloge de
> son ami M. de la Motte. A vous dire le vrai, j'aime mieux cet
> éloge entre ses mains qu'entre les miennes. M. de la Motte, avec
> infiniment d'esprit, a toujours été le partisan de l'ignorance,
> et a beaucoup contribué à faire tomber les lettres.

Quelques semaines plus tard, Fontenelle, en recevant
l'évêque de Luçon, qui, comme nous l'avons dit ailleurs,
était le fils du célèbre Bussy-Rabutin, et avait hérité, non

---

1. Bibl. nat., Corr. litt. du président Bouhier, III, f. fr. 24411, f. 221.

seulement de l'esprit de son père, mais aussi de beaucoup
de ses défauts, s'avisa de faire dans son discours une
véritable déclaration de guerre aux partisans de la littéra-
rature antique. C'était sortir de son rôle de secrétaire
perpétuel de l'Académie et s'ériger en chef de parti;
aussi ses adversaires furent-ils très irrités et ne le cachè-
rent-ils pas.

Le [1] discours de M. de Luçon est fort beau et a eu un grand
succès; celui de M. de Fontenelle a été généralement blâmé et à
la cour et à la ville. Vous y verrez le Directeur et le doyen de
l'Académie française se faire le défenseur de l'ignorance,
tourner en ridicule le *vénérable* savoir, étaler dans un discours
académique une métaphysique mal digérée et déplacée, donner
dans le galimatias, se contredire lui-même en parlant de l'enthousiasme, dire avec une gentillesse étudiée que l'*Iliade* de
M. de la Motte est ennuyeuse parce que c'est l'*Iliade*, compter
par ses doigts tous les ouvrages de cet écrivain, et vouloir
nous persuader qu'ils sont tous excellents. Voilà, monsieur,
l'analyse du discours de notre vénérable doyen.

Les plaintes sur la décadence des lettres, qui reviennent
trop souvent sous la plume de l'abbé Gédoyn, resté fidèle
admirateur du xviie siècle, dont il avait vu la fin, ne l'empêchaient nullement de profiter des avantages des temps
nouveaux. Il jouissait fort du rapprochement graduel qui
s'opérait entre les différentes classes de la société, aimait
beaucoup à fréquenter les grands seigneurs qui le rece-
vaient bien, et commençaient du reste à traiter les gens
de lettres comme une puissance qu'il fallait ménager.

Vous [2] avez raison, monsieur, de trouver que l'éloquence
baisse beaucoup dans le docte corps; les nouveaux sujets que

1. Bibl. nat., Corr. litt. du président Bouhier, III, f. fr. 24411, f. 226.
2. *Ibid.*, f. 234.

l'on y a reçus ne la feront pas refleurir, mais où en prendre de meilleurs? ce n'est plus le temps des Pélisson.

Le maréchal de Villars va à la gloire par une route plus sûre. Je l'admire indépendamment de ses succès. A quatre-vingt-deux ans passer les monts pour aller commander une armée lorsqu'on est comblé de biens et d'honneurs, qu'on n'a rien à gagner et qu'on ne peut que perdre, c'est un zèle dont il y a peu d'exemples, et que je voudrais voir récompensé de l'épée de connétable. Il mandait ces jours passés à l'abbé Houtteville : J'ai tous les jours une table de 80 couverts, j'ai un siège, j'ai une musique à moi, je tiens conseil le matin, l'après-dînée, j'ai une assemblée de beaux esprits, le soir, j'ai le bal, j'ai la comédie ; cependant je trouve le temps de vous écrire, et vous, vous ne m'écrivez point.... Ce général est adoré de l'officier et du soldat, tout ce qu'ils appréhendent, c'est qu'on ne le rappelle pour lui faire commander une armée sur le Rhin où il aurait un adversaire digne de lui dans le prince Eugène.

Le Dictionnaire avance lentement; de plus de trois ans il ne sera imprimé....

Gédoyn avait tort de se plaindre de la décadence des lettres, si nous en croyons le joli mot d'une femme d'esprit sur les lourds volumes de l'abbé Du Bos, l'historien fantaisiste des origines de la France, dont le pesant travail passionnait alors les esprits.

Une[1] femme avec qui je dînai hier me disait de l'ouvrage de l'abbé Du Bos qu'il se faisait lire avec peine, mais qu'il méritait la peine d'être lu.

Il fallait que le goût des lettres fût bien vif alors pour que les belles dames s'imposassent l'ennui de lire les savantes et lourdes élucubrations de l'abbé Du Bos.

Lorsque Villars, qui était de l'Académie française, et s'en tenait pour très honoré, fut mort de fatigue à Turin, son fils, le duc de Villars, qui n'avait pas hérité du génie

1. Bibl. nat., Corr. litt. du président Bouhier, III, f. fr. 24411, f. 273.

de son père, mais était un homme cultivé, fit témoigner
à la docte assemblée le désir qu'il avait de venir remplir
la place du maréchal. Ce désir fut accueilli avec empressement, comme nous avons déjà pu le voir dans les lettres de Mathieu Marais.

> Cette[1] démarche nous a fait plaisir et nous tire d'un grand
> embarras, car nous ne savions pas trop sur qui jeter les yeux,
> et nous comprenions seulement qu'il n'était pas convenable de
> donner la place d'un homme si illustre à un simple homme de
> lettres, et d'un mérite médiocre.

Et lorsque le nouvel élu fut reçu, le narrateur ajoute
en parlant du discours qui avait eu du succès :

> Le[2] public ne saurait croire qu'il en soit l'auteur; pour moi,
> je lui en donne tout l'honneur et ma raison est que les gens
> du métier ne pensent ni si noblement ni si finement.

Cette singulière humilité de l'homme de lettres vis-à-
vis du grand seigneur lettré n'est-elle pas digne d'être
remarquée? On pourrait bien cependant deviner sous ce
masque un orgueil latent et blessé qui couve sous la
cendre et ne tardera pas à éclater.

A propos d'une autre élection où l'on préféra le littérateur Térasson au marquis de Nesles, Gédoyn dit en effet
en changeant de ton :

> Je[3] suis fâché qu'un homme de cette condition s'expose à un
> refus, et je ne sais s'il y a de la sagesse à lui donner cette mor-
> tification qui peut dégoûter les gens de la cour, dont il est
> pourtant bon que l'Académie soit décorée, et qui pourraient

---

1. Bibl. nat., Corr. litt. du président Bouhier, III, f. fr. 24 411, f. 239.
2. *Ibid.*, f. 241.
3. *Ibid.*, f. 223.

même y payer de leur personne si nos grands seigneurs connaissaient aujourd'hui autre chose que faire leur cour et se
divertir.

Ce n'est pas que l'abbé Gédoyn se pose en grand
homme méconnu; au contraire, mais sous les formes
exagérées de déférence et de respect, on sent une amertume contenue et un sourd mécontentement qu'il est
intéressant de noter. Il est du reste toujours grondeur et
dénigrant, si bien que lorsque l'Académie s'avise de se
« décorer ».d'un grand seigneur, il oublie les bons conseils qu'il lui donnait et la blâme vertement.

Je [1] ne connais plus que vous qui soyez véritablement digne
d'estime, et dont l'amitié me puisse flatter. Jugez si, pensant de
la sorte, je puis manquer de vous souhaiter tous les avantages
que vous méritez, et surtout des jours aussi longs, aussi sereins
que ceux de M. Saint-Aulaire qui, à l'âge de 94 ans, va parler
au nom de l'Académie française, en recevant M. le duc de la
Trémoïlle à la place du maréchal d'Estrées. Le docte corps,
comme vous l'appelez, s'est laissé éblouir par l'éclat d'un grand
nom.
.... Il faut vous dire de mes nouvelles puisque vous avez la
bonté de vous y intéresser. Je me porte fort bien, et je ne sens
encore aucune décadence, je me livrerais plus volontiers que
jamais à l'étude et au travail, si j'en avais le loisir, mais les
Académies emportent tout mon temps, et, quoique je connaisse
mieux que personne le frivole de leurs occupations, je ne laisse
pas de m'y rendre assidu, à cause d'un millier d'écus qu'elles
me rapportent, et dont j'ai besoin pour soutenir un peu
noblesse. Si je puis être libre durant deux mois, je retoucherai
quelques discours que j'ai faits sur diverses matières, et je
pourrai les donner sous le titre d'Opuscules. Mais voilà de plaisantes babioles en comparaison de vos ouvrages, aussi me dis-
je toujours *sed longe sequere et vestigia semper adora*; car, en vérité,
monsieur, je suis jusqu'à l'adoration, votre très humble et très
obéissant serviteur.

L'abbé GÉDOYN.

1. Bibl. nat., Corr. litt. du président Bouhier, III, f. fr. 24 441, f. 257.

Parmi les rares amateurs de belles-lettres qui trouvent grâce devant la mauvaise humeur de Gédoyn, on peut remarquer le nom, aujourd'hui tout à fait inconnu, de Rémond. Ce nom, si parfaitement oublié, était alors porté par trois frères, qui avaient su se faire chacun une situation différente, mais assez considérable, dans la société du temps. Ils étaient tous les trois fils d'un fermier général décoré du sobriquet de Rémond le Diable, qui avait exercé ses fonctions en Champagne. D'une ancienne famille de haute bourgeoisie champenoise, Rémond avait transmis à ses enfants, avec une fortune considérable, une position bien établie, même à la cour et dans le grand monde.

Le plus connu des trois frères, Rémond de Montmort, était un savant distingué dont les travaux sur les mathématiques élevées eurent alors de l'autorité. Il composa, entre autres ouvrages, un *Essai d'analyse sur les jeux de hasard* qui fit grand bruit et n'est pas encore oublié. C'était un ami et un disciple plein d'admiration de Malebranche; il était lié avec tous les savants du temps, dont il était l'émule, tels que Carré, Bernouilli, et correspondait avec Leibnitz. Très pieux, très austère même, il lui était arrivé une singulière aventure, bien caractéristique de l'époque. Malgré sa piété très sincère, il n'avait nul goût pour l'état ecclésiastique. Cependant, pour ne pas perdre un bénéfice important dont jouissait sa famille, il se laissa revêtir d'un canonicat de Notre-Dame de Paris, d'abord attribué à son frère cadet, qui, lui, n'avait ni goût pour la prêtrise ni austérité de mœurs. Surmontant sa répugnance, et surtout ses scrupules, car il se croyait trop livré aux études profanes pour être un bon chanoine, Rémond de Montmort accepta le canonicat. Pendant plusieurs

années, bien qu'il ne fût pas prêtre et ne songeât pas
à le devenir; il accomplit avec un zèle scrupuleux toutes
les obligations de sa charge, et les offices de jour comme
ceux de nuit le voyaient régulièrement dans sa stalle.
En 1704, il acheta la terre de Montmort en Champagne
dont il prit le nom. Non loin de là, vivait dans le château
de Mareuil, somptueuse résidence entourée d'un grand
parc célèbre par la beauté de ses eaux naturelles, la
duchesse d'Angoulême, veuve d'un fils légitimé de
Charles IX. Françoise de Nargonne, qui avait épousé
en 1644 le duc d'Angoulême, âgé lui-même de soixante
et onze ans, devait vivre jusqu'en 1713, et mourir cent
quarante et un ans après son beau-père. La duchesse,
qui avait une petite cour autour d'elle, composée surtout de nièces et de parentes, reçut à merveille le nouveau voisin que le sort lui amenait. Rémond se plut
fort à Mareuil, fut séduit par Mlle de Rémicourt, une des
nièces de la maison, et demanda sa main. Malgré son
canonicat, le géomètre-chanoine fut agréé; il rendit sa
charge, épousa Mlle de Rémicourt, en eut un fils et par-
tagea son temps entre les joies de la famille, l'étude des
mathématiques transcendantes et les pratiques d'une
piété toujours plus vive. Cette singulière existence, que
Fontenelle raconte, non sans malice, dans un de ses plus
charmants éloges des membres de l'Académie des sciences [1], nous a paru assez caractéristique du temps pour
faire pardonner une digression. On a peine aujourd'hui à
comprendre qu'un géomètre de profession puisse endosser
l'habit d'un chanoine, figurer à Notre-Dame comme digni-
taire du chapitre, puis, sans avoir à jeter son froc aux

---

1. Fontenelle, *OEuv. comp.*, 1764, p. 17.

orties, changer d'habit, se marier et demeurer un fervent chrétien. Les choses ont changé depuis, et tout n'est peut-être pas changé en mal.

Un autre fils du fermier général Rémond se fit connaître sous le nom de Rémond de Saint-Mard; celui-ci était un vrai disciple de Saint-Évremond et de Fontenelle; il s'adonna aux lettres légères, écrivit des dialogues et des opéras, des réflexions sur les passions, et ses œuvres, d'un épicuréisme délicat, eurent un certain succès. Très répandu dans le plus grand monde, aimable et de bon ton, Saint-Mard se fit sans peine une situation à part, moitié homme de lettres, moitié homme de salon, comme il y en avait peu de semblables alors.

Enfin, l'aîné des trois frères, Rémond tout court, surnommé Rémond le Grec à cause de son amour exclusif pour les auteurs anciens, avait, lui aussi, su se faire sa place et était fort connu à Paris pendant la régence et le ministère de Fleury. C'est celui-là dont parlent souvent les lettres de Gédoyn.

Très bien placé dans le monde par les relations qu'y avait eues son père, Rémond avait vécu dans l'intimité des La Rochefoucauld, des Villeroy, des Fitz-James et d'autres grands seigneurs, ornements de ce qu'on appelait la vieille cour, c'est-à-dire de la cour de Louis XIV. Il avait vu et écouté Racine, La Bruyère, et tous les gens de lettres de la fin du xviie siècle; le chevalier Hamilton lui avait appris l'art de la conversation; enfin le duc d'Orléans, plus tard le Régent, l'avait admis dans ses *particuliers*, comm on disait alors, et en avait fait son introducteur des ambassadeurs, si bien qu'il vivait au Palais-Royal. Il allait dans le plus grand monde, chez Mme de Lambert comme à Sceaux. Mme de Staal, qui s'y connaissait, prisait beaucoup sa conversation et garda précieusement les lettres très passionnées qu'il lui écrivait et qui paraissent aujourd'hui très alambiquées. Rémond avait, si nous en croyons Gédoyn [1], « l'esprit orné de tout ce que les Grecs nous ont laissé de meilleur » ; mais, paresseux et épicurien, il ne faisait rien, ne produisait rien et recevait en souriant tous les reproches de ses amis sur son incurable paresse. C'était, de profession, un homme d'esprit et un savant helléniste, défenseur ardent des anciens dans la célèbre querelle des anciens et des modernes. Fontenelle, qui ne l'aimait pas, et qui l'empêcha d'être élu à l'Académie en 1712, malgré les sollicitations répétées du duc d'Orléans, disait de lui « qu'indépendamment de son grec, il avait beaucoup d'esprit [2] ».

Saint-Simon, qui évidemment le détestait, s'y est pris à deux fois pour peindre Rémond et en a laissé un portrait plein de vie, mais aussi plein de fiel et d'animosité avouée. Ce morceau étincelant de verve, comme tout ce qui sortait de la plume de l'illustre écrivain, est trop long pour être cité ici : nous y renvoyons le lecteur curieux. Certes Rémond serait une âme bien noire s'il fallait se fier sans réserve au jugement de Saint-Simon, dont la plume a rarement été si amère. Il nous révèle du reste lui-même, à un autre endroit de ses mémoires, la raison de cette haine virulente. Rémond, qui avait fait un long séjour en Angleterre, avait été grand partisan de l'alliance anglaise conclue par le Régent et même avait servi un instant d'intermédiaire entre Stairs et Dubois. De là la colère

1. OEuv. div. de M. l'abbé Gedoyn, Paris, 1745, p. 227.
2. *Mémoires* pour servir à l'histoire de la vie et des ouvrages de M. de Fontenelle. OEuvres complètes de Fontenelle, t. XI, p. 248. Amsterdam, 1764.

de Saint-Simon; adversaire passionné du changement de
politique, et l'espèce de fureur avec laquelle il s'acharne
contre un aussi modeste personnage que l'était Rémond
le Grec, qui ne paraît guère mériter tant d'indignation.
Le héros du portrait, dessiné par Saint-Simon et si évidemment poussé au noir, va se montrer à nous avec une
physionomie bien différente dans ses lettres au président
Bouhier.

Rémond le Grec, qui achève et complète d'une façon
assez originale le trio des Rémond est, en effet, un des
principaux correspondants du président. Il est vrai que
leurs rapports ne commencent qu'après 1736, lorsque,
retiré des affaires, ayant perdu son protecteur le duc
d'Orléans, Rémond se contentait d'être, comme le dit
Sainte-Beuve, un de ces paresseux délicats qui ne laissent
que quelques lignes, de jouir des joies de son intérieur,
de sa fortune, de ses grandes relations dans le monde, et
de lire toujours à nouveau ses chers auteurs grecs. Les
lettres de ce curieux personnage, sorte d'épicurien lettré,
révèlent un esprit agréable, plein de vivacité et l'on
devine, à lire ces vieilles feuilles flétries, que celui
qui les couvrait de caractères à demi effacés devait être
un de ces causeurs brillants auxquels on fait fête et dont
la réputation, parfois grande de leur vivant, disparaît
complètement et sombre, pour ainsi dire, tout entière
dans l'océan du passé. Ce n'est pas la seule surprise de
cette sorte que nous ont réservée les volumineux portefeuilles du président Bouhier.

Ce fut l'*amour du grec* qui mit Rémond en rapport
avec le président, dont l'autorité, en tout ce qui regardait l'antiquité grecque ou latine, était incontestée en
France et, comme nous le verrons ailleurs, reconnue par

les étrangers, même par les savants allemands ou hollandais. Le désir d'avoir le sentiment de Bouhier sur deux passages d'Euripide qu'il n'entendait pas bien, poussa Rémond le Grec, plus digne que jamais de son surnom, à se mettre en rapport direct avec lui. Il le dit lui-même dans une lettre qui peint trop bien et la situation occupée alors par Bouhier dans le monde lettré et le mélange d'esprit, de pédanterie et de spirituelle nonchalance de celui qui tient la plume pour que nous ne la citions pas.

Quoique [1] je n'aie presque point l'honneur d'être connu de vous, monsieur, cependant je suis obligé d'y avoir recours. Vous êtes le premier homme de lettres de l'Europe parce que vous joignez les plus hautes connaissances de la philosophie et de la jurisprudence qui en est une partie *musis mansuetioribus....*

Je vous avoue qu'après Homère, Euripide est de tous les poètes celui que j'aime le plus, quoique je convienne de la plupart des défauts qui lui sont reprochés par Aristote et par Aristophane. Je trouve dans ses pièces une mélancolie si douce et dans sa versification une harmonie si pleine de charmes que j'y ai souvent recours quand je suis incommodé, et ses tragédies sont de vraies ἐπωδαὶ (remèdes) pour mes maux. Comme j'en relisais ces jours-ci que j'ai été obligé de garder le coin de mon feu, j'ai encore été inquiété de deux endroits qui m'ont fait souvent de la peine. J'espère que vous aurez la bonté de fixer mon jugement qui est le vrai moyen de me calmer....

A Paris, ce 5 de janvier 1737.

RÉMOND.

Bouhier ayant répondu à la demande de l'admirateur d'Euripide avec sa politesse ordinaire, celui-ci réplique en lui offrant de lui écrire régulièrement des nouvelles. Rémond trouve moyen, en traçant le portrait d'un bel esprit de province, alors connu, l'abbé d'Orbais, de faire

1. Bibl. nat., Corr. litt. du président Bouhier, VIII, f. fr. 24 416, f. 298.

au président un compliment auquel il dut être fort sensible, celui de le traiter en Parisien reconnu, jouissant de tous les privilèges attachés à cette qualité dont le premier, et peut-être le plus apprécié, était de traiter de haut les provinciaux.

Je [1] vous remercie très humblement, monsieur, de la bonté que vous avez eue de me faire réponse, et plus encore des manières polies et obligeantes dont vous l'avez accompagnée. Mon importunité a été forcée puisque, vivant au milieu de Paris, j'ai été obligé d'avoir recours à vous. Depuis qu'il y a beaucoup d'Académies ici, il n'y a plus de savants, ou ces savants n'ont point d'esprit. Je serais bien plus heureux à Dijon où je trouverais tout en vous. Cependant je ne saurais me trouver à plaindre quand je suis en Champagne, à la terre de mon neveu. M. de Pouilly a bien la bonté de m'y venir voir, mais M. l'abbé d'Orbais, qui depuis trente ans n'est point sorti de son abbaye, vient passer à Montmort tout le temps que j'y suis. Puisque vous désirez le connaître je viens vous en parler avec toute la sincérité qui est dans mon caractère. M. Racine, M. le comte de Troisvilles et M. l'abbé Fraguier avaient plus d'imagination qu'il n'en a et même plus de ce qu'on appelle beauté d'esprit. Mais c'est une grande tête, un esprit très profond, et il joint une grande justesse à une sagacité surprenante ; avec cela beaucoup de sagesse, ce qui doit être l'objet et le fruit des bonnes études. Les hautes mathématiques l'ont fort occupé. Je l'ai rappelé *ad mansuetiores Musas* et nous avons lu Euripide et Aristophane ensemble. Peut-être que, dans la province, il y a des gens que nous ne connaissons ni vous ni moi, et qui valent mieux que ceux que nous connaissons.... Mais avant que de vous exposer l'autre passage, je veux savoir ce que vous pensez de la liberté que j'ai prise, et si vous en approuveriez la continuation. Comme je ne vous reconnais pas seulement pour le plus savant homme de France, mais que je sais aussi que vous êtes le plus honnête homme du monde, si un commerce de lettres vous convient avec un ermite plein de vérité et même trop naturel je vous l'offre pourvu qu'il soit secret. Je ne veux point sortir de mon obscurité, et j'ai su mauvais gré à M. l'abbé

_____
1. Bibl. nat., Corr. litt. du président Bouhier, VIII, f. fr. 24416, f. 302.

Conti de m'avoir demandé la communication de quelques lettres de feu M. de Leibnitz, qu'on a imprimées depuis en Angleterre....

On devine l'accueil que reçut la proposition de Rémond. Bouhier était trop curieux de nouvelles pour ne pas accepter avec empressement un commerce littéraire régulier avec un homme d'esprit bien informé, et au fait de la dernière nouveauté de Paris. Aussi leurs rapports devinrent-ils fréquents. Dans une de ses nombreuses lettres, Rémond achève le portrait de cet abbé d'Orbais dont il vient de parler. Ce devait être un personnage assez original, et la description qu'il trace d'un homme spirituel enfoui par une sorte de paresseux épicuréisme dans le fond d'un bénéfice de province est assez piquante. C'est bien le rat de La Fontaine retiré dans son fromage. Rien aujourd'hui ne rappelle, même de loin, cette situation assez bizarre, et ces ermites qui n'avaient de religieux que les revenus de leur abbaye ont heureusement disparu.

L'abbé [1] d'Orbais s'appelle M. de Montsours. Sa mère, qui, à l'âge de quatre-vingt-treize ans, jouit d'une santé parfaite, a été première femme de chambre de la dauphine de Bavière, personne de mérite et fort estimée de Louis XIV. Ses frères ont été lieutenants aux gardes.

L'aîné, plein d'ambition, fut tué très jeune, et le second, plus philosophe, a quitté de bonne heure, ne pouvant point s'accommoder du maréchal de Grammont, son colonel. Je lui connais une sœur qui avait épousé M. de Belrieux, officier général de grande distinction et qui mourut au commencement de la dernière guerre, après avoir reçu l'ordre de suivre en Italie M. le maréchal de Villars qui l'avait demandé. Il a laissé deux garçons qui sont capitaines dans le régiment du roi et de très bons sujets.

1. Bibl. nat., Corr. litt. du président Bouhier, II, f. fr. 24416, f. 340.

Cet abbé était au séminaire de Saint-Magloire où il avait appris l'hébreu, le grec et le latin, lorsque le roi lui donna l'abbaye d'Orbais. En y allant, il passa par Mareuil, qui n'en est qu'à une demi-lieue. Ce château était alors habité par la duchesse d'Angoulème, bru de Charles IX. Elle y vivait doucement avec ses petites nièces (dont ma belle-sœur en était une) et d'autres jeunes nymphes. Il y demeura sept ans sans aller plus loin. Mon frère était fort adonné à la géométrie, et le livre de M. Newton lui donnait bien de la peine. Il n'en fallait pas davantage pour piquer l'abbé qui aime le difficile par la connaissance qu'il a de ses forces. Bientôt il fut l'homme de France qui possédait le mieux le système de ce grand homme. Il a passé ensuite plusieurs années à Montmort, dans une oisiveté voluptueuse.

Quand j'allai chez mon neveu, il vint nous y rendre une visite. Nous eûmes le bonheur de lui plaire, et il demeura avec nous jusqu'au moment de notre départ. Je lui inspirai ou je réveillai en lui le goût des bonnes lettres, et je lui donnai un Platon qu'il lut trois fois pendant l'hiver. J'avais apporté quelques livres, je les laissai au château parce qu'il n'en avait pas un. Nous lûmes ensemble Euripide et Aristophane qui lui étaient inconnus. Depuis ce temps-là sa vie est plus douce. Il arrive à Montmort avec nous, il le quitte la veille de notre départ, et pendant tout le reste de l'année, personne ne peut le faire sortir de son cabinet. Il ressemble à un beau buste que j'ai d'Aristote, il est de la grande taille, un peu voûté, vigoureux, grand mangeur, et *mulierosus*, une tête excellente, un discernement exquis, étonnant par la justesse et la pénétration de son esprit.

Du reste, la douceur d'un enfant, et d'un commerce charmant. Des femmes disent que je suis le seul homme pour qui il a eu du goût; il est vrai qu'il n'a jamais vécu qu'avec elles et si j'arrivais seul à Montmort, je doute qu'il y fît de si longs séjours.

Je me suis étendu pour vous entretenir d'un homme que j'estime et que j'aime et dont le caractère n'est pas commun.

Pour être équitable, il faut placer en regard de ce portrait assez malveillant d'un abbé commendataire d'autrefois, les lignes suivantes extraites de la curieuse

chronique de l'abbaye d'Orbais. On y verra que le souvenir laissé parmi les religieux bénédictins, dont il n'était
que le supérieur nominal, par le héros du portrait tracé
par Rémond, fut loin d'être mauvais.

« M. de Montsoury, se trouvant mal logé dans l'ancienne
maison abbatiale, fit bâtir en 1709 celle qu'on voit aujour-
d'hui ; elle ne fut finie qu'en 1712. Il tomba malade le
12 mars 1751 ; il est mort le 17 du même mois ; il a été
inhumé dans la chapelle du Saint-Esprit, aujourd'hui la
chapelle de la Vierge, derrière le chœur.

« M. de Montsoury a été pendant sa vie le père des
peuples, le sincère ami des religieux, à qui il donna
1 800 l. pour l'embellissement de l'église, enfin un prodige de bon cœur, d'urbanité et de science [1]. »

Rémond, on a pu le voir, était tout à fait un homme
de son temps pour qui l'esprit primait tout. Lié avec les
grands personnages de l'époque, les Maurepas, les Chauvelin et les autres puissants, ayant même son franc-parler
avec le cardinal de Fleury, il n'a garde de devenir si fort
ami de personne que sa fortune puisse en être compro-
mise. Il raconte avec une sécheresse significative la disgrâce imprévue de Chauvelin, parvenu à l'apogée de la
faveur en 1736 lorsqu'il fut revêtu de la dignité de garde
des sceaux, et que le cardinal le fit exiler en 1737, sous
un frivole prétexte, dans son ombrageuse défiance de
tout successeur possible.

Enfin [2], monsieur, le tonnerre, après avoir longtemps grondé
sur nos têtes, est tombé et a réduit en poudre le successeur [3]

1. Histoire de l'abbaye d'Orbais, par Dom du Bout et M. Héron de Ville-
fosse. Paris, Picard, p. 544.
2. Bibl. nat., Corr. litt. du président Bouhier, VIII, f. fr. 24 416, f. 306.
3. Rémond fait allusion à l'opinion générale qui faisait de Chauvelin,
le successeur de Fleury comme premier ministre.

de l'empire français. Ce ministre, ce favori, garde des sceaux, secrétaire d'État, des affaires étrangères, vice-chancelier, adjoint à la souveraine puissance d'un homme de quatre-vingts ans, n'est plus que M. Chauvelin à Grosbois, σκιᾶς ὄναρ ἄνθρώπος (un homme songe d'une ombre). S'il avait eu de bons amis et qu'il eût voulu les croire, la succession lui était assurée. Je l'ai vu deux fois depuis mon retour de la campagne, et il m'a attaqué ces deux fois de grandes marques d'amitié et de confiance pour me rendre plus sensible à sa disgrâce que je ne l'aurais été. Il n'était plus temps, sa perte était résolue et le lendemain de ma dernière visite, il fut arrêté à cinq heures du matin. C'est un homme qui a bien des talents, mais il faut convenir que les ambitieux ne sauraient être de bons ministres, et *Platoni attentiores*. Pour moi, je ne me repens point de la vie que j'ai choisie, et je continuerai *illorum naufragia ex terra intueri....*

Les[1] courtisans sont après M. Chauvelin comme les Grecs étaient après le corps d'Hector. Cette nation est bien méprisable.

Prenant ainsi sans peine son parti d'une obscurité qui le mettait à l'abri des orages, Rémond se contentait de jouir des douceurs de la vie libre et indépendante qu'il s'était faite. L'hiver il vivait à Paris, dans un intérieur agréable que l'absence d'enfants attristait seule, car cet ami de la liberté, comme le dit Saint-Simon dans le portrait dont nous avons parlé tout à l'heure, n'avait cependant pas été jusqu'à repousser les liens du mariage, et une femme fort agréable, fille du joaillier Rondet, celui qui avait acheté pour le duc d'Orléans le fameux diamant dit le Régent, tenait sa maison, que fréquentaient beaucoup les hommes de lettres. L'été se passait à Montmort chez le fils du mathématicien Rémond de Montmort, ou chez les grands seigneurs, qui aimaient fort la société de ces hôtes à la conversation aimable et spirituelle. C'est ainsi

1. Bibl. nat., Corr. litt. du président Bouhier, VIII, f. fr. 24416, f. 311.

qu'après avoir bien soupé et bien causé chez Mme de
Courcillon, belle-fille du marquis de Dangeau, l'auteur
des Mémoires, dans sa jolie petite maison de campagne
de Soisy, qui est dans « une situation charmante » et
« d'une propreté et d'une élégance au delà de ce qu'on
peut imaginer », Rémond s'en va rêver dans la belle
solitude de Liancourt, chez le duc de La Rochefoucauld,
où il n'est pas moins bien reçu. Cependant cet homme du
monde accompli, si fort choyé par la belle société, parle
souvent avec une singulière âpreté de ceux qu'il aime si
visiblement à fréquenter. Il a sur la cour et le grand
monde des jugements d'une extrême sévérité dont
l'accent a déjà quelque chose de révolutionnaire.

Tous [1] les grands seigneurs de la cour, écrit-il un jour, sont
d'une ignorance honteuse. Notre Parlement, qui a eu autrefois
de si grands sujets en vertu et en savoir, n'a plus que de sots
petits-maîtres ou de vieux procureurs. Vous connaissez nos
académies.

Malgré sa nonchalance affectée et son détachement des
affaires où se cache un certain dépit d'en être éloigné, le
correspondant de Bouhier est trop de son temps pour ne
pas prendre intérêt aux querelles de la cour et du Parlement, querelles qui durèrent tout le long du XVIIIᵉ siècle,
et forment comme l'avant-propos de la Révolution. Lui
qui aime tant le repos, il est cependant tout parlementaire, et il revient sans cesse sur la nécessité de suivre
les avis et remontrances du Parlement, quand ce ne serait
que pour résister aux entreprises de ce qu'il appelle à plusieurs reprises l'esprit romain, c'est-à-dire de la cour de
Rome et du haut clergé. Car, ceci aussi est une marque de

---

1. Bibl. nat., Corr. litt. du président Bouhier, VIII, f. fr. 24146, f. 323.

l'époque, cet épicurien raffiné est nettement gallican, et plutôt favorable aux jansénistes, dont la rigoureuse doctrine, en tout autre temps, l'eût écarté, sinon indigné. Mais sous le couvert du jansénisme, l'esprit d'indépendance politique qui grandissait silencieusement se cachait et échappait à la critique.

.... Je[1] sais bien que les Parlements n'ont point d'autorité qui leur appartienne, mais je crois que les rois ont raison d'admettre leurs remontrances, quand ce ne serait que pour les préserver d'être la dupe de leurs ministres, et que ces mêmes rois devraient ne leur pas tirer la bride si aisément quand ils veulent repousser les desseins pernicieux de la cour de Rome et les entreprises du haut clergé. Je me souviens que Machiavel, sur la 1re déc. de Tite-Live, a parlé en grande tête sur les Parlements de France, et j'ai rendu public son oracle en le communiquant, car nos seigneurs sont furieusement *ignares*. J'en excepte celui qui marie sa fille cadette à M. le comte de Roucy, ce qui le fait duc d'Estissac. Ne croyez pas qu'il y ait à la cour un homme qui ait ni la vertu ni le sens de M. le duc de la Rochefoucauld, et je voudrais que les grâces extraordinaires qu'on lui accorde fussent le prix de son mérite éminent plutôt que de son air haut et imposant. Je compte de manger ce soir avec lui d'un mouton excellent. Il repasse de Fontainebleau aujourd'hui pour aller à Liancourt. Je voudrais bien m'en tenir à ces petits soupers et m'enfermer dans ma coquille jusqu'au retour du printemps. La campagne va être affreuse par ce temps si froid et si pluvieux. Cependant j'étais engagé depuis longtemps d'aller passer les fêtes à Villeroy et je pars après-demain. On m'a promis que le voisinage de la cour n'y attirerait point de grand monde. M. et Mme de Maurepas y viendront, et c'est tout ce que j'aime de ce pays-là. J'y apporte les lettres de Cicéron, Pindare et Virgile. Que je serais bien mieux à Montmort ! Mais il faut faire bien des choses pour un neveu qu'on a adopté....

Lorsqu'en 1740 mourut le duc de Bourbon, qui vivait retiré à Chantilly depuis sa disgrâce, Rémond annonce

---

1. Bibl. nat., Corr. litt. du président Bouhier, VII, f. fr. 24 416, f. 329.

cette mort au président avec une dureté d'expression remarquable et qui rappelle celle de La Bruyère lorsqu'il parle des princes enfants des dieux. Le duc de Bourbon était héréditairement gouverneur de Bourgogne, ce qui faisait de sa mort un événement fort important dans cette province, et qui intéressait beaucoup Bouhier.

Je[1] crois que monsieur le duc n'est pas plus regretté en Bourgogne qu'à la cour et à Paris. Il est mort avec sa dureté naturelle pour les autres, et avec le courage que Panurge avait dans la tempête.

Il faut enfin citer encore une lettre de Rémond où se trouve un passage sur la misère des campagnes qui est digne d'être remarqué, surtout venant de la plume de cet homme de lettres paresseux et insouciant. Au milieu de ces lignes où on ne parle guère que de littérature ou de petites nouvelles, cette courte phrase est singulièrement expressive et réveille l'attention comme une note grave, inattendue dans un air joyeux.

Les[2] poètes et les faiseurs de romans ont fait, comme vous savez, monsieur, des descriptions bien magnifiques et souvent très longues de lieux enchantés ; mais je vous assure que les jardins de Liancourt les surpassent. Je pars ces jours-ci pour Montmort où je me trouverai mieux que nulle part, quoique les campagnes m'affligent toujours par le spectacle d'une misère affreuse qu'on n'est point en état de soulager. Quand j'en ai écrit au cardinal, il me renvoya à la république de Platon. Je sais bien que la politique de la nouvelle Rome est de changer les royaumes en déserts. On donne des noms odieux à ceux qui voudraient s'y opposer, et tout homme qui aimera l'État sera appelé janséniste : *Sed satis luxi patriam, viderint juniores*, comme dit souvent Cicéron....

1. Bibl. nat., Corr. litt. du président Bouhier, VIII. f. fr. 24446, f. 353.
2. *Ibid.*, f. 357.

A côté de ce janséniste pour rire, qui n'avait de la secte que le goût de fronder le pouvoir, voici un janséniste pour de bon, qui en a toute l'amertume et l'âcreté, l'abbé Goujet, chanoine de Saint-Jacques de l'Hôpital. Goujet eut une certaine réputation comme écrivain et comme critique pendant la première moitié du xviii° siècle. C'était un homme d'esprit, qui écrivait avec une trop grande facilité de trop nombreux écrits, toujours remplis de verve lorsqu'il s'agissait de défendre sa cause, c'est-à-dire le jansénisme; comme nous l'avons dit ailleurs, c'était un journaliste avant le temps, qui eût mieux trouvé sa place aujourd'hui qu'il y a un siècle et demi. Ses opinions qu'il défendit toujours avec une fidélité âpre, peu faite pour leur gagner des partisans, l'empêchèrent d'arriver à rien. Aucune Académie ne lui ouvrit ses portes, et il dut se contenter de publier une *Histoire du Collège de France* très peu intéressante, écrite dans une langue parfaitement sèche, et dix-huit volumes sur l'histoire littéraire de la France, ouvrage exact, plein de faits, mais sans aucune originalité. Ses lettres au président ont ses rares qualités et tous ses défauts. On devinerait le parti de celui qui tient la plume rien qu'à sa manière cassante de juger les hommes et les choses, et à l'aigreur contenue qui se révèle à tout moment. Voici un échantillon de la prose du fougueux janséniste qui prétendait avoir été guéri par l'intercession du fameux diacre Pâris. Nous le citons comme preuve de la variété de ton qui règne dans les correspondances de Bouhier, et leur donne un intérêt particulier. Rémond et Goujet sont, en effet, comme les deux pôles littéraires du temps.

.... On¹ assure que M. Rousseau est à Paris; un de mes amis
m'a dit que M. Danchet lui avait certifié qu'il l'avait vu. Il faut
que l'amour de la patrie soit bien vif. Voilà encore M. de Voltaire et l'abbé Desfontaines aux prises l'un avec l'autre. On
attribue au premier une brochure qui paraît depuis peu intitulée : *Le préservatif ou critique des observations sur les écrits modernes.* Je l'ai lu, et ce préservatif m'a paru ne pouvoir préserver de rien. C'est un écrit plein de vétilles et de mauvaise
chicane. L'auteur y prend le ton et l'air d'un oracle, et ne dit
presque rien qui mérite d'être écouté. Il y a même quelques
bévues assez grossières. Je ne suis guère plus content de la
réponse qui m'a été envoyée par une personne qui ne s'est
point montrée. Elle a pour titre : *La Voltairomanie, ou lettre d'un
jeune avocat, en forme de mémoire, en réponse au libelle du sieur de
Voltaire intitulé : Le préservatif,* etc. On sent bien que le prétendu
avocat est très intéressé dans la cause qu'il plaide. Il réfute
assez bien les chicanes, les vétilles, les mauvais traitements de
son adverse partie; mais que de vivacité, d'emportement, et
d'injures dans cette pièce! Que dirait-on d'un avocat qui traite-
rait celui contre qui il plaide, de fou, d'impie, de brutal, de
détracteur, de calomniateur, d'enragé, etc. Voilà une partie
des épithètes qui sont prodiguées dans cet écrit. Je crois que
les procédés de Voltaire sont insoutenables, mais se fait-on
honneur en répondant sur un tel ton?

Goujet est pendant quelques années un correspondant
très régulier du président, et dans cette correspondance
il s'intitule lui-même « le nouvelliste du Parnasse ».
Malgré leur sécheresse, ses lettres ne sont pas absolument
à dédaigner. Il avait de nombreux amis dans toutes les
sociétés, et était bien au courant de ce qui se passait dans
la société littéraire. Voici, par exemple, un récit des
démêlés de Voltaire avec ses libraires, démêlés au milieu
desquels la police intervient. Ce récit n'est pas sans
intérêt, comme peignant les mœurs du temps.

---

1. Bibl. nat., Corr. litt. du président Bouhier, III, f. fr. 24411, f. 319.

.... M. [1] de Voltaire s'est attiré ici de nouvelles affaires pendant le court séjour qu'il y a fait. Le sieur Prault fils, libraire et imprimeur, connu pour son avidité à imprimer toutes sortes de libelles, s'était chargé d'imprimer l'introduction à l'histoire du règne de Louis XIV par M. de Voltaire, et quelques poésies du même, entre lesquelles se trouve une épître sur le fanatisme, pleine d'indécences contre la religion. Du Sauzet, interessé à la première pièce comme faisant partie de l'ouvrage qu'il comptait imprimer sur la parole de l'auteur, avec qui l'on assure même qu'il avait fait des conventions, ayant été informé de l'entreprise du sieur Prault, s'en est plaint. On a fait visite chez le libraire de Paris qui avait protesté auparavant qu'il n'imprimait rien de M. de Voltaire. Tout s'est trouvé et a été saisi; jugement prononcé, Prault a été condamné à tenir sa boutique fermée pendant un an, et M. de Maurepas a écrit à M. de Voltaire qui devait être de retour le 20 de ce mois, qu'il eût à regarder Cirey comme son exil, et à ne point approcher de Paris, sous peine de voir procéder plus sévèrement contre lui.

A côté de Goujet, il faudrait encore, pour être plus complet, placer quelques extraits des lettres de Bonnardi. Celui-là était aussi un prêtre de mœurs sévères, un peu janséniste peut-être, puisqu'il avait été le secrétaire intime du cardinal de Noailles. Sa correspondance, qui n'offre rien de très brillant, est cependant digne de remarque à un seul point de vue, par l'abondance de détails littéraires qu'elle contient. Le grave ecclésiastique, qui avait vécu dans l'intimité d'un des plus austères prélats du temps, ne croit ni perdre son temps, ni s'occuper de frivolités, en écrivant de longues missives à Bouhier où il ne parle que de littérature, de poésie, de pièces de théâtre et des aventures des littérateurs. Ceci seul suffirait à dater ses lettres. C'est ainsi qu'il annonce à Bouhier la mort de Pellegrin, de celui qu'on avait surnommé le patriarche de l'Opéra.

1. Bibl. nat., Corr. litt. du président Bouhier, III, f. fr. 24411, f. 329.

A Paris, le 22 septembre 1745.

, A propos[1] de poètes, vous a-t-on marqué la mort du plus fameux par le nombre de ses vers, c'est-à-dire de l'abbé Pellegrin, décédé au commencement du mois dans sa quatre-vingtième ou quatre-vingt et unième année, dans la misère, n'ayant rien amassé du produit de ses cantiques, de ses opéras, et de ses tragédies? Pour lui procurer quelques secours, le sieur Boindin et autres de ses amis imaginèrent un moyen bien singulier, qui fut de faire offrir dans les cafés et ailleurs, de vendre à son profit, pour un an, ses entrées franches à tous les spectacles de Paris, promettant que ce marché serait ratifié des parties intéressées....

Dans une autre lettre, le grave chanoine de Notre-Dame ne croit pas manquer à sa dignité en racontant en plaisantant à son correspondant les luttes des chirurgiens qui veulent s'affranchir de la tutelle des médecins et prétendent devenir une corporation à part dans l'Université. Il va même jusqu'à citer à Bouhier le fameux sonnet de Voltaire à la princesse Ulrique, qui, tout récent encore, courait le monde, ainsi que la médiocre réponse qu'on y avait faite. Bonnardi l'attribue sans hésiter au poète Roy, ennemi déclaré de son auteur, tandis qu'elle figure tout au long dans les œuvres du grand Frédéric comme étant sortie de sa plume, ce qui n'ajoute rien à sa gloire.

Puis ce sont des nouvelles de l'Académie, qui étaient alors des affaires d'État et dont chacun s'occupait. Les élections, le rôle qu'y jouent « les dames », c'est-à-dire Mme de Tencin, Mme d'Aiguillon et Mme du Deffand, tiennent presque autant de place dans les lettres du chanoine que les affaires des jansénistes.

Citons encore à propos de l'Ode de Voltaire sur la

---

1. Bibl. nat., Lettres au président Bouhier, f. fr. nouv. acq. 1212, f. 23.

bataille de Fontenoy, ce passage sur la petite supercherie, que l'on aurait cru une invention toute moderne, qui consiste à mettre sur la couverture d'un livre à succès un chiffre d'éditions qui ne correspond nullement à la réalité. Il n'y a évidemment rien de nouveau sous le soleil.

> Vous [1] aurez vu le poème de Voltaire sur la bataille de Fon-
> tenay dont on a affiché la 6e édition, ce me semble. S'il avait
> mis à le composer deux semaines au lieu de deux jours, comme
> il s'en vante, les endroits prosaïques auraient disparu, et la
> pièce eût été plus digne de son auteur. Je pense que celle de
> Roy sur le même sujet commence à se distribuer; et Piron en
> promet aussi une où il veut mettre à chaque douzaine d'exem-
> plaires, 2e, 3e, 20e, 30e édition pour faire paroli [2] à Voltaire....

Afin de donner une idée plus complète de la variété qui règne dans les correspondances du président Bouhier, variété qui est bien caractérisque de cette époque de curiosité par excellence, il ne faut pas oublier de parler des lettres d'un pur érudit aujourd'hui fort inconnu, Jean-François Secousse. D'une ancienne famille de bourgeoisie parisienne, Secousse, après avoir été avocat au Parlement, s'était tout à fait consacré à l'érudition. Admirateur passionné, élève et imitateur des Du Cange, des Mabillon et des Montfaucon, il consumait son existence dans un travail acharné à la recherche de la vérité historique, trouvant dans la modestie même de ses désirs la garantie de la complète indépendance de ses jugements et de sa liberté d'opinion. Depuis 1728, il continuait, sur l'ordre du chancelier d'Aguesseau, la grande collection des ordonnances

1. Bibl. nat., Corr. litt. de Bouhier, f. fr. nouv. acq. 4000, f. 75.
2. Faire paroli, terme de jeu emprunté à la bassette employé autrefois pour exprimer l'idée d'enchérir, de dépasser, comme on dit aujourd'hui vulgairement surcouper.

des rois de France que Laurière avait commencée. En
1746, le roi le chargea de dresser le catalogue des pièces
conservées dans les quelques villes des Pays-Bas annexées
à la France après la paix d'Aix-la-Chapelle. Secousse
était un travailleur si acharné qu'il finit par user ses yeux
à force de lire de vieilles chartes et des manuscrits, et
qu'il mourut complètement aveugle en 1754. Ses lettres
sont toutes remplies de nouvelles d'érudition, et par cela
seul très différentes de celles qui nous ont occupés jusqu'ici.

L'érudit, du reste, ne ménage pas plus les compliments
à Bouhier que les littérateurs de profession. Le président
avait, en effet, l'esprit ouvert à tous les genres de curiosité littéraire, les antiquités nationales ne l'intéressaient
pas moins que les antiquités grecques et latines, il passait
avec une égale aisance et un égal intérêt d'une discussion sur un texte d'Aristote ou de Virgile, à la traduction
d'une inscription antique ou à la publication du journal
de l'Estoile et à une appréciation critique de Montaigne.
Cette souplesse d'intelligence, qui se révèle dans la
variété des correspondances auxquelles il tient tête,
est sa marque distinctive, et explique la situation particulière qu'il avait su acquérir. Les lettres pures étaient
cependant les reines assez absolues du moment, et tout le
monde leur sacrifiait plus ou moins. L'érudit Secousse,
tout absorbé par ses vieilles chroniques, n'échappe pas
à la contagion générale et parle de Voltaire comme un
bel esprit de salon.

Les [1] ouvrages de M. de Voltaire sont destinés à faire un
grand bruit dans le monde, par les matières qu'il traite, par le

---

1. Bibl. nat., Corr. litt. du président Bouhier, XII, f. fr. 24420, f. 58.

tour qu'il leur donne et par les circonstances qui en accompagnent toujours la publication. On a imprimé ici furtivement un nouveau recueil de pièces de sa façon, en prose et en vers; entre les premières se trouve la Préface de son Histoire des sciences et des arts sous le règne de Louis XIV. Il l'avait lue à plusieurs personnes dans le séjour qu'il a fait depuis peu ici. Cette Préface est, dit-on, pleine de traits à l'anglaise sur la religion et sur le gouvernement....

C'est encore un savant que Michault, compatriote du président, dont nous avons déjà parlé à propos des habitués de l'hôtel de la rue Saint-Fiacre. Il passa longtemps à Paris. Bibliophile passionné et érudit de valeur, Michault eut une de ces réputations éphémères qui disparaissent sans laisser aucune trace. Il fournit un grand nombre d'articles pour l'ouvrage de Nicéron sur les hommes illustres dans la république des lettres, et composa divers ouvrages de science alors estimés. Mais c'était en même temps un homme d'esprit, dont la verve et l'entrain sentaient son terroir bourguignon.

Intime ami de Crébillon et de Piron, tous deux également Bourguignons, il était le premier à rire des travers des savants, et s'attira même toute leur colère en rédigeant un pamphlet plaisant sur l'abus de la critique érudite. Ses lettres à Bouhier sont vives et spirituelles, et l'on voit bien qu'elles sortent de la plume de quelqu'un qui voit tout et s'amuse de tout.

On [1] joue à la Comédie française une pièce en vers, de trois actes, intitulée Sidney. Chaque représentation est un nouveau scandale qui excite quelques murmures à Paris; elle est impie, et le héros, travaillé de la consomption, débite en mourant des tirades de belle poésie où triomphent le déisme et des principes très dangereux, qu'on ne laisse pas que d'applaudir, quoiqu'on

1. Bibl. nat., Corr. litt. du président Bouhier, f. fr. 24 421, f. 95.

avoue que de pareils sentiments ne doivent pas être exposés
sur notre théâtre. J'ai entendu le poète Roy s'élever fortement
contre cette comédie, et crier contre Voltaire de ce que ce
dernier avait donné de grandes louanges à *Sidney*. Roy vient
de faire un motet latin, avec une paraphrase en vers français,
pour la cérémonie de la dédicace de l'église de Saint-Sulpice.

Quand le diable fut vieux, il se fit ermite.

On est inondé à Paris de petits écrits pour et contre les
francs-maçons ; cela compose une petite bibliothèque fort
ennuyeuse pour ceux mêmes qui ont l'honneur d'être de cette
mystérieuse confrérie....

.... Je loge avec M. le marquis de l'Éguille, frère du marquis
d'Argens. Le marquis de l'Éguille est un fou, entêté de la
musique au dernier point; il travaille à présent à un opéra;
mais pour en juger, il suffira de vous dire, monsieur, que ce
fou fut ces jours derniers au Palais-Royal entendre les oiseaux,
et en copier sous les arbres les chants divers, les gazouille-
ments, etc., et crut avoir pris la nature sur le fait....

Michault, malgré ses savants ouvrages, et son goût pour
l'étude, n'était nullement un pédant, et sa plume courait
très alertement sur le papier. Connaissant le goût de
Bouhier pour les bons mots et les petits vers qui couraient
sur les menus événements littéraires du jour, il les lui
servait tout chauds. C'est ainsi que l'on trouve au milieu
de toutes ces lettres d'érudition, un fragment d'une de ces
poésies légères qu'on appelait alors des kyrielles à cause
de la répétition du même mot à chaque vers, et qui se
redisaient un moment dans les salons. *La kyrielle des
riens*, qu'on récitait dans une pièce à la mode, est encore
aujourd'hui assez agréable à lire.

LA KYRIELLE DES RIENS [1]

Un rien fait pencher la balance,
Un rien nous pousse auprès des grands,

1. Bibl. nat., Corr. litt. du président Bouhier, f. fr. 24 421; f. 101.

> Un rien nous fait aimer des belles,
> Un rien fait sortir nos talents,
> Un rien dérange nos cervelles.
> D'un rien de plus, d'un rien de moins
> Dépend le succès de nos soins,
> Un rien flatte quand on espère,
> Un rien trouble lorsque l'on craint.
> Amour, ton feu ne dure guère,
> Un rien l'allume, un rien l'éteint.

La plaisanterie va même parfois un peu loin dans ces lettres de Michault, et je doute que le président ait lu à son ami, le P. Oudin, jésuite aussi aimable que bon religieux, la lettre suivante où Michault essaye de défendre Piron.

J'ai[1] vu Piron, oh! monsieur, l'aimable homme, et que je suis fâché de ce que le P. Oudin le condamne aux flammes éternelles. Tâchez, monsieur, d'obtenir de ce Père, dans un jour de sa bonne humeur, le purgatoire seulement pour ce poète. Je ne parle pas de l'intérêt de patrie qui doit l'engager à ne le pas damner si impitoyablement; Piron m'a fait promettre de lui aller souvent tenir compagnie. Il me semblait ce jour-là voir toujours son cœur sur le bord de ses lèvres, et son esprit brillant comme un diamant. Révérend Père Oudin, hé, ne le damnez pas....

M. de Montesquieu écrivant dernièrement à Mme de Tencin, au sujet de la petite équipée de Maupertuis, disait : C'est un fou, j'aimerais mieux être condamné à manger tous les jours, avec le poète Roy, qu'à souper une seule fois avec le Roy poète (le roi de Prusse).

Piron avait peut-être beaucoup d'esprit en conversation, mais lorsqu'il écrivait à des amis, il était fort emphatique et le grand faiseur d'épigrammes en eût mérité plus d'une. C'est du moins ainsi qu'il se fait voir dans la lettre signée de son nom qui se trouve conservée dans les portefeuilles de Bouhier. Le président lui avait

---

1. Bibl. nat., Corr. litt. du président Bouhier, f. fr. 24 421, f. 101.

rendu un grand service dans sa jeunesse en l'aidant à se dérober aux poursuites de la justice lorsqu'il eut l'audacieuse imprudence de laisser courir cette ode si tristement célèbre et dont il ne put jamais effacer le souvenir. Bouhier, qui l'avait connu enfant et qui protégeait toujours ses compatriotes, s'entremit, et ce fut grâce à sa protection que Piron, très jeune encore, put quitter sans bruit Dijon et aller chercher à Paris une fortune qu'il n'y trouva pas. Le président resta toujours bienveillant à son égard et le suivit avec intérêt. Il n'y a cependant qu'une seule épître, nous employons le mot à dessein, de l'auteur de la *Métromanie* adressée à son premier et fidèle protecteur. Les éloges et les compliments y sont portés à un tel excès, et si visiblement outrés, qu'on croirait presque que le poète veut se moquer du magistrat en lui cassant le nez avec l'encensoir, ce qui serait une singulière façon de témoigner la reconnaissance qu'il lui devait et ne lui ferait guère honneur. Mais les autres lettres de Piron qui ont été publiées le montrent assez coutumier de cette manière emphatique d'écrire et beaucoup plus adroit à manier la raillerie que la louange. La pièce, trop longue pour être citée ici, forme, par l'enflure et l'exagération, le plus parfait contraste avec un petit billet fort simple qu'un autre écrivain dramatique du temps, La Chaussée, fait passer à Bouhier par l'intermédiaire de d'Olivet, en lui envoyant ses premières œuvres.

Lorsqu'en 1734 le chevalier Perrin publia, d'accord avec Mme de Simiane, la première édition authentique des lettres de Mme de Sévigné, il en fit adresser un exemplaire au président par le père Bougerel, l'un des plus savants oratoriens, qui, lui aussi, était en commerce épistolaire avec Bouhier. Celui-ci, on le sait déjà, était dès longtemps l'un des plus ardents *sévignéromanes* : il accueillit avec enthousiasme les nouvelles lettres, et ne cacha pas son admiration, si bien que l'éditeur se crut autorisé à lui écrire cette lettre, qui intéressera les nombreux admirateurs de Mme de Sévigné :

Le [1] P. Bougerel, monsieur, vient de me communiquer ce que vous lui mandez touchant le recueil des lettres de Mme de Sévigné, qu'il a bien voulu se charger de vous faire tenir de la part de Mme de Simiane et de la mienne. Vous ne doutez point que je n'aie été ravi de lire tout ce que vous me dites, mais quoique infiniment flatté de l'approbation que vous donnez aussi à la Préface, je n'ai pas laissé de sentir que vous vous êtes relâché en ma faveur de l'extrême justesse de vos jugements, sans doute pour m'encourager à donner la suite de ces lettres, laquelle ne cède ni en nombre ni en beauté à ce qui vient d'être publié.

Je conviens, monsieur, que de plus grands éclaircissements sur la vieille cour m'auraient été très utiles, mais il en est de tels que l'on peut suppléer encore aujourd'hui et que la prudence a quelquefois obligé de taire. Pour ce qui est de certains autres faits, j'avoue que plusieurs m'ont été inconnus et que j'en ferais volontiers la découverte ; je vous serais donc très obligé, monsieur, si vous vouliez bien me faire part de quelques-unes des remarques que vous avez faites, et dont le public pourrait un jour profiter, si j'étais dans le cas de donner une nouvelle édition.

Il serait à désirer que l'on pût rassembler une partie des lettres que Mme de Sévigné a écrites à ses amis, mais je présume que les uns les gardent précieusement pour eux seuls, comme les demoiselles de Montpellier, et que d'autres les ont déjà brûlées parmi les lettres inutiles, comme Mme de Vins avoue elle-même avec regret qu'elle a fait de toutes celles qu'elle en avait reçues.

Les réponses de Mme de Grignan seraient encore une chose bien souhaitable ; il y a beaucoup d'apparence qu'elles existent quelque part, quoique Mme de Simiane se soit donné jusqu'ici des soins inutiles pour les rencontrer.

1. Bibl. nat., Corr. litt. du président Bouhier, f. fr. 24418, f. 273.

Trois ans plus tard, le chevalier Perrin, encouragé par le succès, publiait un nouveau recueil de lettres de Mme de Sévigné et, cette fois, il l'envoie directement au président.

Je [1] vous avouerai, monsieur, que ce qui m'a peut-être le plus encouragé à donner la suite des lettres de Mme de Sévigné, c'est l'éloge magnifique que vous avez fait de ces lettres dans une réponse dont vous m'avez honoré le 22 juin 1734; et c'est donc à vous, monsieur, que le public doit avoir la principale obligation du nouveau présent qu'on vient de lui faire.

J'ai remis à M. l'abbé d'Olivet l'exemplaire de cette suite qui vous était destiné.

À cette lettre d'envoi, le président répond par une appréciation du talent de l'écrivain chez Mme de Sévigné, qui est faite de main de maître. On a beaucoup écrit depuis lors sur l'illustre marquise, on n'a jamais mieux dit en quelques lignes ce qu'elle a d'original, d'inimitable, et ce qui lui donne une place à part dans notre littérature. Bouhier en fut du reste si content qu'il en garda la minute et la joignit à la lettre du chevalier Perrin.

Vous [2] savez le cas que j'ai fait des premiers volumes des lettres de Mme de Sévigné puisque vous avez bien voulu rendre public le juste éloge que j'en avais fait en vous en remerciant. Loin de le désavouer je voudrais pouvoir y ajouter quelque nouveau grain d'encens. Mais pour me servir d'une de ses agréables expressions, ce que je sens en lisant ses lettres est au-dessus des paroles. Tant pis pour ceux qui ne sentiront pas les grâces de cette vive et spirituelle simplicité; de ces tours naïfs et variés à l'infini, et de cet inimitable je ne sais quoi qui fera admirer ses lettres, tant qu'on entendra les finesses de notre langue. On ne saurait donc trop vous marquer l'obligation qu'on vous a d'avoir empêché de périr un aussi parfait modèle de style épistolaire.

1. Bibl. nat., Corr. litt. du président Bouhier, X, f. fr. 24 418, f. 276.
2. *Ibid.*, f. 278.

Non content de cela, Bouhier devint de plus en plus, et pour toujours, le zélé champion de Mme de Sévigné, et lorsqu'on osait la critiquer, il relevait vivement le gant, comme si on lui eût fait une offense personnelle. Un de ses correspondants de Paris ayant accusé de monotonie l'incessante répétition de sa tendresse envers sa fille, le président réplique avec finesse :

Ce [1] n'est point contre les règles, mais contre l'usage moderne qu'est la tendresse de Mme de Sévigné pour sa fille. Si nous suivions les mouvements de la nature, nous penserions tous de même, surtout quand on a lieu d'être content de ses enfants. Mais les distractions que nous causent nos passions, et la corruption de nos mœurs, nous éloignent insensiblement de l'innocence et de la simplicité de la nature. L'expérience rend cela sensible. Qui est-ce qui aime à soixante ans avec la même cordialité qu'à vingt? *Vel duo, vel nemo.* Pour moi je trouve Mme de Sévigné d'autant plus admirable, qu'elle est également un modèle du côté du cœur et de l'esprit. Ce qui fait trouver quelque fadeur dans les douceurs qu'elle dit à sa fille, c'est qu'on lit ses lettres tout de suite. N'en lisez qu'une en huit jours, comme elles ont été écrites, vous n'y trouverez plus le même défaut.

Et comme son adversaire s'avouait vaincu, il reprend avec un accent de triomphe tout personnel :

Je [2] suis bien aise que vous soyez un peu revenu de votre prévention contre Mme de Sévigné. Pour moi, je le mets au rang des livres classiques de notre langue avec un très petit nombre d'autres....

Bouhier a été bon prophète. Mme de Sévigné est devenue un classique, à côté et de pair avec les plus grands classiques de la langue française. Mais pour lui assigner

---

1. Bibl. nat., Corr. litt. du président Bouhier, XI, f. fr. 24409, f. 148.
2. *Ibid.*, I, f. fr. 24409, f. 150.

en 1737, avec tant de justesse, le rang qu'elle devait
prendre dans notre littérature, il fallait avoir autant de
finesse que de sûreté dans le goût. Ce tact si fin, ce discernement si délicat font comprendre la situation particulière que le président avait su se faire, tout en restant
éloigné de Paris. On savait qu'il y avait à Dijon un juge
difficile à contenter, dont la parole était écoutée, et on cherchait à se le concilier. C'est ainsi qu'un autre président
au Parlement, mais cette fois au Parlement de Paris, qui
brillait au premier rang parmi les beaux esprits de la
capitale, et dans la plus haute société aussi bien qu'à la
cour, Hénault, le Hénault de Mme du Deffand, le confident
discret de la reine Marie Leczinska, prend la peine, en
lui envoyant son Histoire universelle, de l'accompagner
d'une longue lettre, qui est à elle seule un hommage
auquel le président dut être très sensible. La lettre est
intéressante par les plaintes qu'elle renferme contre la
censure. Qui eût pu penser que l'Histoire universelle du
président Hénault, si sèche et si prudente, eût eu maille
à partir avec le censeur royal? Il est vrai que l'art de
procéder par allusions, qui étaient saisies à la volée par
un public beaucoup plus restreint et plus sensible aux
nuances que le public de nos jours, avait alors une importance et était cultivé avec un soin que nous ne compre-
nons plus aujourd'hui.

Les moindres critiques, les plus légères indications
étaient comprises, commentées et portaient coup.

Je [1] vous envoie, mon cher confrère, un ouvrage d'une forme
singulière; c'est le produit d'un long travail, quoiqu'il n'y
paraisse guère. Il y a tel règne qui m'a causé bien des peines,

1. Bibl. nat., Corr. litt. du président Bouhier, III, f. fr. 24 441, f. 505.

comme, par exemple, celui de Charles VI, et telles dates à concilier qui m'ont fait faire bien des recherches. Ç'aurait été un ouvrage plus curieux si j'en avais été le maître, mais on m'en a fait supprimer plus des trois quarts, c'est-à-dire ce qu'il y a de plus curieux. Peut-être trouverai-je à en faire usage une autre fois. C'est une chose étonnante que la difficulté dont on est aujourd'hui, surtout pour ce qui regarde le droit public. On se croit bien armé quand on rapporte les autorités les plus respectées; point du tout, on vous répond froidement que cela est bon à penser, mais qu'il est dangereux de le dire. Cependant il s'en faut bien que je doive être suspect d'aller trop loin; je hais les novateurs, et tout ce qui pourrait tendre à diminuer la soumission. Mais il faudrait au moins qu'il fût permis de connaître ses droits et ce n'est point être téméraire d'être courageux. J'ai traduit deux vers de Pope dans un seul vers latin que vous trouverez à la fin de l'avertissement. C'est là l'idée de mon ouvrage qui, je crois, sera utile aux gens du monde et aux savants. Je crois même que les jeunes gens bien élevés et à qui on a donné des idées générales y pourront trouver de grands secours. Je souhaite, mon cher confrère, que vous pensiez de même quand vous l'aurez examiné. Vous connaissez mon tendre et respectueux attachement.

HÉNAULT.

Quelque temps après, Hénault, qui n'avait sans doute pas été tout à fait content des remerciements et des louanges de Bouhier, revenait à la charge. Cette fois, il lui demandait des renseignements, voire même des anecdotes pour égayer l'histoire, ce qui n'était pas encore de mode. Il finissait même en demandant des critiques avec une bonne grâce qui n'était peut-être pas aussi humble qu'elle en avait l'air.

J'ai [1] reçu, mon cher confrère, avec un grand plaisir, les marques obligeantes de votre souvenir. Ma sensibilité doit vous assurer de tout ce que je pense, et des vœux réciproques que je fais pour la conservation d'un homme si utile au public,

---

1. Bibl. nat., Corr. litt. du président Bouhier, f. fr. 24 428, f. 83.

si précieux pour l'honneur de notre Académie et si cher à ses amis. Je ne manquerai pas de parler à M. de Moras; vous êtes en de très bonnes mains, c'est un homme éclairé et fort droit; sitôt que je l'aurai entretenu, je vous rendrai compte de ce qu'il m'aura dit. Me permettrez-vous, à mon tour, de vous demander une grâce? Comme elle dépend entièrement de vous, j'ai droit d'y compter; j'aurais besoin d'une analyse très sommaire de l'histoire de nos ordonnances : il n'est pas possible que vous n'ayez pas quelque chose sur cela dans vos papiers, et cela me serait d'une utilité infinie en même temps que le public en profiterait. C'est une chose sèche et point du tout instructive de voir dans un article : *Édit de Crémieu*. par exemple, sans ajouter un mot de ce qui l'a occasionné, et sans donner un extrait de ce qu'il contient. Une anecdote placée à ce sujet le rendrait plus agréable et le fixerait bien mieux dans la mémoire. Je m'attendais, outre cela, mon cher confrère, que vous auriez bien voulu, au cas que vous vous fussiez donné la peine de parcourir le livre, de me faire part de vos remarques, et de ce que vous y trouvez à reprendre ou à ajouter. Car rien ne prouve tant le cas que l'on fait d'un ouvrage que de le critiquer. Plusieurs personnes sur lesquelles je compte bien moins que sur vous se sont donné cette peine; j'attends donc cette marque de votre amitié et j'ose dire que vous le devez à l'attachement tendre et respectueux que je vous ai voué pour toute ma vie.

HÉNAULT.

Dans une lettre à un de ses amis de province dont nous parlerons plus loin, le président faisait sur le compte d'un jeune Bourguignon, encore peu connu, une prédiction que l'avenir devait pleinement justifier. Elle est digne d'être remarquée, car il est rare que de telles prophéties se vérifient aussi complètement.

Nous[1] avons un autre Dijonnais, fils d'un conseiller de notre Parlement, nommé M. Le Clerc de Buffon, reçu depuis peu à l'Académie des Sciences qui vient de donner un livre nouveau, fort intéressant pour les physiciens. C'est une traduction du

---

1. Bibl. nat., nouv. acq. françaises, 4314, f. 126.

livre anglais de M. Halles, sur la statique des végétaux, etc. Ce
jeune homme qui est grand mathématicien, ira loin s'il continue. Il est grand ami de M. de Réaumur, qui vient de donner
son premier volume sur les insectes.

Le jeune M. Le Clerc de Buffon ne démentit pas les
prévisions de son protecteur, et alla fort loin, en effet. Le
président Bouhier [1] qui avait été possesseur de la seigneu-
rie dont Buffon devait rendre le nom si illustre l'avait
connu et distingué dès sa jeunesse. C'était même à l'hôtel
de la rue Saint-Fiacre que Buffon avait fait ses débuts
dans le monde, et s'était formé aux belles manières.
Lorsque sa réputation commença à se faire jour, qu'il fut
devenu un personnage à Paris, et que la garde du Jardin
du Roi lui eut été confiée, la gloire naissante ne lui fit
pas oublier sa dette de reconnaissance vis-à-vis de celui
qui avait protégé ses débuts. Les lettres que le futur
auteur de l'*Histoire naturelle* et du *Discours sur le style*,
en train de devenir un grand écrivain, envoie à Bouhier
sont toutes empreintes d'une déférence respectueuse qui
lui font honneur.

A [2] toutes les bontés dont vous m'honorez, monsieur, à la
part que vous daignez prendre à ce qui me regarde, je ne puis
répondre que par des sentiments de la plus vive et de la plus
sincère reconnaissance. On m'a fait ici mille fois plus d'honneur que je ne mérite; on a hâté la vacance de la place que je
remplis à l'Académie, on m'a préféré à des concurrents distingués; tous ces avantages dont je me sens si peu digne n'auraient peut-être pas trouvé grâce à des yeux aussi éclairés que
les vôtres. Aussi je tâchais de les supprimer, au hasard d'être
grondé comme vous l'avez fait. Permettez moi de vous remercier, monsieur, de ces bons sentiments et de vous supplier de

1. *Lettres inédites de Buffon, J.-J. Rousseau*, etc., publiées par Girault,
Paris, 1819.
2. Bibl. nat., Corr. litt. du président Bouhier, I, f. fr. 24 409, f. 410.

me les conserver. Il paraît depuis quinze jours, un petit écrit en forme de gazette ou plutôt de feuilles de *Spectateur* intitulé le *Cabinet du philosophe*; on n'a pas goûté cet ouvrage. M. Marivaux a donné aussi une brochure qui fait le second tome de la *Vie de Marianne*, les petits esprits et les précieux admireront les réflexions et le style. La pièce de Voltaire ne peut se soutenir et ne se soutient pas avec les raccommodages qu'il y a faits. Enfin, pour finir, j'aurai l'honneur de vous dire que je vais au premier jour faire imprimer une traduction avec des notes d'un ouvrage anglais de physique qui a paru nouvellement et dont les découvertes m'ont tellement frappé, et sont si fort au-dessus de ce que l'on voit en ce genre, que je n'ai pu me refuser le plaisir de les donner en notre langue au public; c'est un in-4° d'environ 300 pages.

Adieu, monsieur, honorez-moi toujours de vos bontés, et croyez-moi, avec l'attachement le plus respectueux, monsieur, votre très humble et très obéissant serviteur.

BUFFON.

Paris, le 8 février 1739.

Le trait contre Marivaux est intéressant à noter. Il est clair que l'auteur des *Études sur la nature* ne pouvait guère avoir de sympathie pour l'auteur de *Marianne*. Bouhier avait plus de largeur dans le jugement, et à peu près vers la même époque il écrivait à Marais cette phrase que nous mettons en regard de celle de Buffon, parce qu'elle nous fait assister comme à l'écho d'une conversation sur le talent de Marivaux, qui divisait alors les esprits et était l'objet de vives contestations.

Pour [1] Marivaux j'en augure comme vous. Je trouve plaisant ce qu'on dit : qu'il ne parle pas français. Il est vrai qu'il semble s'être fait un jargon singulier, qui ne laisse pas d'être séduisant pour bien des gens, mais qui ne séduira pas nos confrères. C'est pourtant dommage. Car on ne peut nier qu'il n'ait beaucoup d'esprit.

1. Bibl. nat., Lettres du président Bouhier à M. Marais, f. fr. 25542, f. 373.

Il n'y a pas jusqu'au roi de la littérature de l'époque, jusqu'à Voltaire lui-même, Voltaire si dédaigneux pour les érudits et l'érudition, qui ne se croie obligé de ménager le président Bouhier et ne lui fasse un peu la cour. Il se fait rappeler à son souvenir par leurs amis communs, ils échangent leurs ouvrages. Voltaire s'avise même un jour de lui écrire une lettre en latin, qui a été publiée dans la correspondance générale. Cette galanterie vis-à-vis de l'un des hommes qui se flattait d'être un des derniers bons latinistes que la France comptât, dut toucher le président comme un hommage délicat, mais ne dut pas le convaincre d'une grande habitude de manier le latin chez celui qui avait la plume si vive et si alerte lorsqu'il écrivait en français. L'essai, en effet, n'a pas porté bonheur à l'auteur du *Siècle de Louis XIV*, et il a mieux fait de ne pas recommencer, car son latin fait regretter le français, tout en le rappelant infiniment.

Avions-nous tort de dire que, dans sa retraite provinciale, Bouhier avait su rester au premier rang de la société littéraire de son temps, et que son suffrage comptait, même à Paris, où dès lors cependant on était si vite oublié? Nous en avons déjà peut-être trop dit, et cependant la revue des correspondants parisiens du président est bien loin d'être épuisée, c'est à peine même si elle est entamée. S'il fallait être complet, cette partie de notre travail risquerait de devenir éternelle, et serait fatigante par sa monotonie. Le lecteur nous saura gré de nous borner et de nous contenter de citer en courant quelques noms qui achèveront de bien faire connaître la physionomie particulière et l'originalité propre de la correspondance si étendue et si variée que nous étudions. Toutes les branches de la littérature y sont

représentées et s'y heurtent confusément. C'est Alary,
plus homme du monde qu'homme de lettres, qui y cou-
doie Capperonnier, l'un des plus savants hellénistes
d'alors, dont la vie s'écoula tout ensevelie dans une étude
acharnée. Titon du Tillet, l'auteur du *Parnasse français*,
s'y trouve à côté de Bellenger, le contradicteur de Rollin.
Les grands érudits du temps, Montfaucon, qui eut avec
Bouhier la plus courtoise des polémiques, Martène,
Lacurne de Sainte-Palaye, La Roque le numismate, de
Boze dont la correspondance est considérable, y font
bonne figure à côté des purs amateurs, tels que Bignon,
Decamps de Signy, Joly de Fleury et bien d'autres. Les
jésuites sont là aussi à côté des oratoriens ou des bénédictins, représentés par l'aimable père Tournemine dont
les petits billets, aux grâces faciles, se glissent d'un air
modeste au milieu des grandes pages de ses doctes confrères, confrères en érudition, j'entends, car jésuite et
oratorien ne l'étaient guère autrement à cette époque :
les choses ont changé depuis. Il faut encore noter aussi
plusieurs lettres de Silhouette, le futur contrôleur
général, qui débutait comme traducteur de Pope, début
qui ne faisait guère prévoir sa fortune, et ne le préparait
peut-être pas tout à fait à gérer les deniers publics. Les
lettres qu'il écrit de Londres à Bouhier seraient intéressantes à plus d'un titre, mais surtout par l'intelligence
avec laquelle leur auteur signale le fruit que les lettres
françaises pourraient tirer d'une connaissance plus appro-
fondie de la littérature anglaise. Il y a même dans une de
ces lettres écrites par celui qui n'a laissé que le souvenir
d'un très médiocre contrôleur général, et attaché son nom
à des découpages un moment en vogue, quelques passages dignes d'être cités.

La [1] littérature anglaise est un champ où il y a encore beaucoup à travailler pour les Français : il s'en faut beaucoup que tout soit traduit, et que tout ce qui l'est le soit bien. Il se trouve un nombre infini d'ouvrages qui, sans mériter d'être traduits, ne laissent pas que de renfermer bien des choses utiles, et de donner des idées qui, maniées avec un peu plus de goût que n'en ont les Anglais, donneraient des embellissements et plus de substance à nos écrits. En présenter un extrait au public serait un ouvrage curieux. Je crois connaître assez les auteurs anglais pour être en état de former le plan raisonné d'un tel ouvrage, mais l'exécution en est autant au-dessus de mes forces que de mon loisir.

J'ai l'honneur, etc.

DESILHOUETTE (sic).

A Londres, le 17 juillet 1738.

C'est ainsi que le président recevait journellement dans son vieil hôtel de la rue Saint-Fiacre les lettres de tous les beaux esprits de Paris qui tenaient à rester dans ses bonnes grâces ou à se faire connaître d'un juge dont le suffrage avait sa valeur, même dans les cafés littéraires de la capitale. Bouhier tint tête, sans fléchir, jusqu'à la fin, à cette immense correspondance qui faisait sa gloire et ses délices. Il répondait à chacun, ranimait le zèle de ceux qui se refroidissaient, et réussit ainsi malgré les années qui marchaient, malgré le changement des temps, à garder jusqu'au bout sa situation de grand pontife ou, si l'on aime mieux, de grande coquette littéraire. Quand les Parisiens, qui ont toujours eu la vanité de se croire les gens les plus spirituels de France, en jugeaient ainsi, on peut croire que les lettrés ou les savants de province, aussi bien que ceux de l'Europe cultivée, n'en jugeaient pas autrement. C'est la partie de la correspondance de

---

1. Bibl. nat., Lettres au président Bouhier, f. fr. nouv. acq., 1212, f. 259.

Bouhier qui nous reste à parcourir. Mais là, le ton change, et c'est une autre société qui se dessine dans des lettres qui viennent de cent lieux divers. Tout n'était pas alors uniformisé comme de nos jours, et les esprits, comme les costumes, gardaient une couleur locale particulière. Avant donc de fermer ces énormes portefeuilles où dorment les restes d'un passé déjà si lointain, essayons d'y chercher, d'y déterrer, le mot serait plus juste, quelques-unes des physionomies originales et différentes du type parisien qui pourraient s'y rencontrer.

CHAPITRE VII

UN CARDINAL BEL ESPRIT ET UN MARQUIS ÉRUDIT.
PASSIONEI ET CAUMONT.
LES LETTRES DE L'ÉTRANGER ET DE LA PROVINCE.

Si les beaux esprits de Paris, qui méprisaient tant les
littérateurs de province ou de l'étranger, courtisaient
ainsi le président Bouhier, il n'est pas étonnant que les
mortels, assez peu favorisés du ciel pour ne pas fréquenter les salons ou les cafés de la capitale, fussent
aussi empressés que leurs plus heureux confrères à lui
faire leur cour. Aussi par leur nombre, par leur variété,
les correspondances portant la date des grandes ou petites
villes de France ou d'Europe, n'ont-elles rien à envier à
celles qui venaient de Paris. Là encore, il sera difficile
de faire un choix et de donner une idée juste de cette
partie des volumineux recueils que nous étudions, sans
s'égarer et se perdre dans une longue et monotone énu-
mération de noms, pour la plupart tombés aujourd'hui
dans l'oubli. Essayons cependant de nous reconnaître
dans ce labyrinthe un peu confus. Mais, d'avance, il faut
demander grâce au lecteur si parfois nous faisons fausse

route, et ne savons pas assez bien nous défendre de ce mirage de l'*inédit* qui trompe trop souvent.

Ce qu'il y a lieu de remarquer tout d'abord en commençant cette dernière partie de notre travail, c'est le changement d'attitude de celui qui est le centre de la correspondance.

Lorsque Bouhier écrit à Paris à des Parisiens, il le fait avec une aisance, une désinvolture, un sans-gêne même parfois qui révèlent chez lui une conscience très nette de sa situation et de son importance, ainsi que de l'intelligence prompte, primesautière de ses interlocuteurs. Il sait qu'il sera compris à la volée, et il se sent toujours de niveau avec ses correspondants lorsqu'il ne se sent pas même leur supérieur. Il a son franc-parler, et sans jamais sortir des bornes du bon goût et de la politesse, il parle comme il pense et sans ménagements.

Dans ses letttres à des étrangers ou à des provinciaux le ton change, et c'est l'illustre président qui est attentif, prévenant, qui soigne les amours-propres et se met aux ordres des autres. Il y avait à cette espèce de volte-face, une double raison, l'une qui tenait peut-être à une sorte de calcul instinctif de vanité, l'autre à une intelligence très fine des caractères et du profit à tirer du commerce avec des esprits originaux, non coulés dans le moule commun de la société parisienne.

Bouhier comprenait fort bien en effet que sa situation tenait, en grande partie, à la correspondance variée et très étendue qu'il entretenait avec tous les gens distingués de France et d'Europe. Il savait aussi que la susceptibilité, l'amour-propre ombrageux sont le plus souvent compagnons d'une vie solitaire et monotone, et que les étrangers, habitués à vivre dans leurs études, ne compren-

draient rien à la légèreté et au sans-façon à la mode parmi
les beaux esprits de Paris. Aussi comme il tenait par-dessus
tout à rester l'illustre président Bouhier, qui était à lui
seul un centre littéraire, se prêtait-il de très bonne grâce
à tous les ménagements nécessaires et dépouillait-il sans
peine l'espèce d'impertinence acérée si fort de mode à
Paris, qu'il savait manier aussi bien que personne. Il caress-
sait l'amour-propre des savants de province, les flattait, les
recevait avec une politesse exquise et un empressement
marqué quand ils passaient à Dijon, et leur servait même
d'introducteur à Paris en leur donnant des lettres de
recommandation auprès de ses amis. Puis, le président
avait assez d'esprit pour comprendre tout le profit qu'il
pouvait tirer pour ses études et pour son instruction personnelle de ces relations suivies avec des hommes instruits, laborieux, parfois pédants ou bizarres, mais dont
on pouvait toujours apprendre quelque chose. Avec une
largeur de vue rare à cette époque, il croyait qu'un Français bien élevé, et qui avait vécu à Paris, ne savait pas
tout sur toutes choses, et qu'il y avait peut-être quelque
profit à tirer d'un commerce régulier avec les gens instruits
des autres nations. Mais là encore, comme avec les provinciaux français, il fallait, non plus seulement se laisser
faire la cour, mais la faire à son tour, sous peine d'être
rapidement mis de côté, négligé et oublié. Aussi, tout en
continuant à se sentir, comme on disait alors, et ne per-
dant pas sa dignité de président au Parlement de Bourgogne, Bouhier sait-il, avec ses correspondants non parisiens, déployer une bonne grâce et une amabilité qui
avaient un charme irrésistible pour des gens d'esprit, la
plupart peu connus, vivant dans des fonds de province
ou dans des villes étrangères où la société était nécessai-

rement très restreinte. Cette singulière dextérité, qui explique en une mesure la place à part que le président avait su se faire sans sortir de chez lui, se retrouve également dans l'art avec lequel il sait, pour ainsi dire, tirer de chacun ce qu'il y a de meilleur en lui, et le mettre sur son terrain. Il était nécessaire, en effet, pour atteindre ce but, d'avoir un esprit très alerte et un fonds solide de connaissances diverses, rare même alors, où cependant la culture générale était plus répandue qu'aujourd'hui, l'immense développement des sciences auquel nous assistons n'obligeant pas encore, pour me servir d'un mot à la mode, à spécialiser l'enseignement.

C'était, il faut l'avouer, faire preuve à la fois et d'une merveilleuse souplesse d'esprit et d'une grande étendùe de connaissances, que de passer ainsi, sans transition, et comme en se jouant, de la correspondance avec Valincourt, d'Olivet, Marais, Gédoyn et leurs pareils, qui ne parlent que de lettres ou des mille nouvelles frivoles du jour dans une langue sèche et épigrammatique, au commerce grave, sérieux, profond même avec des érudits enfouis dans leur érudition ou des savants allemands maniant lourdement le français, parfois même n'écrivant qu'en latin. C'est ce que Bouhier faisait cependant avec une aisance parfaite et une sûreté de main remarquable. De la même petite écriture serrée qui n'a plus rien de la grande écriture du siècle précédent, il répond sans sourciller et avec une égale facilité aux légères épîtres des Parisiens et aux graves missives de ses plus savants amis. Tandis qu'il tient tête à Marais, et lui renvoie la balle avec une prestesse d'homme d'esprit habitué à vivre dans le grand monde, il écrit, par exemple, régulièrement à un professeur de théologie de Bâle, Jacques Iselin. C'était un

pasteur protestant, alors fort connu comme théologien et
comme philologue; il parlait même le grec couramment.
Homme d'esprit autant que de science, Iselin avait visité
deux fois Paris et la France; l'Académie des Inscriptions
le nomma membre associé en 1717. Il avait sans doute
vu Bouhier à Dijon, et de là dataient leurs relations.
Les nombreuses lettres du grave professeur de la Faculté
protestante de Bâle, conservées avec soin dans les recueils
du président, roulent toutes sur les sujets les plus sérieux :
controverse religieuse ou discussion philosophique.

Bouhier donne la réplique à son correspondant sur
ces sujets si différents de ceux qu'il traite d'ordinaire
avec la même facilité et la même abondance d'idées. Il a
gardé avec soin et une satisfaction visible le brouillon
d'une longue réplique sur le catholicisme, tout entier
écrit de sa main. Il y défendait contre le pasteur protestant la religion catholique avec une argumentation serrée,
une abondance de preuves bien choisies, et un accent de
profonde sincérité, sans jamais se départir de la plus parfaite courtoisie. Cette pièce remarquable, que sa longueur
ne nous permet pas de reproduire, et que notre incompé-
tence en ces matières nous empêcherait de garantir absolument, témoigne cependant d'une science théologique
peu commune chez un laïque. Elle suffirait de plus à
faire tomber tous ces doutes que l'école philosophique,
fidèle à sa tactique habituelle, s'est plu à répandre sur la
sincérité des croyances religieuses de celui qui tenait la
plume. On ne se donne pas tant de peine pour écrire ces
longues pages destinées à rester enfouies, inconnues, et
ne pouvant dès lors rien rapporter, pas même les compliments du parti religieux, quand on n'est pas sincèrement convaincu.

Cette correspondance si sérieuse, qui fait honneur au président, et qui montre une préoccupation des sujets élevés qu'il savait allier à des apparences beaucoup plus frivoles, est loin d'être la seule, de ce genre. Sans sortir de Suisse, on peut trouver à côté de celles adressées à Iselin, de nombreuses lettres à Bochat, l'un des historiens suisses les plus estimés alors, à Breitinger, professeur de grec et d'hébreu à Zürich, avec lequel Bouhier entretient une correspondance roulant uniquement sur la critique des textes et l'érudition philologique. Avec Jean Bourguet, fils d'un réfugié français, l'un des plus célèbres naturalistes de l'époque, qui eut de grandes controverses avec Buffon, Bouhier ne parle, au contraire, que de philosophie. Bourguet avait beaucoup voyagé et visité six fois l'Italie en détail; c'était un archéologue de premier ordre bien qu'il s'adonnât principalement à l'étude des fossiles, étude alors encore dans l'enfance. Il fit même faire de notables progrès à cette science et peut être rangé avec honneur parmi les premiers promoteurs de cette branche des connaissances humaines, qui a pris depuis lors tant de développement et produit tant de grands hommes, Cuvier à leur tête. Bourguet était en même temps un philosophe distingué, grand ami et grand partisan de Leibnitz. Les idées du célèbre métaphysicien étaient même le thème ordinaire de ses lettres à Bouhier. Celui-ci, fort épris du système de Locke, encore dans sa nouveauté, et que l'on croyait, comme son inventeur lui-même, pouvoir allier aux croyances spiritualistes et religieuses, combattait le leibnitznianisme de son ami dans de longues missives dont il gardait parfois les brouillons pour les placer avec les réponses de Bourguet, également fort longues et fort savantes. Ces lettres, écrites

avec soin et très étudiées, révèlent chez le président un
esprit non moins exercé aux discussions métaphysiques
qu'aux controverses théologiques et une culture générale
très développée.

Avec Cuentz de Neufchâtel, Bouhier soutient aussi une
discussion en règle sur des sujets philosophiques; celui-là
était un partisan décidé des idées de Locke, et le président
avait à jouer ici le rôle contraire, c'est-à-dire à modérer
les idées de son correspondant et à défendre les droits du
spiritualisme cartésien, que tout Français instruit de cette
époque avait été élevé à respecter.

Jean-Jacques Scheuchzer, professeur de mathématiques
à Zurich, était, comme Bourguet, un des premiers qui
firent faire quelques progrès à l'histoire naturelle et à la
géologie en Suisse au xviii° siècle. Il attribuait au déluge
les fossiles et les pétrifications, et l'on est tout étonné de
voir, à côté de petits billets frivoles, les lettres du grave
naturaliste qui parlent longuement et pesamment des
« reliques du déluge ». Les ouvrages de Scheuchzer,
aujourd'hui de peu ou de nulle valeur scientifique, firent
cependant faire de grands progrès à la science lorsqu'ils
parurent, et les planches, très soigneusement gravées,
dont ils sont remplis, sont encore estimées.

C'est aussi de Zurich que le savant philologue Hagen-
buch écrivait au président de longues dissertations de
critique littéraire sur les auteurs anciens et publiait
lui-même, comme faisant autorité, les réponses qu'il en
recevait. Bouhier en effet était là tout à fait sur son terrain, car sa réputation comme critique était universellement reconnue. Les plus doctes philologues d'Allemagne
ou de Hollande ne dédaignaient pas de le consulter et
étaient fiers d'être en commerce avec lui. Il avait connu à

Paris le célèbre érudit allemand Kuster, qui s'était converti au catholicisme, et était mort membre de l'Académie des Inscriptions. Ses conseils et ses leçons avaient achevé d'en faire un des plus habiles critiques du temps. Il est également en rapport d'érudition avec Pierre Burmann, qui passait pour l'un des premiers hellénistes de son époque et qui lui écrit sur un ton plein de déférence. D'Orville, d'Arnaud, Oudendorf, tous érudits alors connus dans la docte Hollande, tiennent à honneur de ne pas être ignorés de l'illustre président et correspondent avec lui. Il y a même une lettre de l'évêque d'Upsal, cette reine un peu déchue des Universités du Nord, et le nom du savant Eric Benzelius a un air gothique qui tranche étrangement à côté de ceux de Voltaire et de Piron, et donnerait facilement le change sur le temps où se place ce travail.

Toutes ces lettres sont d'un intérêt trop spécial pour que nous puissions en citer ici même des fragments, mais il était nécessaire d'en faire mention pour donner une idée exacte de la variété et de l'étendue des relations du président Bouhier.

Si, du Nord, nous passons au Midi, nous retrouvons la même abondance et la même diversité, mais les figures sont moins hérissées d'érudition, et ont quelque chose de plus abordable.

C'est ainsi qu'un des plus célèbres prélats de la cour de Rome, Passionei, qui avait passé quelque temps en France, et avait lié commerce épistolaire avec toute la société littéraire du temps, surtout avec la société savante de l'abbaye de Saint-Germain-des-Prés, se trouve un des premiers dont nous ayons à parler parmi les correspondants d'Italie. Passionei avait connu Bouhier à Dijon où

il s'était arrêté à plusieurs reprises et il avait même
logé chez le président. Il avait vu en détail la belle
bibliothèque des Bouhier, et son possesseur qui n'était
jamais plus à son avantage qu'au milieu de ses livres.
De là étaient nés des rapports qui, avec des interruptions,
durèrent de longues années. C'était, du reste, un des prélats les plus lettrés de la cour de Rome, qui aimait fort
à être regardé comme tel, ne dédaignait nullement les
compliments des beaux esprits, même ceux de Montesquieu ou de Voltaire. On l'accusait d'être secrètement
favorable au jansénisme. Successivement nonce en Suisse,
à Munich, puis à Vienne, Passionei était un fin diplomate,
ayant toutes les traditions de la cour romaine. Les lettres
qu'il écrivait à Bouhier sont aimables et spirituelles, et
pour un Italien de naissance, le prélat maniait le français
avec une grande aisance, bien que la marque d'origine se
fasse parfois sentir. Ayant été à plusieurs reprises pléni-
potentiaire du pape aux congrès diplomatiques, si nombreux à cette époque, il avait fait de longs séjours en
Hollande, et y avait connu assez intimement le ministre
protestant Basnage, réfugié de la révocation de l'édit de
Nantes, resté très Français malgré son exil, et qui jouissait alors d'une grande réputation. Voici ce qu'il en dit
à Bouhier lors de sa mort :

Lucerne, 7 avril 1724.

.... J'ai [1] bien regretté devant Dieu la perte de M. Basnage.
Il n'a pas tenu à moi de lui faire connaître qu'il n'y avait point
de salut hors de notre Église. C'était un homme qui, à l'usage
du siècle où nous sommes, se perdait dans ses raisonnements.
Il ne faut que lire ce qu'il écrivit il y a déjà longtemps contre
M. de Meaux pour voir à fond ce qu'il était. Il avait de la lec-

---

1. Bibl. nat., Corr. litt. du président Bouhier, X, f. fr. 24 418, f. 179.

ture, mais fort indigeste; et il ne passera jamais, parmi les
connaisseurs, pour avoir eu une fine critique ni une littérature
singulière; sa mort cependant m'a beaucoup affligé.

Passionei avait avec Bouhier un trait commun qui eût,
à lui seul, suffi à les unir étroitement. Il avait, comme
lui, le goût vif, c'est trop peu dire, la passion des livres.
Enrichir sa collection de livres rares, d'estampes de prix,
de médailles, c'était son unique passe-temps, et une des
grandes préoccupations de sa vie. Il y avait même entre
les deux amateurs une sorte de lutte à qui aurait les plus
beaux exemplaires et les plus grandes raretés; mais les
rapports restaient toujours aimables et l'orgueil naïf du
collectionneur ne dégénérait jamais en acrimonie.

Lucerne, le 7 novembre 1724.

Je [1] ne sais pas, mon cher monsieur, si je serai assez habile
pour vous dire en français tout ce que je pense en italien sur
votre chapitre; ce que je sais certainement, c'est que je suis bien
dédommagé du peu que je vous dirai par le beaucoup que j'en
ai écrit à M. Fontanini, à qui j'ai mandé que, depuis dix-huit
années que je cours le monde, je n'ai encore connu personne
qui vous ressemble. Cette expression vous tiendra lieu de tout
ce qu'un autre que moi vous dirait avec beaucoup plus d'élégance de style; ma sincérité vous est connue, et cela vous prou-
vera incontestablement que j'écris comme je pense.

Je suis ici, monsieur, depuis trois jours, accablé d'affaires et
de lettres; cela est bien désagréable à un homme qui aime
l'étude, et qui s'efforce d'exercer son ministère selon les idées
que l'on puise dans les bons livres. Il est juste de payer avec
quelques chagrins tous les jours agréables que j'ai passés à
Dijon. Si nous avions, du moins, quelque échelle pour aller chercher des livres, mais ici on ne voit que celle qui sert à l'exécuteur de la justice.

.... En passant par Dôle, comme il n'y avait point de chevaux,
il fallut m'y arrêter deux heures; j'entrai dans la boutique d'un

1. Bibl. nat., Corr. litt. du président Bouhier, f. fr. 24418, f. 191.

libraire où je trouvai de quoi remplir ma chaise. Ne vous
mettez point en colère si je vous dis que j'y ai rencontré un livre
que je n'avais jamais vu depuis vingt-sept ans que je me ruine
après ma bibliothèque, et ce qui en augmente encore le prix,
c'est que je ne le trouve pas dans les catalogues les mieux
choisis que j'ai ici : c'est le célèbre Traité d'*Antoine Lulli sur la
Rhétorique*.... Ce Lulli était Grand-Vicaire de François de la
Beaume, archevêque de Besançon, à ce qu'on me dit en cette
ville lorsque j'y passai.... Je vous assure que je n'ai, de ma vie,
vu un livre écrit en latin avec plus d'élégance sur cette matière,
et je le mets le premier après l'*Orateur* de Cicéron. Je souhaite
que vous ne le trouviez jamais, car je ne puis oublier tout le
dépit que vous me fîtes avec votre *Montluc*.

Si Passionei manie fort bien le français pour un Italien,
il se montre, comme on a pu le voir, encore plus habile
dans l'art de flatter son correspondant. Il est vrai que cet
art est un don de race, et que la vanité du président,
vanité française, et même un peu bourguignonne, ne
devait pas pouvoir résister aux caresses italiennes que le
prélat ne cesse de lui prodiguer. Il lui transmet ainsi un
jour toute une tirade de compliments de M. de Valbonnais, l'auteur érudit de l'*Histoire du Dauphiné*, qui fut fort
bien reçue et servit même à établir des relations suivies
entre le président au parlement du Dauphiné et le président de Bourgogne, tous deux également épris de belles-
lettres et d'érudition. Passionei, qui connaissait bien son
homme et savait par où le prendre, se plaisait du reste à
le mettre en rapport avec les grands personnages qu'il
connaissait. Il était d'avance assuré qu'on lui saurait gré
de faire connaître un homme aussi distingué que Bouhier,
et que celui-ci, de son côté, serait très sensible à ces
marques d'estime. C'est ainsi qu'il le fit connaître au
prince Eugène, qui terminait sa glorieuse carrière en cultivant les lettres et en protégeant les savants et les artistes.

Je[1] viens de recevoir, mon cher Président, votre lettre du 7 de ce mois, et je suis ravi d'apprendre que la goutte en ce temps tirait à sa fin. Si à l'arrivée de cette lettre il en restait quelque chose, celle que vous trouverez ici de M. le Prince Eugène aura toute la force pour la dissiper entièrement. J'ai pris la liberté de l'ouvrir afin de vous épargner la peine de me la renvoyer. Il faudra donc dorénavant vous faire la cour pour avoir quelque grâce de Son Altesse, car je vois bien que vous allez nouer avec lui un commerce au préjudice de mon amitié. Voilà ce que c'est que d'avoir fait le métier de courtier, sans avoir auparavant songé à ses intérêts! Mais l'estime que je fais de votre mérite doit l'emporter sur tout, et c'est ce qui m'engage encore de vous dire que vous ferez un plaisir infini au Prince, de lui écrire de temps en temps, de lui donner quelques nouvelles de littérature de Paris, et de lui offrir vos soins pour la recherche de quelques livres qu'il peut souhaiter. Comme je connais parfaitement son naturel, je vous assure que vous n'aurez pas d'autres moyens de répondre à l'opinion très juste qu'il a conçue de votre personne, car malgré les occupations de sa charge, il donne volontiers quelques heures à la lecture des lettres de ceux qui professent la littérature comme vous....

Passionei continue très aimablement à servir, pour parler comme lui, de courtier entre le prince Eugène et le président, qui est très sensible à l'honneur de correspondre avec un aussi illustre personnage.

Votre[2] lettre de 26 du mois dernier, mon cher Président, vient de m'être rendue, avec celle qui était jointe pour le Prince Eugène. Je la lui enverrai demain, et je puis vous assurer d'avance qu'il en sera très ravi, car votre nom lui était déjà bien connu, et il entretiendra avec plaisir votre amitié! Si vous le connaissiez comme je fais, vous l'aimeriez encore davantage, à cela près que pour chercher les livres, il quitterait les truffes, ce qui ne vous accommoderait pas, gourmand et goutteux comme vous êtes. Je crois que par la nouvelle dignité qu'il vient

---

1. Bibl. nat., Corr. litt. du président Bouhier, X, f. fr. 24418, f. 211.
2. *Ibid.*, f. 214.

d'avoir, d'être le vicaire de l'Empereur en Italie, il a envie de voir Rome et ses antiquités. Je me flatte, si j'y étais, qu'il préférerait ma cabane à tous les palais qu'on lui offrira.

Comme toutes les relations ici-bas, le commerce épistolaire du président et du prélat italien subissait des alternatives d'assiduité, puis de relâchement. Passionei avait de grandes affaires à traiter, il restait des mois sans écrire. Le président n'aimait pas à être oublié, il se plaignait, ou trouvait moyen de faire connaître sa mauvaise humeur. Aussitôt le coupable faisait amende honorable, et la paix était vite signée.

Vienne, le 20 décembre 1731.

Vous [1] avez, mon très cher Président, toutes les raisons du monde de vous plaindre de mon très long silence, mais si vous étiez ici, à ma place, vous seriez très convaincu de l'accablement des affaires où je suis, qui ne me laissent presque point le temps de réciproquer, outre que je n'ai point de secrétaire français, et qu'il faut que je me serve de mon valet de chambre. Je vois avec regret que je ne puis pas conserver avec mes amis la régularité du commerce que j'avais auparavant dans ma solitude de la Suisse, et depuis que je suis ici, je n'ai écrit qu'une fois à notre ami Fontanini! Je vous prie de ne prendre point pour une exagération ce que je vous dis, car, pour vous parler franchement, depuis des siècles, jamais Nonce ne s'est trouvé dans des commissions aussi fâcheuses que celles dont on m'a chargé. Il a fallu faire divorce avec tous les livres, et je n'ai été qu'une seule fois, par pur compliment, à la bibliothèque de l'Empereur. Notre ami commun, le chevalier Garelli, est autant de vos amis que je le suis, rempli d'estime et de vénération pour votre personne, et, ce qui est encore plus, d'une grande envie de vous être utile à quelque chose. Lui aussi se plaint, et avec raison, de ce qu'il n'a presque un moment de temps pour vaquer à ses études, et lorsqu'il peut dérober quelques moments, il me les sacrifie en me venant voir; à la vérité, c'est par lui et en lui

1. Bibl. nat., Corr. litt. du président Bouhier, X, f. fr. 24418, f. 224.

que commence et finit la belle littérature en ce pays-ci, au très grand regret de l'Empereur, qui voudrait cultiver les sciences et les arts, mais le terrain (entre nous) n'y est pas fort propre....

Au reste, mon cher Président, sans les affaires que j'ai sur mes bras, aucun ministre n'aurait autant sujet de se plaire ici que moi, car l'Empereur avec ses ministres et toute sa cour ne laissent point de me donner à chaque rencontre toutes les marques de leur estime et affection, ce qui ne contribue pas peu à me faire soutenir avec courage ce ministère et ses effroyables dépenses....

Lorsque Passionei arriva au comble des honneurs, et fut revêtu de la pourpre romaine, son amitié pour Bouhier n'en fut nullement altérée, et il continua à rester son correspondant avec la même bonne grâce que par le passé. Il lui annonce même ainsi avec une simplicité parfaite son élévation au cardinalat.

A Rome, le 24 juin 1738.

Vos[1] dernières lettres, mon cher Président, me trouvent à Rome, Secrétaire des Brefs et Cardinal. Je suis bien assuré que, m'aimant comme vous faites, vous prendrez à ma promotion toute la part à laquelle nous engage notre ancienne et inviolable amitié.

Jusqu'à la fin ces aimables rapports continuèrent entre les deux correspondants, également épris des belles-lettres. La guerre de la succession d'Autriche, qui eut l'Italie pour théâtre, aussi bien que l'Allemagne ou la Flandre, n'interrompit même pas leurs relations, quoiqu'elle les rendît plus difficiles. Citons encore cette lettre où le cardinal Passionei se montre peu sensible au charme de la nouvelle littérature, et reste fidèle à ce qu'on lui avait appris à admirer à Paris en 1707.

1. Bibl. nat., Corr. litt. du président Bouhier, X, f. fr. 24418, f. 237.

Il [1] ne faut, mon cher et illustre Président, attribuer ni à
l'oubli, ni à l'indifférence, tant de temps que nous avons passé
l'un et l'autre sans nous écrire. Ce n'est pas assurément
manque de bonne volonté, et vous avez raison de compter toujours sur la continuation de mon estime infinie pour votre personne, comme aussi de mon côté je serai toujours très assuré
de votre chère amitié. Mais, outre nos incommodités qui ne
nous laissent point à nos amis, au moins dans les moments
que nous pourrions dérober aux affaires, vous ne savez que
trop cet ancien proverbe : *Mars étant en fureur, les Muses sont
réduites au silence.* Il y a plus d'une année que nous sommes
assiégés et inondés de troupes qui, nous interdisant presque
tout commerce hors de nos portes, ruinent les provinces de
notre État; car des deux armées qui conspirent à séjourner
chez nous, l'une est cantonnée dans les trois Légations de
Bologne, de Ferrare et de Ravenne, et l'autre est répandue
dans les autres villes de l'État de l'Église....

J'ai lu quelques pièces de vos poètes touchant la convalescence [2] et entr'autres une Ode de Voltaire. Mais, soit dit entre
nous, tout cela est faible. Ces Messieurs d'aujourd'hui sont bien
éloignés de la perfection et du goût des auteurs du siècle dernier. Il semble qu'on pourrait appliquer à la plupart de ces
rimailleurs ce vers de Boileau : « Pour eux, Phébus est sourd
et Pégase est rétif. » Cependant, puisqu'ils sont en fureur (*sic*),
nous devons prier Dieu qu'il leur fasse chanter au plus tôt,
bien ou mal, cette paix dont nous avons tant de besoin....

Avec le cardinal Quirini, l'autre prélat littérateur de la
cour de Rome à cette époque, les rapports furent moins
fréquents et moins cordiaux. Quirini, comme nous l'avons
dit au début de ce travail, avait connu Bouhier dans sa
jeunesse, lorsque, simple bénédictin, il faisait en France
ce voyage dont il nous a laissé un si curieux récit. Le
président, jeune encore lui-même, lui avait fait les honneurs de sa bonne ville de Dijon, et surtout lui avait

1. Bibl. nat., Corr. litt. du président Bouhier, X, f. fr. 24 413, f. 259.
2. La maladie de Louis XV à Metz et sa convalescence avaient donné
naissance à une foule de pièces de vers de toute nature.

montré en détail sa belle bibliothèque. Aussi Quirini le
comble-t-il de compliments dans son journal. Mais leurs
relations étaient restées de pure courtoisie, et dans plusieurs de ses lettres le président parle sans grande considération du cardinal Quirini, dont la vanité et le goût
pour la louange ne lui plaisent pas, peut-être parce qu'il
se sentait aussi prêter un peu à la critique de ce côté.

C'est encore de Rome que Baltus, un savant jésuite
hollandais qui avait une grande autorité dans les matières
d'érudition, et avait écrit une réfutation, alors connue,
du *Traité des Oracles* de Fontenelle, écrit à Bouhier de
longues dissertations, sans doute fort intéressantes, mais
qui ne nous semblent pas très divertissantes. Dans une
de ces épîtres, où, en véritable savant, il se plaint du peu
d'accès accordé alors aux manuscrits du Vatican, le bon
Père faisait à Bouhier des compliments sur son second
mariage. Mais comme il n'avait guère l'habitude de
traiter de semblables sujets, il s'en tire si gauchement
que son morceau dut faire un peu sourire, d'autant
qu'ayant appris successivement la mort de la première
femme de Bouhier, puis son second mariage, que le désir
d'avoir un fils rendit en effet très rapide, il se croit obligé
de faire à la fois des compliments de condoléance et des
félicitations.

Monsieur [1], les différents événements tristes et heureux qui
vous sont arrivés depuis que j'ai reçu la belle et obligeante
lettre dont vous avez bien voulu m'honorer, m'ont causé tour
à tour de la douleur et de la joie. J'ai donné au premier des
prières, comme je le devais, et au second des vœux que je continue pour qu'il plaise à Dieu de l'accompagner de toutes ses
bénédictions, et de vous en faire tirer tous les fruits que vous

1. Bibl. nat., Corr. litt. du président Bouhier, I, f. fr. 24409, f. 37.

avez droit d'en attendre, et que Dijon et toute la Bourgogne en attendent avec vous....

Généralement parlant, les libraires de ce pays-ci sont fort chers parce qu'ils impriment peu et qu'ils débitent encore moins : la librairie, ainsi que les sciences, n'étant pas ici, à beaucoup près, autant en vogue, qu'en France. On étudie la pratique du droit canon et la théologie scholastique, et puis c'est tout. A peine trouve-t-on deux ou trois personnes qui aiment ou qui entendent la critique et les belles-lettres, cependant il y a ici de quoi travailler en ce genre.

Je voudrais bien, monsieur, avoir quelque belle inscription qui pût vous faire plaisir, j'en vois beaucoup, mais ou elles n'ont rien de rare, ou elles se trouvent dans les livres.

.... Vous me demandez encore, monsieur, quelles sont mes occupations. Pendant les grandes chaleurs qui avaient altéré ma santé, j'ai été obligé de vivre à l'italienne, en ne faisant rien. Depuis, outre mon occupation ordinaire qui consiste à revoir des livres que l'on nous envoie de nos provinces, et qui ne sont pas ordinairement des plus curieux et des plus agréables pour moi, je donne le peu qui me reste de temps à rédiger l'ouvrage que j'ai commencé sur les Prophéties et, pour y réussir, je pense souvent à vous et je dis : M. le Président qui a le goût si sûr et si juste, approuvera-t-il cette méthode, cette explication, cette conséquence que j'en tire; et quand je me figure qu'elle pourra obtenir votre approbation, je la tiens pour bonne, et je ne crains pas que personne la condamne. Tout cela, sans doute, se ferait beaucoup mieux si j'avais l'honneur d'être auprès de vous, de vous entretenir quelquefois. L'espérance que j'ai que cela arrivera quelque jour me soutient. Cependant, il faut prendre patience et se laisser conduire par ses supérieurs....

BALTUS. S. J.

Permettez-moi s'il vous plaît d'assurer ici Mlle la Présidente, de mes très humbles respects. J'eus l'honneur, l'an passé, d'être quelques jours avec elle à Bellencuve. Dès lors je la jugeai digne de vous, et c'est tout dire.

Si notre ami, le P. Oudin, n'a point fait d'épithalame en cette occasion, c'est que sa veine est glacée et qu'il n'est plus poète: Pour moi, peu s'en est fallu que je n'aie chanté : Hymen; Hymenæ; Hymenades; ô Hymenæ!...

Bouhier était un trop bon érudit pour ne pas être aussi en rapport avec Muratori, le prodige de science de l'Italie savante au xviii° siècle. Il recevait de lui des lettres en italien qu'il classait parmi les plus précieuses de sa collection. Lorsque Maffei vint en France, où il fit un long séjour, il commença, avant de pousser jusqu'à Paris, par s'arrêter à Dijon, afin d'y voir le président, avec lequel il était en relations épistolaires, et ce fut Bouhier qui se chargea de le présenter aux savants de Paris. Il écrivit notamment deux lettres de recommandation, l'une à Montfaucon, qui introduisit Maffei dans la société des érudits groupés autour de l'abbaye de Saint-Germain-des-Prés, l'autre à l'abbé Bignon, le garde de la Bibliothèque royale, qui était alors un personnage dans le monde des lettres à Paris. La réponse de Bignon contient même une curieuse description de la Bibliothèque royale, qu'il montra lui-même à Maffei.

Je[1] n'ai garde, monsieur, de laisser sans réponse la lettre que vous m'avez fait l'honneur de m'écrire le 15 du mois dernier, et que M. le Marquis Maffei ne m'a remis que depuis deux jours. Dès qu'on m'eut annoncé son nom, je courus au-devant de lui, me trouvant très heureux de recevoir un homme de sa réputation, dont j'avais lu les premiers ouvrages avec tant de plaisir, et dont le public attendait avec impatience le reste que les libraires nous promettent bientôt. Quelque prévenu que je fusse de son mérite, ce me fut un redoublement de joie lorsqu'après un quart d'heure de conversation, il me remit votre lettre, et ce me fut une agréable occasion de m'épancher avec lui sur ce que je pense du vôtre. Vous jugez bien, monsieur, qu'ayant une pareille matière d'entretien, il fut aussi vif qu'étendu. Nous courions risque de n'en voir pas sitôt la fin, si la curiosité de voir la Bibliothèque du Roi n'avait engagé M. Maffei à me demander de le mener dans nos galeries. Quoique nous n'ayons pas encore

1. Bibl. nat., Corr. litt. de Bouhier, f. fr. nouv. acq., f. 4300.

le quart des bâtiments et des tablettes disposé comme on le pro-
jette avec le temps, il me parut aussi effrayé de la multitude
des livres que charmé de l'arrangement de ce qui est déjà en
état, se récriant sur l'ordre et la commodité, aussi bien que
sur la simplicité magnifique qu'on a eu soin d'y mettre. Ce qui
le frappa le plus, ce fut la quantité de manuscrits, dont le
nombre des volumes dépasse déjà trente-quatre mille, sans
compter la diversité des pièces qui sont comprises sous une
même reliure dans plusieurs de ces volumes. Il s'en faut beaucoup, à la vérité, que nous soyons aussi riches à proportion
en imprimés, et quoique nous puissions nous vanter de l'être
bien plus que toutes les autres Bibliothèques dont les catalogues ont été imprimés, je serais honteux de faire donner au
public celui de la Bibliothèque du Roi avant que nous ne l'ayons
presque doublée.

L'Italien, spirituel et beau parleur, fut, du reste, vite à
flot dans le monde parisien : il sut même si bien se faire
valoir que l'Académie des Inscriptions lui ouvrit ses
portes. Mais Maffei resta fidèle à son premier introducteur, et continua à lui écrire de longues lettres, la plupart
en français, langue qu'il manie fort aisément.

La correspondance du président avec les savants étrangers est, on le voit, très variée et très diverse, Allemands,
Hollandais, Suédois, Suisses, Italiens s'y heurtent assez
confusément; seuls les Anglais y font défaut; Bouhier
n'avait jamais franchi le détroit, et n'était pas assez un
savant de profession pour chercher les relations qui ne
s'offraient pas d'elles-mêmes. Aussi de ce côté y a-t-il
une lacune, mais cette lacune est digne de remarque
parce qu'elle prouve à quel point, malgré le rapprochement qu'avait opéré l'alliance anglaise, les deux nations
étaient encore étrangères l'une à l'autre, puisque la correspondance de Bouhier qui s'étend sur toute l'Europe,
où l'on voit les noms des lieux les plus divers, ne renferme pas de lettre signée d'un nom anglais, et ne contient

qu'un petit nombre de lettres datées de Londres, mais toujours signées par des Français : Des Maizeaux, Le Blanc et quelques autres, les uns fixés en Angleterre, les autres n'y faisant qu'un court séjour. Cette fois, l'inconvénient de vivre en province se faisait un peu sentir pour le président, qui, s'il eût toujours vécu à Paris, eût certainement profité de l'époque où l'alliance anglaise conclue par le cardinal Dubois amena tant d'Anglais en France, pour y lier commerce avec quelque Anglais instruit qui l'eût tenu au courant du mouvement des esprits et des lettres dans son pays.

Si, après cette rapide excursion hors de France, nous y rentrons et essayons de donner une idée des correspondants de Bouhier dans les différentes provinces, nous n'avons plus que l'embarras du choix, tant leur nombre est grand, tant il y en a de tout ordre et de toute valeur, depuis l'humble érudit de village, jusqu'au savant ou lettré de grande ville qui se croit un personnage parce qu'il a fait imprimer un mémoire d'érudition ou fait une pièce de vers qui a été insérée dans une gazette.

Parmi toutes ces correspondances, une des plus intéressantes est, sans contredit, celle que le président entretient avec le célèbre érudit avignonnais, le marquis de Caumont. Par un singulier hasard, les lettres que Bouhier écrivait à Caumont, soigneusement conservées et reliées dans un volume qui contient également des lettres de l'abbé de Rothelin, ont fini par arriver à la Bibliothèque nationale. Là elles sont placées à côté de celles de Caumont que Bouhier avait de son côté classées avec soin et placées dans ses recueils. Ainsi, alors que tant de choses qui paraissaient bien autrement solides ont disparu sans laisser de trace, ces petites feuilles de papier ont eu la

vie plus dure, et se sont, pour ainsi dire, retrouvées,
sans doute après bien des péripéties, dans cette grande
collection de manuscrits qui est l'une des gloires de la
Bibliothèque nationale, et va toujours s'accroissant sous
l'habile direction de ceux qui la gouvernent.

Le marquis de Caumont était une sorte de Bouhier avignonnais, avec cette différence qu'il était purement un
érudit, et qu'au lieu d'avoir une bibliothèque célèbre, il
avait une collection d'antiques très variée. Du reste,
c'était un gentilhomme d'une très ancienne famille, qui,
s'il ne vivait pas à Paris, y avait fait son éducation, et
comptait nombre de parents et d'amis tant à la ville qu'à
la cour. Riche, spirituel, en relation avec les grands érudits et les grands antiquaires de l'époque, très fier de sa
collection, qu'il passait pour enrichir aux dépens des
monuments antiques qui abondaient dans sa province,
Caumont tenait infiniment à être un personnage, et il
s'était mis lui-même en commerce avec Bouhier en lui
demandant son avis sur une pièce rare.

A Avignon, le 19 décembre 1732.

Il [1] y a longtemps, monsieur, que je désirais de vous faire
connaître mes sentiments. Je vous respectais, et je rendais à
votre mérite et à votre vaste érudition la justice qui leur est due,
mais ce tribut secret n'avait pas de quoi me satisfaire pleinement. Je voulais quelque chose de plus. Notre ami commun,
M. le Président de Mazaugues, qui connaît si parfaitement ma
façon de penser sur votre compte, m'a persuadé que je pouvais
vous écrire en droiture, et vous faire part de mes conjectures
sur une agathe sardonyx, gravée en relief, que je crois avoir
servi d'amulette ou de préservatif contre les rats. Je sais, monsieur, que vous avez déjà été consulté là-dessus. Si j'ai le mal-

1. Bibl. nat., Corr. litt. du président Bouhier, II, f. fr. 24410, f. 48.

heur de m'éloigner de vos idées dans mon explication, je suis
prêt à abandonner mon système pour me ranger de votre sentiment. Je sais parfaitement de quel poids est votre autorité, et je
me ferai toujours un honneur de souscrire à vos décisions. Je
suis avec l'attachement le plus respectueux, monsieur, votre très
humble et très obéissant serviteur.

CAUMONT.

Consulter Bouhier, et attendre sa réponse comme un
oracle, c'était prendre le président par son faible ; aussi,
malgré ses nombreuses correspondances, heureux peut-
être, de son côté, d'entrer en rapports suivis avec un
homme aussi distingué, et qui possédait de si belles collections, répondait-il à Caumont une lettre très aimable
appelant une réplique. Le commerce s'établit entre eux
pour ne plus cesser. Si Caumont était un érudit, c'était
aussi un homme de qualité qui tenait fort à être du grand
monde. Il avait ses correspondants à Paris, qui le mettaient
au courant des nouvelles, et il affecte même parfois d'en
donner au président, afin de bien lui montrer que, pour
vivre à Avignon, il n'est pas plus provincial pour cela.
Bouhier, de son côté, ne veut pas demeurer en reste, et
la manière dont il parle des gens de lettres lorsqu'il écrit
à Caumont ne leur eût sans doute pas plu.

A Dijon, le 31 juillet 1734.

.... Je¹ ne sais non plus que vous aucune nouvelle du marquis
Maffei. Il pourrait bien être allé faire un tour en Angleterre. J'ai
peur qu'il n'y ait dans sa tête un peu de bizarrerie.

Voltaire a été, en effet, aux eaux de Plombières. De là il est
allé au camp devant Philisbourg, voir son protecteur, le Duc de
Richelieu. On dit qu'il a eu indulgence plénière du ministère.
En effet, ce que dit un poète sur certaines matières ne tire
point à conséquence. Il a besoin d'un tel passeport pour beaucoup de ses pièces.

1. Bibl. nat., Lettres, etc., nouv. acq. fr., 4384, f. 72.

A son tour, Caumont parle d'opéras, de comédies, de chanteurs et de comédiens, de poésies légères au milieu de longues dissertations sur les médailles, les vases antiques, et ce mélange est bien caractéristique du temps et des personnes. Les noms de Le Maur, de Sallé, de Camargo revenant au milieu de nouvelles d'érudition, font le plus singulier effet, et ne permettent pas d'oublier que nous sommes en plein XVIIIe siècle. Le marquis tient beaucoup à être au courant du dernier « fait Paris » de l'époque.

.... Il [1] paraît, dit-on, à Paris, un *phénomène théâtral* trop singulier pour ne pas vous en faire part, d'autant plus qu'il pourrait bientôt disparaître, malgré l'éclat dont il brille. C'est une tragédie de l'abbé Pellegrin qui attire tout Paris, il semble que c'est un dieu favorable qui est venu au secours de Voltaire. Les spectateurs ont quitté la critique du *Temple du goût* aux Italiens pour venir admirer cette nouveauté. L'aventure a droit de surprendre par rapport à l'auteur, mais il faut savoir qu'on prétend qu'il y a dans cette tragédie des traits fort hardis qu'on applique aux affaires du temps.

.... Je [2] viens de lire deux opéras italiens, l'*Aëtius* et la *Sémiramis* de Metastasio, disciple et favori du fameux Gravina. J'ai été assez content du premier; j'y ai trouvé des traits sublimes et de la bonne poésie; la forme de l'ouvrage me paraît vicieuse et s'écarter des lois dramatiques. La *Sémiramis* est remplie d'incidents dans le goût de nos plus mauvais romans; point de mœurs, nulle régularité dans le sujet, etc.

Nous attendons les *Lettres philosophiques* de M. de Voltaire, dont la plupart, dit-on, roulent sur la religion et sur la politique. Ce génie singulier et présomptueux aspire, comme vous voyez, au titre d'homme universel. Nous l'avons vu, en dernier lieu, marquer les rangs sur le Parnasse, et juger les auteurs les plus respectables en dernier ressort. Je doute fort que le public éclairé souscrive à de telles décisions.

1. Bibl. nat., Corr. litt. du président Bouhier, II, f. fr. 24 410, f. 60.
2. *Ibid.*, f. 62.

En 1733, le président fit,-comme nous l'avons dit ailleurs, un long séjour à Montpellier pour la santé de sa
femme qui était allée chercher les soins des médecins de
cette ville, dont la faculté était célèbre dans toute l'Europe.
Une fois dans le Midi, Bouhier en profita pour visiter ses
amis provençaux : il s'en fut à Aix voir le président de
Mazaugues; à Marseille, où on lui prodigua les honneurs
et les compliments; à Avignon enfin, où il apprit à connaître personnellement le marquis de Caumont. Cette
entrevue resserra encore leurs relations : Bouhier fut présenté à la marquise, femme d'esprit, qui s'intéressait aux
travaux de son mari, et il s'en revint à Montpellier,
charmé de l'hôtel de Caumont et de ses habitants ainsi
que de ses collections. La chaleur du Midi lui parut seule
insupportable, et il ne pouvait lui pardonner. Il écrivait à
Mathieu Marais :

.... Si [1] vous souffrez des chaleurs excessives de cet été, vous
pouvez juger de l'état où elles réduisent un pauvre Bourguignon
accoutumé à un ciel plus tempéré. Je ne le suis guère plus au
far niente, et c'est une autre circonstance qui me fait regretter
notre Bourgogne. Mais il faut prendre patience jusqu'au commencement du mois prochain où nous reprendrons notre route
avec grand plaisir.

Cette connaissance *de visu* resserra beaucoup les relations des deux amis, qui ne se connaissaient encore que
par correspondance. On se rendit même des petits services
de ménage : Bouhier envoyait des pots de moutarde de
Dijon, qui avait alors une réputation européenne, ou des
tonneaux de vin de Bourgogne, que les crus du Bordelais
n'avaient pas encore rejeté au second rang des vins de

1. Bibl. nat., Lettres, etc., nouv. acq. fr., 4384, f. 86.

France. Il envoyait même des confitures, qui étaient fort
goûtées. A son tour, Caumont ripostait en expédiant au
président de l'huile d'olives de Provence, qu'il trouvait
délicieuse. Ces petits présents de bonne amitié qui con-
trastent un peu avec l'érudition, bien que celle-ci cependant ait souvent fait très bon ménage avec la gourman-
dise, entretenaient les bons rapports, ne nuisaient en rien
du reste à l'échange des nouvelles savantes, et donnaient
lieu à des lettres d'envoi, de remerciements, où sont prodiguées les grâces d'un style qui fait un peu sourire, mais
ne manque pas d'un certain charme archaïque.

C'est ainsi que les pots de confitures du président donnent lieu à cette belle épître de la marquise de Caumont :

Je [1] ne saurais assez vous remercier, monsieur, de votre
aimable attention à réjouir mes yeux et mon cœur par un des
plus jolis présents du monde, qui satisfait tous les sens en
même temps. Vous êtes accoutumé, depuis longtemps, monsieur, à faire impressions sur les miens . On trouve peu
d'hommes comme vous qui sachent allier le goût des lettres avec
la politesse de la cour. Je sens, comme je dois, le souvenir dont
vous voulez bien m'honorer dans vos lettres; je vous en
demande la continuation. Je me flatte que vous voudrez bien
recevoir un essai d'huile à laquelle j'ai donné toute mon attention, l'ayant fait faire sous mes yeux. Pour la première fois de
ma vie, je me suis trouvée à la campagne en cette saison. Je la
ferai partir dès qu'elle sera reposée. J'espère que vous voudrez bien recevoir avec bonté ce présent rustique. Comblé des
faveurs de Minerve, qui peut mieux mériter que vous, monsieur, les présents que nous tenons d'elle?

Bouhier n'est pas en reste de galanterie et Mme de Caumont devient Minerve parce qu'elle envoie des cruches
d'huile. C'était bien le moins et le président ne pouvait
manquer à son devoir.

---

1. Bibl. nat., Corr. litt. du président Bouhier, II, f. fr. 24 410, f. 196.

Vous [1] faites trop valoir, Madame, une aussi mince bagatelle que celle que j'ai pris la liberté de vous faire présenter par le sieur Mervelin. Je suis trop heureux que nos confitures se soient trouvées de votre goût, et je me le trouverai bien plus encore si, en réjouissant un peu votre cœur comme vous me le marquez, elles vous font quelquefois souvenir de l'homme du monde qui conserve la plus vive reconnaissance de toutes vos politesses. Vous voulez m'en combler encore par un essai d'une huile qui ne saurait manquer d'être excellente, puisqu'elle est faite sous vos yeux. Il ne manquait plus que ce trait pour vous rendre la Minerve du beau climat que vous habitez. Je voudrais fort que le nôtre pût me fournir en revanche quelque occasion de vous marquer combien je suis sensible à tant de grâces et le respect infini avec lequel j'ai l'honneur d'être, Madame, votre très humble et très obéissant serviteur,

LE P. BOUHIER.

A Dijon, ce 1er de décembre 1741.

Ces douceurs ne nuisaient en rien à l'échange de nouvelles savantes ou littéraires qui se faisait entre les deux érudits : l'un, Provençal à la tête vive et au goût exalté; l'autre, Bourguignon à la verve railleuse et au jugement plus froid. On est cependant toujours de son temps, et on a beau avoir un bon jugement, on partage ses erreurs, témoin ce jugement de Bouhier à propos de l'ouvrage de l'abbé Du Bos, sur les origines de la monarchie française, qui eut alors un succès si grand, même un succès de vogue, et qui est aujourd'hui tombé dans un si profond et si juste oubli.

M. [2] l'abbé Du Bos vient de m'envoyer son *Histoire critique de l'établissement de la monarchie française dans les Gaules*, en 3 vol. in-4°. C'est un excellent ouvrage où il fait voir les bévues de la plupart de nos historiens. Il en veut surtout au P. Daniel et au comte de Boulainvilliers dont les paradoxes avaient été agréablement reçus à la faveur de son beau style....

1. Bibl. nat., Lettres, etc., f. fr. nouv. acq., 4384, f. 211.
2. *Ibid.*, f. 98.

Quelques semaines après, Bouhier annonce encore à
son ami l'apparition de deux livres bien différents, qui
faisaient scandale chacun dans leur genre, et contre lesquels il n'hésite pas à réclamer les rigueurs du pouvoir.

Tout[1] le monde court à Paris après deux livres qui devraient,
en bonne police, faire enfermer leurs auteurs. L'un est de l'abbé
Lenglet sous le titre *De l'usage des romans*, et l'autre est intitulé :
Lettres philosophiques, qu'on assure être de Voltaire. Ce dernier
est venu en notre Bourgogne pour le mariage du Duc de
Richelieu, qui vient de se conclure à Monjeu, près d'Autun,
avec la deuxième fille de M. le Prince de Guise, sœur de la
Duchesse de Bouillon. Ce Duc a amené avec lui le poète, qui
le suit presque partout, et qui ressemble présentement à un
spectre.

Caumont n'est pas plus tendre que Bouhier pour l'œuvre de Voltaire, qu'il connaissait cependant particulièrement et avec qui il était en correspondance.

J'ai[2] depuis quelques jours les *Lettres philosophiques* de Voltaire. Il me paraît que l'esprit s'y trouve prodigué aux dépens
du bon sens. Il semble que le gouvernement n'a pas tort de
sévir contre l'auteur d'un tel ouvrage. On m'a assuré qu'il était
actuellement aux eaux de Plombières, et que ses amis travail-
laient à obtenir son rappel.

Les rigueurs du pouvoir étaient cependant déjà fort
impuissantes, et excitaient la curiosité publique au lieu
de la calmer. Les deux érudits eussent été les premiers à
jeter les hauts cris si on les eût privés de ce fruit défendu,
dont ils étaient très avides. Il suffisait qu'on eût fait faire
des suppressions à l'ouvrage d'un auteur connu pour
qu'on mît tous ses soins à avoir ces passages retranchés.

---

1. Bibl. nat., Lettres, etc., nouv. acq. fr., 4884, f. 100.
2. Bibl. nat., Corr. litt. du président Bouhier, II, f. fr. 24 410, f. 75.

On [1] m'écrit, dit un jour Caumont, de Paris que le *Traité des causes de la grandeur et de la décadence des Romains* par M. de Montesquieu paraîtra bientôt, imprimé en Hollande, qu'on travaille à y mettre des cartons. Faites-moi la grâce de me dire ce que vous pensez de cet ouvrage, et s'il serait impossible d'en avoir un exemplaire *sans cartons*.

Le président semble cependant avoir été plus sévère que son correspondant. Dans bien des lettres, il revenait sur le goût du public, même du public le plus relevé, pour les mauvais livres. Ce goût, qui malheureusement est de tous les temps, ne fut jamais si vif, ni si ouvertement avoué, que durant les cinquante années du règne de Louis XV; il fut pour beaucoup dans la corruption des mœurs. Peut-être serait-il utile de se le rappeler aujourd'hui que la réaction morale qui a suivi la Révolution semble toucher à son terme, et que, de nouveau, la pire des littératures est redevenue à la mode, s'étale partout, comme si la peinture du mal pouvait jamais être inoffensive ou servir de leçon. Les romans de Crébillon fils et d'autres écrivains moins connus, mais tout aussi immoraux, ont fait plus pour détruire l'ancienne société que les théories des philosophes. Ils ont corrompu jusqu'au fond leurs lecteurs et pourri l'édifice social, qui est tombé au premier souffle.

L'histoire [2] japonaise de *Tanzaï*, par Crébillon le fils, qui fait tant de bruit, aurait-elle passé jusqu'à vous? Elle est digne d'être associée à l'Arétin et aux Priapées. Cependant on se l'arrache, et les Dames, qui jurent de ne l'avoir pas lue, savent tout ce qui est dedans, comme par inspiration. On la vend même publiquement, et on ne l'a point défendue comme les *Princesses malabares*, qu'on n'a pas encore vues ici. Mais elles y viendront plutôt que de bons livres.

1. Bibl. nat., Corr. litt. du président Bouhier, II, f. fr. 24 410, f. 77.
2. Bibl. nat., Lettres, etc., nouv. acq. fr., 4 384, f. 112.

A tout moment, les plaintes sur la licence des écrivains de tout ordre reviennent sous la plume des deux correspondants. Mais, comme il arrive souvent en pareil cas, ils blâment, puis ils lisent, et seraient bien fâchés de ne pouvoir le faire. C'est ainsi que le marquis de Caumont qui, comme nous venons de le dire, était en correspondance avec Voltaire, ne manquait pas, à travers les nouvelles de pure érudition, de raconter à Bouhier ce qu'il savait des œuvres du poète, même de celles dont on ne parlait qu'à l'oreille.

On [1] m'avait mandé que M. de Voltaire avait passé de nouveau dans les pays étrangers, après avoir lâché une nouvelle nichée de Lettres philosophiques, et ce bruit se trouve démenti par la lettre qu'il m'écrit de Vassy en Champagne, où il se trouve actuellement après avoir fait quelque séjour à la cour de Lorraine...

Je [2] vous félicite, monsieur, d'avoir eu la communication des lettres du cardinal Noris ; ne mériteraient-elles pas d'être imprimées et de servir de supplément à ses autres ouvrages? Combien de trésors de cette espèce ont été perdus, faute de trouver des personnes qui en connussent tout le prix! Je ne vois rien dont je fasse plus de cas que les lettres des grands hommes.

L'*empreinte* de leur esprit s'y trouve plus parfaite que dans les ouvrages qui leur ont acquis le plus de réputation.

.... Je n'ai point encore reçu la tragédie de la *Mort de César*, vous aurez vu sans doute ce qu'en disent les observateurs. M. de Voltaire s'est réellement inscrit en faux contre l'édition qui en a été faite à Paris. On prétend qu'on trouvera *le sceau de son esprit*, dans son poème de la Pucelle d'Orléans ; il n'y a rien de plus singulier, à en juger sur les lambeaux qu'on lui a entendu réciter à Lunéville. Vous jugez bien qu'un pareil ouvrage ne sera jamais imprimé qu'en Hollande ou en Angleterre, et c'est ce que veut l'auteur, qui se soucie peu de courir après de nouveaux dangers, pourvu qu'il voie de nouveaux pro-

---

1. Bibl. nat., Corr. litt. du président Bouhier, II, f. fr. 24 410, f. 98.
2. *Ibid.*, f. 106.

fits. Vous jugez bien, monsieur, que tout ce détail n'est que
pour vous seul. Je ne veux point encourir l'*odium poeticum* qui
ne le cède qu'à l'*odium theologicum*....

Bouhier se contentait de répondre sur un ton de mépris
qui eût sans doute mis en fureur le poète, et lui eût valu
une forte dose de cet *odium poeticum* dont parlait Caumont, que le poème de la Pucelle était « très propre
à faire mettre aux petites-maisons du Parnasse » celui
qui en était l'auteur.

Convenez [1], ajoutait-il, qu'il est bien humiliant pour l'esprit
humain qu'il soit capable de tels écarts.

Le président n'est guère plus indulgent pour les poésies
légères de « l'homme universel ». Il juge très sévèrement *le Mondain*. Nous citons ce jugement parce
qu'il fait honneur à la perspicacité philosophique de
Bouhier, que tout le charme élégant des vers de Voltaire
ne mettait pas en défaut, bien que nul n'y fût plus sensible que lui.

Peu [2] de gens ont approuvé *le Mondain*, ou plutôt *le Voluptueux*
de Voltaire. Il est assez peu décent d'enchérir même sur les
dogmes d'Épicure. Tout le monde paraît surtout choqué du
portrait hideux qu'il fait de notre premier père. J'aime mieux
le voir tel qu'il nous est peint par Milton....

Malgré ces critiques, que les gens avisés ne lui ména-
geaient pas, l'astre de Voltaire allait toujours grandissant;
il n'y a presque pas de lettres de cette époque où son
nom ne soit prononcé. Caumont, qui tient toujours à être
au courant de tout, et ne veut à aucun prix paraître provincial, revient sans cesse sur « l'homme universel ».

1. Bibl. nat., nouv. acq. fr., 4384, f. 131.
2. Bibl. nat., Lettres, etc. nouv. acq., fr., 4384, f. 148.

J'ai vu [1] enfin, monsieur, cette *Alzire* si fort vantée; elle m'a touché; elle m'a attendri; le genre singulier qui la caractérise m'a fait plaisir, et je ne l'ai pas trouvée indigne des applaudissements qu'elle a reçus sur le théâtre de Paris. Je laisse aux critiques le soin d'examiner si cette tragédie est bien conduite, si l'auteur a eu l'attention nécessaire pour le mécanisme des vers et si sa versification a la force et la correction convenables. Je m'en tiens à un examen de pur sentiment. Pourquoi vouloir empoisonner les sources du plaisir qu'on reçoit au moyen d'une critique pointilleuse qui peut trouver à mordre sur les meilleurs ouvrages?...

....Vous [2] avez vu sans doute la nouvelle Épître de Voltaire à Émilie, c'est-à-dire à Mme du Châtelet. Je doute fort qu'on puisse la regarder comme le meilleur de ses ouvrages; les savants pourront y trouver des idées fausses ou mal rendues, et des grands mots vides de sens, et ceux qui n'auront pas été initiés aux mystères de la nouvelle philosophie traiteront cette pièce de pompeux galimatias.

Quelquefois, peut-être afin de bien affirmer son indépendance vis-à-vis de l'opinion parisienne, Caumont refusait nettement d'adopter ses arrêts. Ainsi, lorsque apparut *la Métromanie* de Piron, il avoue à Bouhier qu'il ne peut comprendre le succès de cette pièce.

Je [3] ne puis revenir de mon étonnement sur le compte de *la Métromanie* que j'avais si fort ouï vanter. Comment pareille pièce a-t-elle pu mériter des applaudissements si constants? On m'a mandé que M. de Voltaire songeait à donner au public certain ouvrage en vers intitulé *la Liberté*. Tout Paris vante le *Maximien* de M. de la Chaussée.

Mais le président, qui restait toujours Bourguignon avant tout, et était fier du succès de Piron, le fils de son apothicaire, réplique avec une vivacité qui ne lui est pas ordinaire.

1. Bibl. nat., Corr. litt. du président Bouhier, II, f. fr. 24 410, f. 116.
2. *Ibid.*, f. 126.
3. *Ibid.*, f. 159.

La Métromanie[1] n'est pas indigne, ce me semble, des applaudissements qu'elle a reçus. Il y a quelques fautes, assurément,
qu'un bon conseil aurait pu faire corriger à l'auteur. Mais il y
a aussi de très jolies choses, des portraits très bien frappés et
très ressemblants, et des coups de théâtre bien ménagés. Il y a,
d'ailleurs, ramené le ton de la bonne comédie qui avait disparu
depuis Renard.

Ainsi remis assez vertement à sa place, Caumont, qui
ne veut à aucun prix voir troubler ses bons rapports avec
le président, s'excuse assez humblement.

Toutes ces petites discussions littéraires n'ont d'autre
valeur que de bien peindre le temps, car Caumont est
et reste avant tout un érudit, et ses longues lettres sont
remplies de savantes dissertations qui échappent à notre
compétence. Mais la place qu'y tiennent les livres nouveaux et leurs auteurs prouve une fois de plus la royauté
incontestée exercée à ce moment par la littérature pure,
même sur la science. Pour être un savant, le marquis
n'en tenait pas moins à être un homme d'esprit, un homme
du monde, et on ne pouvait alors être ni l'un ni l'autre
si on n'aimait et ne cultivait les lettres.

L'érudit, le connaisseur se venge cependant parfois, et
les médailles antiques, les sculptures, les manuscrits, les
palimpsestes, les curiosités de tout genre, celles d'Orient
comme celles du Nord, reviennent sous sa plume avec un
amour de prédilection. Il envoie au président de longs
extraits des lettres de M. de Mazaugues, leur ami commun,
grand érudit également, qui faisait un long voyage en
Italie. Un autre jour, il s'indigne contre l'incurie des
Espagnols qui laissent enfouis tant de trésors; trésors,
ajoute-t-il, qui ne sont peut-être pas plus réels que ceux

1. Bibl. nat., Lettres, etc., nouv. acq. fr., 4384, f. 165.

de la butte Montmartre. Puis, un jour, apprenant la dispersion de la collection du maréchal d'Estrées, il ajoutait avec une ironie souriante, qui n'est pas dépourvue de grâce :

On [1] m'écrit de Paris que le maréchal d'Estrées aurait ramassé jusqu'à six mille bronzes, tant antiques que modernes, grands, moyens, petits, et qu'il s'était présenté un acheteur qui avait offert d'enlever le tout à raison de six livres pièce, ce qui fait déjà 36 000 l. On m'ajoute qu'on a trouvé aussi dans la cave du Duc de Mazarin vingt-trois mille bouteilles de vin de Champagne. Voilà différentes façons de réaliser, mais vous voyez que cela revient presque au même après la mort du possesseur....

C'était beaucoup pour un amateur aussi déterminé que de consentir à plaisanter, fût-ce un moment, sur sa passion dominante, car c'est ce à quoi, d'ordinaire, les collectionneurs ne se résignent pas.

Le marquis de Caumont ne tarda pas, du reste, à être fort tristement distrait de ses occupations favorites. Il avait plusieurs fils : l'aîné était d'âge à être au service, et comme tout bon gentilhomme, payait sa dette à son pays dans les armées du Roi, quand éclata la guerre de la succession d'Autriche. Il se trouvait en Allemagne lors de la campagne de Bohême, et assista à la prise de Prague. Bouhier, qui avait perdu un neveu très cher dans la dernière guerre, est aussi fort occupé du jeune fils du marquis de Caumont, et livres, lettres et littérateurs pâlissent devant le sérieux de la guerre. On ne regarde plus le temps qu'il fait sans penser à ceux qui sont exposés aux intempéries d'un climat étranger. Cependant le passage à Dijon d'un ambassadeur turc allant saluer le roi, est un événement trop insolite pour le passer sous silence.

1. Bibl. nat., Corr. litt. du président Bouhier, II, f. fr. 24410, f. 126.

Permettez-moi [1], Madame, de faire ici mille très humbles compliments à M. le Marquis de Caumont. Je ne doute pas que la saison rigoureuse qui commence, et qui doit être encore plus fâcheuse dans la Bohême, ne vous inquiète pour M. votre fils, qui fait là un apprentissage un peu rude du métier de la guerre, mais peut-être que Prague, qui a été investie dès le 14 du mois dernier, s'est présentement rendue. Du moins, l'on en attend à tout moment l'agréable nouvelle. Je le souhaite, et pour vous et pour beaucoup de nos amis qui y sont. Nous attendons ce soir l'ambassadeur turc, qui attire ici beaucoup de curieux et de curieuses, sans que cela en vaille trop la peine. Vous avez sans doute eu des relations des fêtes qu'on lui a faites à Lyon. Cependant il n'a pas été content, dit-on, qu'on l'ait logé dans une hôtellerie. Il aura la satisfaction d'être logé au gouvernement. Mais je ne vois pas qu'on lui prépare de fêtes.

Dès lors, les nouvelles militaires deviennent le thème le plus habituel des lettres de Caumont à Bouhier et l'érudition passe au second plan. Car le marquis est un homme du xviiie siècle, qui n'a rien de la tranquillité stoïque du siècle précédent. Il s'étend sur ses sentiments, sur ses alarmes pour ce fils qu'il chérit, et ne croit pas déroger en parlant de lui-même. Vingt ans avant Rousseau, il laisse libre cours à son cœur, et est un homme sensible dans le bon sens du mot, avant qu'on ait inventé l'expression.

Mme [2] de Caumont et moi avons journellement les yeux fixés sur une carte d'Allemagne. Nous y suivons notre fils aîné, qui doit être à présent à Amberg, en Bavière. Voilà le royaume de Bohême bloqué de tous côtés, s'il est vrai que le roi de Prusse y fasse entrer trente mille hommes. Que deviendra cette pauvre Reine de Hongrie?

Lorsque l'année suivante, 1742, l'armée de Bohême, après les brillants faits d'armes qui l'avaient rendue maî-

---

1. Bibl. nat., Roth et Bouh, au Mis de Caumont, n. a. fr., 4384, f. 212.
2. Bibl. nat., Corr. litt. du président Bouhier, II, f. fr. 24410, f. 190.

tresse de Prague, comme par miracle, se trouva bloquée
dans cette même ville qu'elle avait prise d'assaut, le marquis de Caumont suit tous les jours avec plus d'inquiétude
les opérations militaires, et les cartes de Bohème lui
offrent cette fois plus d'intérêt que les inscriptions latines.

A Caumont, le 22 octobre 1742.

Serait-il [1] possible que cette armée libératrice et supérieure
fût actuellement en échec! On ne peut guère compter sur des
nouvelles qui viennent de si loin; celles qui se débitent à Paris
varient tellement qu'on ne sait qu'en croire. Voilà le Roi
d'Angleterre qui passe la mer et qui fait mine de vouloir être
l'agresseur dans la vue de faire une puissante diversion; il
paraît que toute idée de paix est évanouie et qu'elle ne saurait
avoir lieu qu'en tant que nous remporterions en Bohème
quelque avantage signalé et même complet.

Les inquiétudes de Caumont n'étaient que trop fondées.
Son fils périt comme bien d'autres, victime de cette
héroïque retraite de Prague (décembre 1742), qui coûta
la vie à tant de jeunes gens distingués. Lorsqu'il apprit
cette mort, dont il avait eu un secret pressentiment, la
douleur du pauvre père fut si grande qu'il trouve dans ses
lettres, pour l'exprimer, des accents vraiment touchants.
Il se retira à la campagne, ne voulant plus voir personne,
ni s'occuper de rien. Il fallut que sa femme, qui semble
avoir eu plus d'énergie morale, le ramenât presque de
force à Avignon, et l'obligeât à penser à ses autres
enfants. Mais une fois la première douleur passée, l'érudit,
l'archéologue se réveille, et il écrit à Bouhier pour lui
demander de composer, lui qui est passé maître en ce

---

1. Bibl. nat., Corr. litt. du président Bouhier, II, f. fr. 24410, 203.

genre, une inscription latine digne de figurer sur le monument qu'il va faire élever à la mémoire de ce fils chéri.

A Caumont, le 9 juin 1742.

Je ne sais que sentir, monsieur, et je ne saurais m'exprimer même dans le langage de la douleur; c'est ce qui me fait recourir à vous dans le dessein où je suis d'élever un petit monument à la mémoire de ce cher fils devenu l'objet de mes regrets. Je vous supplie, monsieur, d'avoir la bonté de me fournir une inscription telle que vous jugerez convenable au sujet et à la vive douleur que nous ressentons. Vous voyez combien je compte sur vos bontés pour oser vous faire une pareille demande. Je connais ce cœur excellent qui sait entrer dans la situation des personnes affligées, et qui ne demande pas mieux que de leur fournir des motifs de consolation; c'en sera une pour moi que d'éterniser ma douleur.

Vous jugez bien, monsieur, que dans la cruelle circonstance où je me trouve, je me suis hâté de retirer mon fils du service de la marine; le second est au collège à Paris, et le troisième n'a pas encore trois ans.

Mme de Caumont a plus de fermeté que moi, mais son affliction n'en est pas moindre. Si mon cœur n'était pas fermé à toute consolation, je pourrais en trouver dans la personne du chevalier de Caumont devenu l'aîné, dont le caractère aimable et les mœurs douces promettent beaucoup, et dont on a été fort content dans la campagne qu'il vient de faire. Excusez la liberté que je prends de déposer dans votre sein les amertumes de ma vie, et rendez-moi la justice d'être persuadé que rien n'égale les sentiments tendres et respectueux que je vous ai voués et que je conserverai toute ma vie pour vous.

CAUMONT.

Le président se prêta de bonne grâce à la demande de son ami, et rédigea, dans un beau latin épigraphique, une inscription assez emphatique qu'il envoya à Caumont. Le projet d'inscription est écrit de la main de Bouhier

1. Bibl. nat., Corr. du président Bouhier, f. fr. 24 421, f. 36.

sur le revers de la lettre où on la lui demande. En voyant ces marques d'émotion et de douleur qui subsistent ainsi après tant d'années, et alors que les restes mêmes de ceux qui les éprouvaient n'existent plus, on ne peut s'empêcher d'être ému à son tour, et les « larmes des choses », qui sont au fond de tout ici-bas, même des lettres d'érudition, reviennent involontairement à la pensée. Voici comment Caumont remercie son ami de l'envoi de cette inscription funéraire qui n'a rien de remarquable et ne mérite pas d'être citée. La profondeur des sentiments, qui se révèle dans ces lignes que le temps lui-même n'a pu glacer, a quelque chose d'émouvant.

Que [1] direz-vous de moi, monsieur, d'avoir tant tardé à vous remercier de la noble et simple inscription que vous avez eu la bonté de m'envoyer; elle remplit parfaitement mes vues; et je ne pouvais certainement rien désirer de plus parfait en ce genre : cette douleur habituelle, ces regrets continuels m'ont rendu presque hébété. Je satisfais à peine aux devoirs les plus essentiels. Je cherche inutilement à me distraire, ou plutôt à m'étourdir. Dieu veuille adoucir un état si cruel. Il est surprenant que ma santé se soit soutenue au milieu de tant d'agitations et dans une si noire mélancolie....

.... Cette guerre de Bohême qui m'a tant coûté va, dit-on, finir par une paix. Pourquoi commençait-elle? Que ne finissait-elle plus tôt? Excusez ces retours de tendresse; pardonnez ces regrets à un père qui croit avoir tout perdu, et qui croit soulager sa douleur en la répandant dans votre sein; il faut pour cela, monsieur, que je compte bien sur vos bontés pour moi.

Depuis lors, la correspondance entre Caumont et Bouhier ne fait que languir. Ils reprennent bien tous deux leurs causeries d'érudition et de littérature, mais l'un n'y a plus de goût, l'autre devine la tristesse de son interlocu-

---

1. Bibl. nat., Corr. litt. du président Bouhier, II, f. fr. 24 410, f. 199.

teur et l'activité de leur commerce va toujours se ralen-
tissant jusqu'au moment où le président eut son dernier
accès de goutte, celui qui termina par la mort une inter-
minable série d'attaques du même mal.

Le marquis de Caumont était loin cependant d'être le
seul des correspondants littéraires du président dans le
midi de la France. A Aix, il a un commerce assidu
avec le président de Mazaugues, l'un des plus intimes amis
du marquis de Caumont. C'était le neveu et l'héritier du
fameux érudit Peiresc, dont il conservait la plus grande
partie des collections. Les lettres de Mazaugues sont au
nombre de plus de deux cents; toutes traitent uniquement
d'érudition, et quelques-unes portent la date de Milan, de
Vérone, de Rome. Ces lettres savantes sont d'un ordre
trop spécial pour être analysées ici. Elles offriraient sans
doute un réel intérêt pour l'histoire de la science au siècle
dernier. La façon dont il commence son commerce épistolaire avec Bouhier est assez caractéristique.

Si [1] la ressemblance des goûts forme les liaisons, gens à bibliothèque doivent fraterniser. Permettez donc, monsieur, qu'à ce
titre, malgré la distance des talents, j'aspire à cet honneur....
Je vous offre à l'avenir mes petits secours en tout ce que je
pourrai contribuer dans ce pays-ci à votre curiosité et à ses
recherches, mais ne croyez pas, monsieur, que ce soit à titre
purement gratuit. Je vous préviens d'avance; attendez-vous à
un retour qui sera peut-être souvent importun. Votre riche et
curieuse bibliothèque renferme des trésors où je serai tenté
bien des fois de puiser, persuadé, d'ailleurs, qu'ils ne sont pas
enfouis entre les mains du maître, et qu'il les possède et les
connaît parfaitement.

Entre deux *hommes à bibliothèque*, tels que Mazaugues
et Bouhier, les relations furent vite nouées et devinrent

1. Bibl. nat., Corr. litt. du président Bouhier, VIII, f. fr. 24416, f. 31.

même très fréquentes. Voici encore une lettre assez amusante où Mazaugues annonce à Bouhier son mariage : jamais on n'a parlé d'une pareille affaire avec un plus grand sang-froid, et la découverte d'une inscription eût prêté à des commentaires plus émus sous la plume du bon érudit.

J'ai [1] bien eu, monsieur, d'autres distractions que les fonctions de la magistrature. Je commençais à peine à m'y accoutumer, et à me remettre dans le train ordinaire, lorsqu'il a fallu me rendre aux désirs de ma famille, et me surcharger d'un nouveau poids.

Je viens de prendre une jeune et assez gentille demoiselle. Elle est nièce du cher abbé de Villages et de la même famille. J'ai trouvé dans cette alliance honorable un bien présent proportionné à la nature de nos constitutions dotales, et des espérances certaines pour l'avenir encore plus considérables. J'attends de l'amitié dont vous m'honorez que vous voudrez bien prendre quelque part à ma satisfaction et me continuer votre bienveillance.

Vous jugez bien, monsieur, que parmi les embarras et les joies de l'hyménée, la littérature a un peu souffert. Il est presque impossible qu'on ne soit dérangé en pareilles occasions. Ce dérangement durera encore environ deux mois que je vais passer à Mazaugues. Après quoi, je compte de me mettre en règle, et de tâcher d'allier les douceurs de l'hymen avec les agréments du cabinet....

Quelques années plus tard, Mazaugues fit un grand voyage en Italie, et il écrivit souvent pendant ce temps à son ami de Dijon. Ces lettres, datées de Milan, de Rome, de Naples, qui renferment peut-être des détails archéologiques intéressants pour les connaisseurs, sont de la plus désespérante sécheresse à tout autre point de vue, et ne peuvent nous arrêter.

1. Bibl. nat., Corr. litt. du président Bouhier, VIII, f. fr. 24416, f. 33.

Il n'y a presque pas de ville de quelque importance en
France où Bouhier n'ait ainsi son correspondant attitré
qui le tient au courant des nouvelles de sa province. A
Montpellier c'est Bon de Saint-Hilaire, président de la
Chambre des comptes de cette ville, et, comme Mazaugues,
grand érudit, qui envoie à Bouhier, entre autres nouvelles,
le récit assez intéressant de l'entrée du duc de Richelieu,
alors au début de sa trop longue carrière, et de sa jeune
femme dans le gouvernement du Languedoc que les Richelieu avaient héréditairement en partage.

A Nîmes, c'est l'érudit Séguier, le disciple et l'ami de
Maffei, ayant passé auprès de lui de longues années en
Italie, à Vérone, qui ne peut manquer d'être en rapport
avec Bouhier, et lui expédie de longues et savantes missives, soigneusement conservées et classées.

A Lyon, les correspondants sont aussi fort nombreux.

Brossette, l'ami de Boileau, qui s'était, pour ainsi dire,
consacré à sa mémoire, et dont le nom a été sauvé de
l'oubli par cette illustre amitié, peut être rangé parmi
ceux dont les lettres sont les plus abondantes, et renferment le plus de détails curieux sur tout un côté de la
vie littéraire, à ce moment. On pourrait les placer à la suite
de la correspondance avec Boileau, qui a été publiée il
y a quelques années avec succès. Si nous ne craignions
d'être trop long, nous en citerions quelques extraits. Brossette avait vécu dans l'intimité de Boileau, il avait connu
Racine, et en revenait toujours à ce temps heureux. Il
dit à tout propos : « M. Boileau m'a conté », et ses
lettres à Bouhier ont servi déjà aux nombreuses éditions
du poète qui se sont succédé au siècle dernier. Voici, par
exemple, à propos de Molière et de sa façon de composer,

d'intéressants renseignements que ne dédaigneront peut-
être pas les admirateurs, ou, pour être plus exact, les
adorateurs modernes du grand écrivain.

Il [1] y a plus d'un mois que nous avons lu ici *le Temple du goût*,
ouvrage où il me paraît que l'esprit domine plus que le jugement. Je parierais bien que Voltaire a entrepris cette satire
principalement pour se venger de Rousseau, qui y est cruellement et, j'ose dire, injustement traité. Je ne lui en ai pas encore
écrit, mais je suis persuadé qu'il gardera le silence et il fera
bien....

.... A l'égard de Molière, j'ai employé quelques jours à la
campagne, l'automne dernier, à marquer tous les changements
qu'il avait faits dans ses comédies, dont j'avais ramassé toutes
les premières éditions. Ces changements ne sont pas fort considérables, et cela me fit souvenir de ce que M. Despréaux
m'avait dit plus d'une fois, que quand Molière avait fait une
pièce, il en corrigeait les défauts sur l'effet qu'il voyait qu'elle
produisait sur le théâtre, et qu'ensuite il la faisait imprimer;
mais qu'entraîné par l'idée de quelque nouveau sujet, il ne touchait plus à ses anciennes pièces. Cela arriva principalement à la
comédie du *Tartuffe*, dont le dénouement ayant paru peu naturel
et défectueux, le roi lui-même l'exhorta de le changer. Molière
l'entreprit, il l'exécuta même, mais avec si peu de succès qu'il
fut obligé de s'en tenir à son premier plan. M. Despréaux lui en
avait fourni un beaucoup plus régulier, mais Molière n'eut pas
le temps de l'exécuter, et M. Rousseau en a fait usage dans le
dénouement de son *Flatteur*, qui est une imitation du *Tartuffe*.

Un autre ami de Bouhier à Lyon, très différent de
Brossette, l'abbé Le Clerc, supérieur du séminaire de
Saint-Irénée de Lyon, était, lui, non seulement un prêtre
exemplaire, mais un savant fort estimé. Il rédigeait le
supplément du Dictionnaire de Moréri, et était en rapport
réglé avec le président; il lui demandait des avis, des renseignements pour son travail et, en retour, répondait à

---

1. Bibl. nat., Corr. litt. du président Bouhier, I, f. fr. 24 409, f. 399.

ses questions. Le Clerc était un des grands adversaires
de Bayle, dont il critiqua et prit en faute le célèbre dictionnaire. Bouhier servit même à plusieurs reprises
d'intermédiaire entre lui et Mathieu Marais, l'un des plus
chauds défenseurs du célèbre sceptique, qui prenait feu
dès qu'on attaquait sa mémoire ou ses écrits. L'ardeur
avec laquelle l'avocat parisien répond aux accusations,
toujours modérées, mais souvent très motivées, du vénérable sulpicien contre les assertions de Bayle, prend
quelque chose de comique dans l'éloignement, et l'avantage, tant comme érudition, que comme force de raisonne-
ment, reste au défenseur des droits de la vérité. Mais il
a un défaut, c'est d'écrire de trop longues lettres qui
fatiguent et ennuient; une plaisanterie ou un sarcasme
bien acéré eussent plus nui à l'autorité de l'auteur du
Dictionnaire philosophique, que les plus savantes dissertations pour le convaincre d'erreur et d'injustice.

Pour ne pas rester trop longtemps en chemin, laissons
Lyon, où cependant plusieurs autres correspondants de
Bouhier auraient pu nous retenir, et passons à Grenoble.
Là l'aimable Valbonnais, à la fois savant et homme du
monde, dont la cécité ne diminuait ni l'agrément ni l'ardeur à l'étude, ne peut manquer de nous faire bon accueil.
Mis en rapport direct avec Bouhier par l'entremise du
cardinal Passionei, comme nous l'avons vu tout à l'heure,
Valbonnais n'avait eu garde de laisser passer l'occasion,
et il était devenu un des correspondants assidus. Sa signature d'aveugle, écrite d'une main tremblante, se lit au bas
de plus d'une lettre dont l'agrément et la parfaite bonne
grâce ne laissent en rien deviner l'infirmité de celui qui
les dictait.

Parmi les lettres de provinciaux lettrés qui arrivent de

toutes parts au président, il faut encore en remarquer une
qui est signée de Losme de Monchesnay. Ce nom, qui est
aujourd'hui si complètement oublié, jouissait alors d'une
sorte de célébrité. Monchesnay était un homme d'esprit,
qui faisait profession d'en avoir, un faiseur de bons mots.
Il avait débuté, non sans succès, comme auteur dramatique, et ses pièces avaient été jouées et applaudies. Ami
de Bayle, qui le comblait de compliments, il avait subitement renoncé au théâtre, s'était sincèrement converti et
retiré à Chartres où il s'était marié. Malgré tout, il continuait à faire de l'esprit. Admirateur et disciple de
Boileau vieillissant, il perpétuait jusqu'au milieu du
xviii° siècle la tradition des Chapelle, des Bachaumont
et des Santeuil, corrigés par la dévotion, et était le dernier de ces sortes de plaisants littéraires comme la société
de l'âge précédent les avait de temps à autre aimés pour
faire trêve à ses hautes pensées. Sans avoir jamais eu ni
l'esprit ni la situation de ses modèles, Monchesnay avait
cependant conservé une assez grande position pour que
Bouhier crût devoir lui envoyer son discours de réception
à l'Académie. C'est à cet envoi que le littérateur retiré
répond par une longue épître fort affectée dont voici quelques extraits assez amusants, comme exemple du temps
que les genres, même les plus surannés, mettent à mourir.

Monsieur,

N'êtes-vous point tantôt las de donner et de recevoir des
louanges? Ce conflit d'éloges actifs et passifs, et cette guerre
mutuelle qui se fait à coups d'encensoir n'a pas dû laisser de
vous fatiguer beaucoup.

Cadivum, et plagis totidem consuminus hostem. Vous ne chérissiez peut-être plus que le repos, prêt à dire au meilleur de vos amis qui viendrait pour vous louer :

Laisse-moi respirer du moins si tu m'as plaint.

Cependant voici un nouvel assaillant qui se présente. Il vous faut encore essuyer un compliment et un remerciement; ce sera, monsieur, de la part d'un inconnu que vous avez daigné gratifier de votre élégant discours. Pourrait-il sans ingratitude demeurer muet sur cette grâce inespérée que vous avez bien voulu me faire! Cela n'ira pas néanmoins jusqu'à alarmer votre modestie; je ne ferai, pour ainsi dire, que glisser sur les louanges qui vous sont dues, et celles-ci vous seront d'autant moins suspectes que ce ne sont point des louanges d'ostentation, de compensation ni d'injonction : nous autres chétifs et profanes mortels qui ne visons point à l'immortalité, on ne prend pas garde de si près à nous, et nous avons du moins la liberté d'être sincères. Je puis donc vous dire, monsieur, de toute l'effusion de mon cœur, que votre harangue m'a plu infiniment, vous l'avez sagement purgée de ces périodes suffocantes et allongées qui ont tant de fois donné des vapeurs au délicat Père Bouhours; nulle de ces puérilités harmonieuses que nos beaux esprits modernes affectent si soigneusement et qui avilissent si fort l'éloquence qu'en un besoin on prendrait la leur pour un magasin de pointes d'épigrammes....

Je vous avais promis, monsieur, que je serais très retenu sur votre éloge; vous voyez, à mon grand regret, que je suis homme de parole. Mais vous n'en devineriez pas la raison.

J'ai eu le bonheur d'être, pendant quinze années entières, très étroitement uni avec M. Despréaux auquel j'écrivis un jour plus flatteusement qu'à l'ordinaire. Or, voici quelle fut la fin de la réponse qu'il fit à ma lettre : « Écrivez-moi tant qu'il vous plaira, mais surtout trève de louanges; je ne les mérite point et je n'en veux point; j'aime qu'on me lise et non pas qu'on me loue. » Serez-vous content, monsieur, que le précepte de M. Despréaux m'ait servi de règle à votre égard? J'ai lu et relu plusieurs fois votre Discours de réception, c'est à vous de tirer la conséquence.

DE MONCHESNAY.

Toutes ces gentillesses fripées, qui paraissent et qui devaient déjà paraître si ridicules, étaient cependant encore assez goûtées pour qu'on en fît des copies, et dans

les volumes de correspondance de Bouhier, il y a toute
une série de lettres de Monchesnay copiées et conservées
comme dignes de l'être. Tout l'esprit du monde n'empêche
pas de se tromper, ou peut-être le comique est-il, sauf
celui qui censure les vices et les défauts communs à tous
les hommes, le plus passager et le plus fragile de tous les
genres.

A côté de ces correspondances au bas desquelles on lit
des noms qui sont encore connus des amateurs du passé,
il y en a une foule dont le nom, après avoir joui d'une
certaine notoriété, ne nous apprend plus rien, et qui ont à
peine une mention dans les dictionnaires biographiques. A
Besançon, c'est le président d'Espiard, l'un des jurisconsultes les plus estimés de l'époque, le conseiller Chifflet,
d'une famille de magistrats savants, qui devait lui-même
mourir premier président du parlement de Metz, et l'érudit
Dunod ; à Auxerre, le savant chanoine Le Beuf, archéologue de premier ordre et dont le jugement faisait autorité ; à Lyon, le canoniste Gibert, qui dédie à Bouhier son
Corpus juris canonici, et place en tête un beau portrait du
président, au-dessous duquel est placé le distique suivant
composé par le Bourguignon La Monnoye, l'un des grands
admirateurs de Bouhier :

Buherii os insigne videns mirabere. Quid si
Ingenium, doctrinam et candida pectora noris !

Avec les noms du célèbre Dom Calmet et de Schaep-
fling, le grand professeur de l'Université de Strasbourg
au siècle dernier, nous retrouvons des figures plus connues, et qui n'ont pas entièrement disparu de l'histoire
littéraire. Il faut cependant se borner, et laisser de côté

plus d'une correspondance qu'il y aurait intérêt à faire connaître. Ce qui a été dit jusqu'ici montre suffisamment, sans entrer dans de plus grands détails, qui rendraient ces pages encore plus fastidieuses qu'elles ne le sont peut-être déjà, l'extrême variété que présentent les recueils du président Bouhier, aussi bien par les lettres qui viennent des provinces diverses de la France que par celles qui sont datées des pays étrangers.

C'est cette diversité même, ce mélange de documents de toute provenance, qui donne de l'intérêt à ces recueils qui, sans cela, ne seraient que volumineux. Dans ces lourds in-folio, si épais d'apparence, se cache tout le mouvement des esprits pendant la première moitié du xviii° siècle. Cette partie du siècle dernier qui a si bien préparé la seconde, a été, comme tout ce qui est réel et vivant, beaucoup plus complexe, contradictoire qu'on ne se la représente d'ordinaire. Les nouvelles idées, le besoin de changement, l'esprit révolutionnaire, en un mot, germe partout, et on en peut suivre le développement presque jour par jour. Mais l'ancien ordre de choses, les vieux cadres, les antiques croyances sont encore debout, et règnent, en apparence, sans contestation. La lutte entre les deux principes commence, mais sourdement, et comme d'une façon latente. Le mécontentement, le sentiment vague, mais général, de la nécessité de changements, de réformes, qui percent dans toutes ces lettres venant de tant de côtés différents, sont les symptômes les plus frappants du travail des esprits.

Le calme triomphant, l'espèce de foi dans l'immortalité et l'excellence de la forme de l'état social, qui régnaient partout un demi-siècle auparavant, et qui ont résisté même aux désastres de la dernière guerre du règne de Louis XIV,

diminuent chaque jour : le soleil de la monarchie absolue
est sur son déclin, et chacun s'en aperçoit. Il en est de
même pour les idées religieuses. Bouhier qui, comme le
montre mille endroits de sa correspondance, est resté
chrétien, et n'a de goût pour la nouveauté en aucun
genre, n'en est pas moins fort admirateur de Bayle et de
Locke; s'il blâme les *Lettres philosophiques* de Voltaire,
il les lit avec soin et y trouve de bons endroits. Il n'aime
pas les jansénistes et, chose rare alors, est équitable pour
les jésuites, mais il médit souvent des ordres religieux,
tandis que son gallicanisme parlementaire, pour résolu
qu'il soit, comme il convient à un premier président du
parlement de Bourgogne, n'est plus aussi étroit, aussi
intraitable qu'il l'eût été un siècle plus tôt. Avant tout,
c'est un lettré, et la reine de toute la société d'alors, c'est
la littérature, la littérature pure.

Sous un manteau littéraire, tout passe, et les idées
les plus subversives servent de thème à des exercices
de littérature que personne ne croit encore nuisibles ni
capables d'exercer une influence réelle. On n'en est
encore qu'à cette période préliminaire où l'on prépare
dans les laboratoires les engins de destruction qui ne
sont, au début, que matière à amusantes expériences ;
personne n'imagine que de la théorie on puisse passer aux
faits. Le XVIIIe siècle, brillant, élégant, sceptique, arrive
à son apogée. Voltaire va monter à son zénith. Tout s'est
borné jusque-là à de spirituels pamphlets, à des allusions
dans des pièces de théâtre, à des épigrammes, à de
piquantes conversations ; mais l'*Encyclopédie* commence
à s'imprimer et Rousseau n'est pas loin. On entend rouler
dans le lointain de sourds coups de tonnerre qui n'étouffent
pas le bruit des voix et auxquels personne ne fait atten-

tión. C'est la comédie qui va finir avant que la tragédie commence.

Tout ce mouvement des esprits, tous ces signes peu sensibles encore, mais déjà très visibles, d'un changement prochain, se reflètent fidèlement dans la correspondance du président Bouhier; et c'est à ce point de vue qu'elle nous a paru offrir un véritable intérêt historique. Elle permet de prendre pour ainsi dire sur le vif toute une période du xviiie siècle qu'on juge trop en bloc. Toutes ces lettres qui, soit de Paris ou des grandes villes de France, arrivent à Bouhier dans son cabinet de travail de l'hôtel de la rue Saint-Fiacre, sont autant de témoins fidèles d'un petit coin du passé. Elles permettent de le voir un moment, non plus de loin et en façade, mais d'entrer dans la maison et d'écouter ce qu'on y dit. C'est uniquement à ce point de vue que nous les avons étudiées.

L'année 1746 clôt définitivement la série de correspondances qui nous a occupés. Le 26 mars de cette année, en effet, le président Bouhier mourait, emporté par un accès de goutte remontée. Sa fin fut grave, calme et sincèrement chrétienne [1]. Le P. Oudin, l'un des membres les plus assidus des réunions littéraires du président, l'avertit que ses heures étaient comptées. Sans témoigner la moindre émotion, Bouhier demanda lui-même et reçut, en pleine connaissance et avec une foi vive, les secours de la religion. Puis il réunit sa famille autour de son lit, lui fit, avec le plus grand calme, ses dernières recom-

---

1. Le Père Oudin a laissé un récit des derniers moments du président Bouhier dédié à son petit-fils. Ce morceau a été imprimé et l'émotion sincère, qui s'y révèle, fait un singulier contraste avec l'élégance fleurie du latin, dont l'auteur se sert afin d'être fidèle aux anciennes traditions et qu'il manie avec une remarquable aisance.

mandations, et donna ses instructions relativement à ses
livres, qu'il n'eut garde d'oublier, même à ce moment
suprême. Ensuite il remercia ses serviteurs, son domestique, comme on disait alors, et expira doucement en
priant, entre les bras de sa mère, plus que nonagénaire,
et de son frère, qui était évêque de Dijon. Cette fin, d'une
sérénité si chrétienne, fut un événement dans le monde
des lettres, et on en parla jusqu'à la cour.

Si l'on veut cependant voir avec quelle adresse perfide
l'école philosophique du dernier siècle savait, pour ainsi
dire, tirer à elle, même après leur mort, les hommes
célèbres du temps, il faut lire dans l'éloge de Bouhier,
prononcé à l'Académie française par d'Alembert, quelques
années plus tard, le récit de cette mort si simplement
chrétienne. C'est un chef-d'œuvre de ce genre d'insinuation, à la fois doucereuse et acérée, qui se développe si
vite sous les régimes absolus, et qui est entendue à demi-
mot par un public aux oreilles d'une finesse que le
silence universel rend extrême. Le morceau vaut la peine
d'être lu, et fait prendre sur le fait la tactique habituelle
du parti décidé à ne pas admettre qu'on pût avoir de
l'esprit, du savoir, de la critique, de l'érudition, et ne pas
être philosophe. « Au[1] bout de quelques années, l'assiduité du travail et la funeste uniformité de sa vie séden-
taire, rendirent les attaques de goutte si fréquentes et si
longues, qu'il fut obligé de renoncer aux pénibles fonctions de la magistrature. Les lettres furent alors l'unique
distraction de ses maux ; il usa de cette ressource inestimable en homme qui en connaissait le prix ; et renfermé
dans son cabinet, dont il ne sortit plus, il attendit paisi-

---

1. D'Alembert, *Éloges académiques.*

blement la mort, que de fréquentes infirmités lui annon-
çaient depuis longtemps. Il expira dans les bras du savant
Père Oudin, jésuite, avec les sentiments de religion qui
avaient fait la règle de sa vie. On a remarqué, à la louange
des érudits, que cette classe de gens de lettres est celle
où il se trouve le moins d'incrédules; la raison peu
décente qu'en a donnée un moderne c'est que la Bible est
un vieux livre, un livre de deux à trois mille ans, qui à
ce titre seul doit avoir pour tout érudit une grande autorité. Il nous paraît bien plus convenable de dire que le
prix attaché par les savants à l'étude de l'antiquité, et le
désir si naturel de mettre à profit l'immensité de leurs
lectures, les dispose facilement à connaître et à sentir
toute la force des preuves historiques qui servent au christianisme de fondement et d'appui. La religion trouve en
eux, si l'on peut parler de la sorte, la terre toute préparée;
et pour peu qu'elle vienne joindre ses lumières aux dispositions favorables où le genre de leurs études les a
déjà mis, elle n'a pas besoin de beaucoup d'efforts pour
faire de ces savants profonds des chrétiens persuadés.

« Les sentiments de religion que M. le président Bouhier
fit paraître dans sa longue maladie, ne l'empêchèrent pas
de conserver jusqu'à la fin toute la tranquillité et même
la sérénité philosophique, et contribuèrent peut-être à
conserver en lui cette disposition si heureuse et si rare.
Un ami s'étant approché de lui à sa dernière heure, lui
trouva l'air d'un homme qui médite profondément; le
moribond lui fit signe de ne le point troubler : *J'épie la
mort*, dit-il en faisant un effort pour prononcer ce peu
de paroles. C'est à peu près le mot d'un ancien philosophe
mourant qui était attentif, disait-il, à ce qui se passerait
en lui au moment où son âme se séparerait de son corps.

« M. le président Bouhier n'a peut-être fait que se souvenir de ce mot, et le renouveler dans la même situation ;
mais il faut avoir bien du courage et de la force, pour
conserver, dans cette situation, jusqu'à sa mémoire, et
pour en faire un tel usage. »

Et voilà comment, avec un peu d'art d'écrire, il est
possible, presque sans avoir l'air d'y toucher, de donner
à la mort la plus chrétienne, une teinte purement philosophique, comment on transforme en une épigramme assez
déplacée une parole destinée, sans doute, à écarter un
importun ; comment enfin, grâce à quelques artifices de
style, on arrive à changer un exemple de foi simplement
donné en une sorte d'exhortation muette à l'incrédulité et
au scepticisme. La leçon est bonne à retenir, et il est utile
d'être bien renseigné sur le procédé si souvent et si habilement employé par toute l'école philosophique du siècle
dernier pour enrôler de force, et même après leur mort,
tous les esprits distingués qui avaient su conquérir une
réputation d'un genre quelconque, et une autorité si restreinte qu'elle pût être.

Le successeur de Bouhier à l'Académie ne fut autre que
Voltaire, qui profita d'un des rares moments de faveur
dont il jouit à la cour pour forcer les portes de la docte
compagnie. Cela seul eût dû suffire pour valoir à Bouhier
une sorte d'immortalité si, dans son discours de réception,
Voltaire en eût parlé autrement qu'en passant, et avec
un certain dédain assez outrecuidant qui fut fort blâmé,
et donna lieu à plus d'une raillerie. D'Olivet, qui lui
répondit, remit les choses dans leur vrai jour, et loua
son ami avec une émotion contenue qui donne parfois à
son style, si sec d'ordinaire, une sorte de charme. Il se
permit même une allusion à ses rapports personnels avec

Bouhier, ce qui était alors presque une hardiesse, la
règle absolue du bon goût étant de ne jamais parler de
soi. En louant la libéralité de Bouhier, qui mettait, sans
jamais se faire prier, et son savoir particulier et ses
livres au service des autres, d'Olivet ajoutait : « En ce
genre, plus il était opulent, plus il a été libéral. Hé ! dans
quelle bouche serait mieux placé que dans la mienne
l'aveu de cette générosité que tous ses amis ont éprouvée ?
Puisqu'elle se conformait à leurs besoins, j'ai dû m'en
ressentir plus que personne. J'avais en lui un guide incapable de m'égarer ; et si mon fardeau me paraissait trop
lourd, disposé à me soulager d'une partie. Que ne puis-je
donner ici un plein essor à ma reconnaissance ! Mais je
ne dois pas, messieurs, présumer qu'il me fût permis de
parler longtemps de moi. » Cette allusion, si discrète
pourtant, à la constante amitié qui avait uni Bouhier et
d'Olivet, et à leur coopération littéraire, était alors et
parut une grande nouveauté ; depuis lors, les idées ont
bien changé, et la prolixité avec laquelle auteurs ou
orateurs nous parlent aujourd'hui d'eux-mêmes fait parfois singulièrement regretter la réserve d'autrefois.

Une malice du discours d'Olivet, qui en était rempli —
cette tradition s'est plus fidèlement conservée que l'autre, —
fut d'insister, dans son éloge, sur les talents universels du
nouvel élu. Or, peut-être l'a-t-on remarqué, la prétention
à l'universalité, ouvertement affichée par Voltaire, faisait
justement l'objet constant des plaisanteries de Bouhier et
de ses correspondants. En entendant l'abbé d'Olivet louer
avec emphase les talents universels du nouvel académicien, les amis de Bouhier, et il en avait plus d'un sur les
bancs du docte corps, durent sourire, et j'imagine que celui
à qui s'adressaient ces louanges volontairement emphati-

qués dut au contraire faire intérieurement la grimace.
Dans cette séance, comme dans bien d'autres, il y eut
tout un dessous de cartes qui ne se comprend plus, et
mille allusions plus ou moins bienveillantes, saisies à la
volée par un auditoire aux aguets et qui ne sont plus
entendues.

Par une assez triste ironie de la destinée, la bibliothèque
du président Bouhier, cette bibliothèque patrimoniale qu'il
avait conservée avec un soin jaloux, et enrichie autant
qu'il lui avait été possible, ne put échapper au sort commun des choses de ce monde, et ne tarda pas à être dispersée. Elle passa d'abord au marquis de Bourbonne, qui
avait épousé sa fille aînée, Jeanne Bouhier. Après M. de
Bourbonne, la précieuse collection tomba en la possession
de son fils unique, que le président avait vu enfant, et
dont il s'était beaucoup occupé. Entre leurs mains le
précieux dépôt fut soigneusement conservé et même
enrichi, mais le petit-fils de Bouhier n'eut à son tour point
d'héritier mâle, et une seule fille, mariée au comte d'Avaux.
Celui-ci, brave militaire, « mais moins soucieux des lettres
que de la gloire », offrit à la province de Bourgogne la
bibliothèque réunie par tant de générations de Bouhier pour
la somme de 300 000 livres. C'était en demander non pas
de trop, car la collection valait bien davantage, mais beaucoup pour l'époque. L'affaire ne s'arrangea pas et la bibliothèque des Bouhier finit par être achetée en 1781, pour
la somme de 136 000 livres, somme encore considérable
pour le temps, par l'abbé de la puissante abbaye de Cîteaux.
Cette collection célèbre, non seulement en France, mais
dans toute l'Europe, fut donc transportée tout entière,
livres, manuscrits, correspondances privées à l'abbaye de
Cîteaux et y resta entassée en ballots, sans être classée,

jusqu'à la Révolution. A cette époque, la confiscation atteignit la bibliothèque du président, devenue bien d'Église, comme les autres biens ecclésiastiques. Elle fut transportée à Troyes, où elle fut de nouveau jetée pêle-mêle avec les autres livres confisqués dans les nombreux couvents de la région. Plus tard, en 1804 [1], lorsque Chardon de la Rochette et le médecin érudit Prunelle furent chargés par Chaptal, ministre de l'intérieur, d'aller faire une tournée dans les différentes bibliothèques de province subitement enrichies, jusqu'à déborder, du fruit des confiscations opérées avec aussi peu de souci du droit que du véritable intérêt des lettres, les deux commissaires arrivés à Troyes en 1804 partagèrent de la façon la plus arbitraire, les richesses que sept générations successives de Bouhier avaient réunies avec autant de persévérance que d'amour. Paris, Montpellier, Troyes héritèrent de ces dépouilles suivant le caprice et le patriotisme local des commissaires. Paris eut une partie des manuscrits et la plus grande partie des correspondances; Troyes garda quelques-uns des manuscrits les plus précieux; et la plupart des livres imprimés; Montpellier, où le commissaire Prunelle avait fait ses études médicales et était conservateur de la bibliothèque de la ville, se vit attribuer sans nulle raison une riche part du butin. Plus tard, Lyon [2], dont le même Prunelle fut maire après avoir quitté Montpellier, eut, grâce à lui, quelques épaves des collections

1. Le lecteur curieux peut trouver des détails sur le sort de la bibliothèque du président Bouhier, soit dans le beau livre de M. Delisle, *Le cabinet des manuscrits*, soit dans le *Catalogue général des manuscrits des bibliothèques des départements*. Imprimerie nationale, 1855.
2. On peut voir dans les intéressants travaux de M. Caillemer sur « les manuscrits Bouhier, Nicaise et Peiresc de la Bibliothèque du Palais des Arts, Lyon, 1880 », de curieux détails sur l'étrange odyssée de quelques-uns des manuscrits de la bibliothèque Bouhier.

de Bouhier. Enfin Dijon réussit à conserver quelques maigres portions de cette bibliothèque, qui avait si long-temps fait sa gloire.

Depuis lors, grâce au zèle infatigable de son administrateur, la Bibliothèque nationale a pu reconstituer à peu près en entier, et continue à compléter chaque jour, les correspondances du président Bouhier, qui y forment un fonds spécial. Ces quelques détails, malgré leur apparente sécheresse, ont cependant leur prix et sont à leur place à la fin de cette étude.

On eût sans doute beaucoup étonné Bouhier si on lui eût dit que, peu d'années après sa mort, tous les trésors littéraires qu'il avait si précieusement gardés et accrus seraient dispersés aux quatre vents. On l'eût peut-être plus étonné encore en lui disant que les débris de sa bibliothèque qui échapperaient à l'incurie et aux révolutions sauveraient seuls, et encore très imparfaitement, son nom d'un complet oubli. L'avenir a de ces surprises; rien ne subsiste plus de ce qui existait, alors que l'illustre président recevait ses nombreuses lettres auxquelles il tenait tant. Il n'y a plus ni parlement de Bourgogne, ni magistrature héréditaire; la France a passé par bien des gouvernements différents et a été renouvelée du sommet à la base; et pourtant, à travers toutes ces transformations, ces feuilles de papier jauni qui, seules, ont échappé au désastre, permettent de renouer la chaîne des temps. A les lire, on se sent presque le contemporain de ceux qui les ont couvertes de ces caractères à demi effacés, et on comprend mieux combien l'homme change peu au milieu de ces perpétuelles révolutions qui s'accomplissent autour de lui. Si le président Bouhier revenait au monde, il serait sans doute un peu dépaysé, mais il avait trop

d'esprit et un esprit trop français pour ne pas se mettre
vite au courant de tout. Du reste, il reconnaîtrait bien
vite les Français d'aujourd'hui aux traits caractéristiques
de leur nature, à ce goût si vif pour les choses de l'esprit,
et à ce besoin de briller qui n'ont pas changé, dont il fut
lui-même, il y a cent cinquante ans, un des plus aimables
représentants.

FIN

TABLE DES MATIÈRES

Coulommiers. — Imp. PAUL BRODARD. — 762-95.

www.ingramcontent.com/pod-product-compliance
Lightning Source LLC
Chambersburg PA
CBHW071632270326
41928CB00010B/1888